U0869425

新时代“三农”发展的全面转型

郑有贵◎著

人民东方出版传媒
People's Oriental Publishing & Media
東方出版社
The Oriental Press

图书在版编目（CIP）数据

新时代“三农”发展的全面转型 / 郑有贵 著 . — 北京：东方出版社，2023.1
ISBN 978-7-5207-2959-8

Ⅰ. ①新… Ⅱ . ①郑… Ⅲ . ①三农问题—研究—中国 Ⅳ . ① F32

中国版本图书馆 CIP 数据核字（2022）第 159146 号

新时代“三农”发展的全面转型
（XINSHIDAI “SANNONG” FAZHAN DE QUANMIAN ZHUANXING）

作　　者：郑有贵
责任编辑：王学彦　申　浩
责任审校：任　丽
出　　版：东方出版社
发　　行：人民东方出版传媒有限公司
地　　址：北京市东城区朝阳门内大街 166 号
邮　　编：100010
印　　刷：北京汇林印务有限公司
版　　次：2023 年 1 月第 1 版
印　　次：2023 年 1 月第 1 次印刷
开　　本：710 毫米 ×1000 毫米　1/16
印　　张：19.25
字　　数：285 千字
书　　号：ISBN 978-7-5207-2959-8
定　　价：68.00 元
发行电话：（010）85924663　85924644　85924641

版权所有，违者必究
如有印装质量问题，我社负责调换，请拨打电话：（010）85924602　85924603

目 录

第三章　中国饭碗

第四章　脱贫攻坚

第五章　乡村振兴

第六章　经营制度

第七章　产业融合

第八章　城乡融合

第九章　美丽乡村

第十章　乡村善治

第十一章　共同富裕

引言

中国共产党第二十次全国代表大会基于“全面建设社会主义现代化国家，最艰巨最繁重的任务仍然在农村”的判断，从“团结带领全国各族人民全面建成社会主义现代化强国、实现第二个百年奋斗目标，以中国式现代化全面推进中华民族伟大复兴”这一中国共产党的中心任务的高度，进一步对全面推进乡村振兴作出全面部署。[①]党的二十大闭幕后，习近平总书记在陕西省延安市考察时强调，要认真学习贯彻党的二十大精神，全面推进乡村振兴，把富民政策一项一项落实好，加快推进农业农村现代化，让老乡们生活越来越红火。[②]

新时代中国“三农”改革发展翻开的是全面推进乡村振兴的历史新篇章。这一历史性跨越发展崭新篇章的显著标志是，在谋划上围绕回答时代新命题形成新的发展战略、战略目标、工作重心、道路拓展、优势厚植，在变革上以新发展理念为引领，在发展上以新的战略目标引导全面转型，在贡献上拓展新功能和在整个国家应变局、开新局上发挥“压舱石”作用。新时代中国“三农”发展全面转型取得历史性成就和发生历史性变革，是基于“三农”发展战略目标历史性升级为乡村全面振兴展开的，也是基于与之对应的中国共产党将“三农”工作重心历史性转移到全面推进乡村振兴展开的。

在中国式现代化进程中，以习近平同志为核心的党中央从逻辑贯通的乡村全面振兴的战略目标引导、走中国特色社会主义乡村振兴道路方向明示、“四

① 《人民日报》，2022 年 10 月 26 日，第 2—3 版。

② 《人民日报》，2022 年 10 月 29 日，第 1 版。

有”之治厚植乡村振兴优势、全面推进和重点突破等方面，回答了如何全面推进乡村振兴的一系列重大实践和理论问题，形成了促进乡村全面振兴的中国方案。

本书旨在对新时代中国“三农”改革发展作出全面系统呈现和分析。在引言部分，对新时代中国“三农”发展的全面转型进行概括呈现，以便读者快捷地了解全书呈现出的新时代中国成功推进和拓展中国式现代化进程中“三农”改革发展的主题与主线、主流与本质。

一、谋划新篇

每一个时期都有其需要解决的主要问题。进入新时代，以习近平同志为核心的党中央，以强烈的使命担当和问题意识，从发展战略、战略目标、工作重心、道路拓展、优势厚植等方面谋划，科学回答了全面建成小康社会、全面建设社会主义现代化国家、全面推进中华民族伟大复兴进程中如何推进“三农”改革发展的时代之问。

新的时代命题。城乡发展不平衡和农村发展不充分，是中国经济社会发展存在的突出问题。进入新时代，中国共产党要破解的“三农”问题是：如何实现“三农”的全面发展，如何促进工业化、信息化、城镇化、农业现代化同步发展（简称“四化同步”），全面推进乡村振兴，补齐全面建成小康社会的“三农”短板和全面建设社会主义现代化国家的“三农”短腿，实现亿万农民同全国人民一道迈进全面小康社会和迈向全面现代化。加快补齐全面建成小康社会“三农”短板和解决全面建设社会主义现代化国家中“三农”短腿问题，将历史性地解决城乡发展不平衡的结构性问题，也是为全面建成社会主义现代化强国、实现第二个百年奋斗目标奠定基础。

新的发展战略。党的十九大报告提出的乡村振兴战略是历史性的新战略。习近平指出，实施乡村振兴战略，要顺应农民新期盼，立足国情农情，以产业兴旺为重点、生态宜居为关键、乡风文明为保障、治理有效为基础、生活富裕为根本。[①] 破解工业化、城镇化进程中“三农”发展受弱质性困扰，实现乡村全面振兴，有很多难题需要攻克，必须一步一步扎实推进。2018 年中央一号文件《中共中央 国务院关于实施乡村振兴的意见》明确了乡村振兴的 3 个时间节点和具体的目标任务，即到 2020 年，乡村振兴取得重要进展，制度框架和政策体系基本形成；到 2035 年，乡村振兴取得决定性进展，农业农村现代化基本实现；到 2050 年，乡村全面振兴，农业强、农村美、农民富全面实现。党的二十大进一步明确，到 2035 年农村基本具备现代生活条件。[②] 有步骤分阶段实施乡村全面振兴的战略部署，遵循了乡村振兴规律，明确了乡村全面振兴阶段性演进的内涵和目标指向，是中国式现代化演进图的重要构件。

新的战略目标。新时代解决“三农”问题的战略目标是乡村全面振兴，这就实现了“三农”发展战略目标的历史性演进。继 2018 年中央一号文件明确到 2050 年乡村全面振兴目标后，2021 年中央一号文件提出促进农业高质高效、乡村宜居宜业、农民富裕富足。党的二十大提出加快建设农业强国的目标任务。[③] 实现乡村全面振兴这一战略目标，不是轻轻松松就可以完成的，而是一个艰巨的历史性课题，因为工业化、城镇化进程中世界普遍存在“三农”发展受弱质性困扰问题[④]，也会在较长时期内延续。实现这一战略目标，实际上是对“三农”发展受弱质性困扰的破解，也是一种发展态势质的飞跃，其中的难度和复杂性不言而喻。这既要有历史担当，也要有不畏艰难的巨大勇气、足够的历史耐心、解决难题的科学精神和智慧。

新的工作重心。随着“三农”发展战略目标的历史性升级，随着打赢脱贫攻坚战的全面胜利和中华民族千百年的绝对贫困问题得到历史性解决，中国共产党及时将“三农”工作重心历史性转向全面推进乡村振兴[⑤]。

新的发展道路。习近平在参加十三届全国人大五次会议内蒙古代表团审议

---

① 习近平：《论“三农”工作》，中央文献出版社 2022 年版，第 241—242 页。

② 《人民日报》，2022 年 10 月 26 日，第 3 版。

③ 《人民日报》，2022 年 10 月 26 日，第 3 版。

④ 参见郑有贵：《问题视域下新中国 70 年“三农”的转型发展》，《当代中国史研究》2019 年第 5 期。

⑤ 习近平：《坚持把解决好“三农”问题作为全党工作重中之重，举全党全社会之力推动乡村振兴》，《求是》2022 年第 7 期。

时强调，中国特色社会主义是实现中华民族伟大复兴的必由之路。[①] 实现乡村全面振兴这一“三农”发展的战略目标，必须从国情和新时代的要求出发，对发展道路进行创造性拓展。这既是一个重大实践问题，也是一个重大理论问题。在2017年底召开的中央农村工作会议上，习近平从走城乡融合发展之路、共同富裕之路、质量兴农之路、乡村绿色发展之路、乡村文化兴盛之路、乡村善治之路、中国特色减贫之路7个方面，对走中国特色社会主义乡村振兴道路进行了深刻论述和部署。[②]成功探索出中国特色社会主义乡村振兴道路，回答了如何实现乡村全面振兴的时代之问，明示了新时代农业农村变革的方向，明示了亿万农民走共同富裕和迈向全面现代化的康庄大道，明示了底线性负面清单，是集“三农”实践突破和理论创新于一体的重大成果，丰富了中国式现代化道路的内涵，丰富和发展了马克思主义乡村振兴理论。

新的优势厚植。实现历史性升级了的“三农”发展战略目标，必须更加厚植“三农”发展优势。习近平在2017年底召开的中央农村工作会议上指出，我们有党的领导的政治优势，有社会主义的制度优势，有亿万农民的创造精神，有强大的经济实力支撑，完全可以把实施乡村振兴战略这件大事办好。[③]（以下简称“四有”之治）中国发挥中国共产党的领导的政治优势和发挥社会主义的制度优势，构建乡村全面振兴的政策体系和形成举全党全社会之力推动乡村振兴的机制，发挥农民创造精神扎实推进乡村全面振兴，以国家强大经济实力支撑乡村全面振兴，进而以“四有”之治不断厚植“三农”发展优势。实践表明，“四有”之治在破解城乡二元结构，破解工业化、城镇化进程中“三农”发展受弱质性困扰难题，进而解放和发展农村社会生产力、提升“三农”发展能力、促进乡村全面振兴上，具有显著优势。在推进国家治理体系和治理能力现代化进程中，中国以“四有”之治厚植“三农”发展优势，既是中国共产党长期解决“三农”问题历史经验的总结，也是新时代全面推进乡村振兴的指南。

---

① 《习近平谈治国理政》第4卷，外文出版社2022年版，第34页。

② 《十九大以来重要文献选编》（上），中央文献出版社2019年版，第141—156页。

③ 《习近平关于“三农”工作论述摘编》，中央文献出版社2019年版，第7页。

二、求新变革

党的二十大强调，贯彻新发展理念是新时代我国发展壮大的必由之路。[①]新时代中国把新发展理念完整、准确、全面贯穿于“三农”改革发展全过程和各领域，构建起促进“三农”发展新的政策体系、制度体系和动力机制，促进“三农”发展全面转型，取得历史性成就和发生历史性变革。

创新发展实现新突破。党的十八大以来，中国把体制机制改革和科技创新作为“三农”发展的两大动力源。中国实施创新发展战略，抓住新一轮科技革命和产业变革深入发展机遇，在农业科技创新上舍得下气力、增投入，注重创新机制、激发活力，注重解决好科研和生产“两张皮”问题。中国加快推进对“卡脖子”的农业关键核心技术攻关，农业高新技术发展加快，农业科技成果产出加快，作物基因组学与生物技术育种研究迈入国际前列，用自己的手攥紧中国种子；农业科技支撑引领，不仅体现在保障国家粮食安全、重要农产品有效供给的农业生产领域，还进一步扩展到脱贫攻坚、农民增产增收的农民领域，生态宜居、农村人居环境改善的农村领域；加快应用物联网、云计算、大数据、移动互联等现代信息技术发展智慧农业和数字农业，推动农业全产业链改造升级。以农业科技自立自强为目标的创新发展实现新突破，给农业插上科技的翅膀，加快了农业农村现代化进程，推动农业发展由注重物质要素投入向创新驱动转变，中国农业科技进步贡献率在2021年达到61%[②]，农业科技整体实力进入世界前列。

协调发展全面推进。针对城乡“一条腿长、一条腿短”问题突出、农村五大文明建设不平衡，以致村庄空心化、农户空巢化、农民老年化等“乡村病”问题，以实施乡村振兴战略为“三农”工作的总抓手，促进以工补农、以城带乡，推动工农互促、城乡互补、协调发展、共同繁荣的新型工农城乡关系加快形成，统筹推进农村经济建设、政治建设、文化建设、社会建设、生态文明建设和党的建设，继动员全党全社会力量坚决打赢脱贫攻坚战后，又明确举全党

① 《人民日报》，2022年10月26日，第5版。

② 《十年来，我国农业现代化建设迈上新台阶》，《科技日报》，2022年6月28日，第2版。

全社会之力推动乡村振兴。协调发展全面推进这一历史性变革，促进“三农”全面发展。

绿色发展引领乡村振兴。党的十八大以来，绿水青山就是金山银山的理念深入人心，绿色兴农成为农民的内在要求和自觉行动。各地农村因地制宜地把促进绿色发展与美丽乡村建设、农耕文明传承发展、乡村文化繁荣发展有机融合，乡村发展不再缺乏人气和聚集力，探索出农业高质量发展、农旅融合等绿水青山转化为金山银山的多种有效实现路径。绿色发展引领乡村振兴，为乡村发展赋能，既提升了乡村资源价值，使绿水青山成为农民增收致富的金山银山，又满足了人民对生态和乡村文化的消费需求，使人与自然和谐共生的现代化更加稳健。

开放发展统筹用好国内国际两个市场两种资源。中国坚持国内国际统筹布局，发挥共建“一带一路”倡议在扩大农业对外开放合作中的重要作用，加强境外农业合作园区和农业对外开放合作试验区建设，围绕粮食安全、气候变化、绿色发展、水产等领域，积极参与全球农业科技合作和建设上海合作组织农业技术交流培训示范基地，建设农业国际贸易高质量发展基地、农产品国家外贸转型升级基地、农业特色服务出口基地，深度参与世界贸易组织涉农谈判和全球粮农治理。这些都扩大了农业对外开放，深化了多双边农业合作，推进了农业服务贸易发展。开放发展统筹用好国内国际两个市场两种资源，促进了农业农村服务和融入以国内大循环为主体、国内国际双循环相互促进的新发展格局。

共享发展形成发展新动能。随着包括共享发展在内的新发展理念的提出和践行，中国探索形成了社会主义市场经济下促进全体人民共同富裕的有效实现路径和政策体系。中国在坚持和完善农村基本经营制度的基础上，对农村集体经济组织实行股份合作制改造，在农民与企业合作中鼓励农民以土地承包经营权等入股，在发展合作经济中促进合作社与成员建立股权联结。这些通过让农民有其股的股权联结方式，夯实了共享发展的产权基础[①]，促进了农村一二三产业融合发展利益联结机制的完善。同时，健全多元投入保障机制，增加对农业

---

① 参见郑有贵：《夯实共享发展的基础》，《红旗文稿》2016 年第 5 期。

农村基础设施建设投入，补齐农村基础设施这个短板，加快城乡基础设施互联互通；建立健全城乡基本公共服务均等化的体制机制，推动公共服务向农村延伸、社会事业向农村覆盖；完善统一的城乡居民基本医疗保险制度和大病保险制度，完善城乡居民基本养老保险制度，完善农村最低生活保障制度，统筹城乡救助体系，健全农村留守儿童和妇女、老年人关爱服务体系，“织密兜牢”困难群众基本生活的安全网，坚决守住不发生规模性返贫底线。这些以共享发展成果为取向的政策的明确和实施，以及致力于做好促进共同富裕顶层设计到“最后一公里”落地的工作，促进了农民最关心、最直接、最现实的利益问题加快解决，使农民的获得感、幸福感、安全感更加充实、更有保障、更可持续。共享发展形成发展新动能，使促进全体人民共同富裕的实现路径日益拓展，使乡村振兴道路越走越坚实。

三、转型新标

随着农业农村优先发展方针的实施，随着将“三农”发展战略目标历史性升级为乡村全面振兴，随着打赢脱贫攻坚战全面胜利后中国共产党将“三农”工作重心历史性转向全面推进乡村振兴，中国对工业化、城镇化进程中“三农”发展困局进行攻坚，推动农业全面升级、农村全面进步、农民全面发展，开启了以让农业成为有奔头的产业、让农民成为有吸引力的职业、让农村成为安居乐业的美丽家园[①]为新目标的全面转型升级新进程，“三农”改革发展取得历史性跨越发展成就。

农业向有奔头的产业转型。新中国致力于促进农业现代化建设，但由于工业化进程中农业的弱质性，加之农业粗放式经营、土地经营规模微小、农产品价格受到国际市场的“天花板”限制、农业生产经营成本的“地板”又不断抬高，受这些因素综合影响，农业效益不高的问题长期存在，一些时候农业增产

---

① 《十八大以来重要文献选编》(上)，中央文献出版社 2014 年版，第 678 页;《习近平关于“三农”工作论述摘编》，中央文献出版社 2019 年版，第 21 页。

不增收问题还较突出，对农民发展农业激励不足。到 2012 年，全国农民人均纯收入中，来自农业（种植业）的收入比重降到了 26.6%[①]。在农业收入对不少农户而言正在变成“副业”的情况下，怎么做强农业，让农业有吸引力，确实是一个大课题。党的十八大以来，中国在促进农业高质高效上采取有效措施，大力推进农业科技进步，大力促进质量兴农、绿色兴农、品牌强农，大力促进农业基础设施建设，因地制宜推进多种形式的农业组织化和发展农业社会化服务，通过实施服务小农户、提高小农户、富裕小农户的措施把小农户引入现代农业发展轨道。特别是促进农村一二三产业融合发展，打开了农业发展新空间。这就探索形成了促进农业高质高效，进而促进农业向有奔头的产业转型的实现路径。

农民向有吸引力的职业转型。随着农业现代化的推进，农民也要随之发展转型。习近平于 2013 年 12 月提出“让农民成为体面的职业”，2017 年 9 月提升为“让农民成为有吸引力的职业”。人才振兴是乡村振兴的基础和重要内容。破解农民单一由从事农业向非农产业转移导致乡村人才匮乏，解决好谁来种地、怎么种好地的问题，是乡村振兴必须破解的问题。进入新时代，中国在回答这些命题上采取了切实措施。在促进农民增收上，把富裕农民作为乡村振兴的重要量度，把增加农民收入作为“三农”工作的中心任务，取得了农村居民人均可支配收入增长率高于城镇居民的成效。在改善劳作和产业创新上，促进农业机械化、设施化、智能化，促进新产业新业态发展，既减轻劳作又拓宽了增值路径。在经营主体上，大力培育现代农民，促进农民合作社和现代家庭农场发展，以实现规模效益。除一些长期在外打拼的农民回乡创业创新外，还有多种人才到乡村创业创新，这些都标志着农民向有吸引力的职业转型有了良好的开端。

农村向安居乐业的美丽家园转型。一些国家在工业化、城镇化进程中，农村衰败，一些农民也不得已穷居于城市贫民窟。中国共产党坚守为农民谋幸福的初心，中国有数量庞大的农民，这些都决定了中国乡村不能在工业化、城镇

① 《习近平关于“三农”工作论述摘编》，中央文献出版社 2019 年版，第 142 页。

化进程中衰退。中国实施乡村振兴战略，走城乡融合之路，建立健全城乡融合发展体制机制和政策体系，把县域作为城乡融合发展的重要切入点，破除城乡分割的体制弊端，促进社会事业发展、社会保障水平快速提升。同时，加快乡村建设，农村基础设施建设、人居环境整治、厕所革命扎实推进；促进乡村文化繁荣，加强农村精神文明建设，农村精神之魂重塑；坚持绿色兴农，建设美丽乡村，因地制宜培育特色小城镇。这些都使乡村有了聚集力，农民选择就地就近就业创业意愿日益增强，条件日益具备，20 世纪 90 年代孔雀东南飞的民工潮现象得到极大缓解，多种人才返乡下乡创业创新，也标志着促进乡村宜居宜业有了良好基础。中国采取有效措施促进乡村更加宜居宜业，农村向安居乐业的美丽家园转型，也为全球解决乡村问题贡献了中国智慧和中国方案。

四、拓新贡献

民族要复兴，乡村必振兴。在拥有 14 亿多人口的中国，“三农”向好，全局主动。新时代中国“三农”发展全面转型取得历史性成就和发生历史性变革，新型工农城乡关系加速形成，全面推进乡村振兴迈出坚实步伐，农业农村现代化加快推进，全国粮食产量自 2015 年起连续 7 年保持在 1.3 万亿斤以上，稳住了农业基本盘、守好了“三农”基础，在整个国家应变局、开新局上发挥了“压舱石”的作用，为民族复兴作出了新贡献。

拓展农业多种功能，为满足人民日益增长的美好生活需要作贡献。随着农业农村现代化的加快推进，农业除传统的产品功能、就业功能、市场功能等持续提升外，生态涵养、休闲体验、文化传承等多种功能和生态、文化等多元价值日益凸显。新时代中国拓展提升农业多种功能，促进乡村多元价值提升，不仅提升了亿万农民的收入水平和生活品质，还满足了城市居民到乡村休闲、体验和旅游的需求，促进了人的全面发展和提升了人民的幸福指数。

稳住农业基本盘，为中国经济迈上更高质量、更有效率、更加公平、更可持续、更为安全的发展之路作贡献。保障好初级产品供给是一个重大战略性问题。新时代中国坚持藏粮于地、藏粮于技，实行最严格的耕地保护制度，推动种业科技自立自强、种源自主可控，不仅确保了把中国人的饭碗牢牢端在自己手中，还较好地满足了全国人民对食物消费多样化的需求。保障初级产品供给和促进农业高质高效，为更加主动地迈上更高质量、更有效率、更加公平、更可持续、更为安全的发展之路提供了条件，为应对经济全球化遭遇逆流和新冠肺炎疫情影响夯实了基础，是中国经济发展平衡性、协调性、可持续性明显增强的重要组成部分。

全面推进乡村振兴和乡村善治相互促进，为社会稳定作贡献。全面建设社会主义现代化国家，全面推进中华民族伟大复兴，最广泛最深厚的基础在农村。新时代中国致力于全面推进乡村振兴和乡村善治的相互促进。农业向着有奔头的产业转型、农民向着有吸引力的职业转型、农村向着安居乐业的美丽家园转型，成为成功续写社会长期稳定奇迹不可或缺的因素。创新乡村治理体系，走乡村善治之路，经受住了新冠肺炎疫情防控的大考；受新冠肺炎疫情冲击和国际经济下行影响，经济波动，2020 年一度有近 3000 万农民工成功留乡返乡生产生活[①]，这为应对风险挑战提供了回旋余地。这些都彰显了中国之治下的中国城镇化道路和中国特色社会主义乡村振兴道路在应对风险挑战上具有特殊优势。

促进乡村振兴，释放乡村消费和投资潜能，为构建新发展格局作贡献。城乡经济循环是国内大循环的题中应有之义，也是确保国内国际双循环比例关系健康的关键因素。全面建成小康社会和全面建设社会主义现代化强国，最大的潜力和后劲在农村。新时代中国打赢脱贫攻坚战取得全面胜利，全面推动乡村振兴，促进农民收入增长快于城镇居民，促进几亿农民同步迈进全面小康社会，释放出巨量的消费和投资需求，加之休闲农业、乡村旅游蓬勃兴起促进城镇居民消费，成为构建新发展格局的重要组成部分。

全书由整体研究和专题阐析两大部分组成。第一部分总论，即第一章新标

① 习近平：《坚持把解决好“三农”问题作为全党工作重中之重，举全党全社会之力推动乡村振兴》，《求是》2022 年第 7 期。

新道，从擘画“三农”发展战略目标历史性升级、形成和拓展乡村振兴道路、“四有”之治厚植“三农”发展优势、促进“三农”全面发展破题答卷4个方面，对新时代“三农”改革发展进行整体研究和综合呈现。第二部分，即第二章至第十一章，为专题研究，分别对农业农村优先发展的方针、确保把中国人的饭碗牢牢端在自己手中、打赢脱贫攻坚战、实施乡村振兴战略、农村经营制度和主体创新、农村一二三产业融合发展、城乡融合发展、美丽乡村建设、乡村治理体系创新、促进共同富裕10个重大问题，进行深入翔实的阐析和呈现。

本书力求对新时代“三农”改革发展作出全面系统的呈现，突出以下4个方面的特色：

第一，“五个突出”。本书突出习近平论“三农”工作在理论上的原创性贡献和在实践上的引领作用，突出中国式现代化的本质要求，突出党中央关于新时代“三农”改革发展的重大决策部署，突出新时代“三农”实践的创新发展，突出新时代“三农”发展全面转型取得历史性成就和发生历史性变革的主题。在研究写作过程中，为更好梳理和呈现“五个突出”，从大历史观的视角，将新时代“三农”改革发展纳入中国解决“三农”问题的长时段考察，通过对进入新时代前中国共产党解决“三农”问题深厚历史基础的概括性回顾，深刻地呈现新时代“三农”改革发展的谋篇创新、跨越发展和历史地位。

第二，理论性。本书在对新时代“三农”改革发展的梳理和阐析时，力求做到历史逻辑、理论逻辑、实践逻辑的统一，呈现好思想发展、理论创新与实践发展的互动，以深化对新时代“三农”改革发展历程、成就和变革的认识，增强走中国特色社会主义乡村振兴道路的信心和自觉，并从实际出发创新性地推进实践发展。

第三，工具性。本书考虑到新时代中国“三农”改革发展的不间断延伸拓展特征，不单纯以历史逻辑设置章、节、目的框架和以纪事本末体进行叙述，还把全面系统呈现新时代“三农”改革发展历史进程和突出政策体系有机结合起来，更加清晰地呈现新时代中国共产党“三农”战略决策、方针、政策措施，特别是对最新政策措施进行相对详细的梳理和呈现，力求使本书成为兼具“三农”工作手册功能的工具书。

第四，可读性。本书主要从3个方面加以努力。一是以学术研究为基础，但避免繁杂学术讨论，力求对理论问题进行通俗化表达。二是避免单纯宏观呈现不接地气的问题，既阐析宏观战略决策、政策演变、制度创新，清晰地呈现其来龙去脉，又书写基层实践活动，把宏观顶层设计与基层实践创新发展贯通起来，把两者互动的历史演进呈现出来。三是精选图片，特别是基层实践创新发展图片（其中九成以上照片选自作者调研案例），立体呈现新时代“三农”改革发展历程，让历史活起来。书中图文并茂地书写基层实践，特别是首创案例，如东西部地区对口帮扶下闽宁镇的发展、余村践行“两山”理论、塞罕坝精神、榆林市沙退绿进改变毛乌素沙漠版图、长兴县实行河长制、六盘水“三变”改革、塘约村党支部领办“合股联营、村社一体”合作社、烟台市在党支部领办合作社发展集体经济基础上创建党建引领乡村振兴融合发展区、毕节市探索党支部领办集体合作社脱贫致富、枫桥经验的丰富发展、倡议光盘行动……将中国共产党尊重和激发人民首创精神、人民创造历史鲜活地呈现出来。

本书是国家社会科学基金重点项目“中国共产党百年工农关系政策演变研究”（项目编号：21AZD101）和中国社会科学院马工程重大项目“中国共产党解决‘三农’问题百年道路、伟大成就和基本经验研究”（项目编号：2021mgczd009）、中国社会科学院习近平新时代中国特色社会主义思想研究中心重点项目“巩固拓展脱贫攻坚成果同乡村振兴有效衔接研究”（项目编号：2022XYZD01）、国家“十四五”发展规划重大学术文化工程《（新编）中国通史》纂修工程中华人民共和国卷、中国人民大学重大规划项目“中国农业经济发展史”（项目编号：21XNLG02）的阶段性研究成果。

希冀为读者从新时代“三农”改革发展历史进程中把握现实和未来，从中华民族伟大复兴的全局读透全面推进乡村振兴的中国方案，从中国式现代化的本质要求把握好“三农”发展全面转型的重大问题，从历史逻辑、理论逻辑、实践逻辑深入理解党的二十大关于“三农”改革发展的决策部署，尽绵薄之力。

第一章

新标新道

党的二十大指出：“从现在起，中国共产党的中心任务就是团结带领全国各族人民全面建成社会主义现代化强国、实现第二个百年奋斗目标，以中国式现代化全面推进中华民族伟大复兴。[①]

每一个时期都有其主要问题。进入新时代，中国共产党要破解的“三农”问题与以往不同的是促进亿万农民同全国人民一道迈进全面小康社会，全面推进乡村振兴，为全面建设社会主义现代化国家、实现第二个百年奋斗目标奠定基础。乡村全面振兴和几亿农民同步迈向全面现代化[②]目标的明确，实现了“三农”发展战略目标的历史性演进。实现以农业高质高效、乡村宜居宜业、农民富裕富足为重要量度的乡村全面振兴，实际上是对工业化、城镇化进程中世界普遍存在“三农”发展受弱质性困扰问题[③]的破解，是一种发展态势质的飞跃。这是一个艰巨的历史性课题，不是轻轻松松就可以完成的，既要有历史担当，又要有不畏艰难的巨大勇气、足够的历史耐心、解决难题的科学精神和智慧。中国共产党以强烈的使命担当和问题意识，科学回答新时代中国“三农”发展的时代之问。

随着“三农”发展战略目标的历史性升级，随着打赢脱贫攻坚战的全面胜利和中华民族千百年的绝对贫困问题得到历史性解决，中国共产党“三农”工作重心历史性转向全面推进乡村振兴[④]。以习近平同志为核心的党中央，坚守为最广大农民群众谋幸福、为民族谋复兴的初心和使命担当，基于“三农”问题是关系国计民生的根本性问题的深刻认识，科学把握发展规律，把解决好“三农”问题摆在全党工作重中之重，坚持农业农村优先发展，以党的领导的政治优势、社会主义的制度优势、亿万农民的创造精神、国家强大的经济实力攻坚克难和厚植发展优势，举全党全社会之力推动乡村振兴。

党的十八大以来，中国共产党加强和改善对“三农”工作的领导，立足新

① 《人民日报》，2022 年 10 月 26 日，第 2 版。

② 习近平：《论“三农”工作》，中央文献出版社 2022 年版，第 5 页。

③ 参见郑有贵：《问题视域下新中国 70 年“三农”的转型发展》，《当代中国史研究》2019 年第 5 期。

④ 习近平：《坚持把解决好“三农”问题作为全党工作重中之重，举全党全社会之力推动乡村振兴》，《求是》2022 年第 7 期。

发展阶段、贯彻新发展理念、构建新发展格局、推动高质量发展，勇于推动“三农”工作理论创新、实践创新、制度创新，形成了破解“三农”发展受弱质性困扰难题、着力补全面建成小康社会“三农”短板、加快推进农业农村现代化、全面推进乡村振兴的中国方案，走出了中国特色减贫道路和形成了中国特色反贫困理论，探索出中国特色社会主义乡村振兴道路。围绕破解时代之问的“三农”理论创新，是习近平新时代中国特色社会主义思想的重要组成部分。

在习近平新时代中国特色社会主义思想指引下，中国构建起乡村全面振兴的战略目标引导、走中国特色社会主义乡村振兴道路明示方向、“四有”之治厚植优势的全面推进乡村振兴机制，促进“三农”发展全面转型取得历史性成就和发生历史性变革。中国人把饭碗牢牢端在自己手里，历史性解决了农民的绝对贫困，农民一个不少地迈进全面小康社会，城乡二元分化向融合互补转变，乡村振兴全面推进，农民的获得感、幸福感、安全感全面提升。

一、目标升级

新时代中国“三农”改革发展是基于战略目标的历史性升级展开的。科学的目标治理是中国共产党推进事业发展的重要方法之一。在中国式现代化演进中，中国共产党解决“三农”问题的目标，既保持战略定力，又随着经济社会的发展逐步完善和升级演进。党的十九大提出实施乡村振兴战略，既明确了要以实施乡村振兴战略为“三农”工作的总抓手[①]，又明确了“三农”发展的战略目标是乡村全面振兴。在2017年底召开的中央农村工作会议上，习近平指出，实施乡村振兴战略是有鲜明目标导向的。农业强不强、农村美不美、农民富不富，决定着亿万农民的获得感和幸福感，决定着我国全面小康社会的成色和社会主义现代化的质量。[②]在以习近平同志为核心的党中央谋划下，乡村振兴战略的目标日益清晰，阶段性推进路线图日益明确。2018年中央一号文件《中共中

---

① 习近平:《把乡村振兴战略作为新时代“三农”工作总抓手》,《求是》2019年第11期。

② 《习近平关于“三农”工作论述摘编》，中央文献出版社2019年版，第11页。

央 国务院关于实施乡村振兴战略的意见》，明确"到2050年，乡村全面振兴，农业强、农村美、农民富全面实现"的战略目标。2021年中央一号文件《中共中央 国务院关于全面推进乡村振兴加快农业农村现代化的意见》，明确要"促进农业高质高效、乡村宜居宜业、农民富裕富足"。习近平对实施乡村振兴战略批示强调，要坚持乡村全面振兴，抓重点、补短板、强弱项，实现乡村产业振兴、人才振兴、文化振兴、生态振兴、组织振兴，推动农业全面升级、农村全面进步、农民全面发展。[①] 这些都从不同层面明确了新时代实施乡村振兴战略的目标，即农业农村现代化是总目标[②]，高质高效是农业强的量度和表征，宜居宜业是农村美的量度和表征，富裕富足是农民富的量度和表征。党的十九大及之后的中央决策将以促进农业高质高效、乡村宜居宜业、农民富裕富足为显著标志的乡村全面振兴的目标清晰呈现出来。

将乡村全面振兴明确为新时代"三农"发展的战略目标，是不同于以往解决"三农"问题的目标，也不同于一般意义上的目标升级，而是实现了发展战略目标的历史性演进。新中国成立以来，特别是改革开放后，中国"三农"实现跨越发展，但城乡二元结构仍然存在，"三农"的弱质性仍然存在，"三农"自我发展能力仍然较弱，农业农村发展对政府的依赖性较强。[③]"三农"的弱质性，不是中国特有的，而是工业化、城镇化进程中世界上普遍存在的问题。这缘于工业化进程中农业投入回报率低于工业，加之居民在城镇生活较为丰富便捷和有更多就业创业机会，因而农业农村生产要素大量流向工业和城镇，进而导致城乡发展差距明显的二元结构。党的十九大提出实施乡村振兴战略，就是从全局和战略高度把握和处理工农关系、城乡关系所作出的战略决策。以农业高质高效、乡村宜居宜业、农民富裕富足为量度和表征的乡村全面振兴，与此前的战略目标的不同在于，破解的不是"三农"能否实现发展的问题，而是"三农"不仅能够实现发展，还能够摆脱工业化、城镇化进程中其发展受弱质

① 《把实施乡村振兴战略摆在优先位置 让乡村振兴成为全党全社会的共同行动》，《人民日报》，2018年7月6日，第1版。

② 《习近平谈治国理政》第3卷，外文出版社2020年版，第257页。

③ 参见郑有贵：《农业转型升级对政府强依赖的原因及其对策——兼论农业组织化实现形式的优化和转型》，《农业经济问题》2016年第10期。

性困扰的问题。实现农业高质高效则农业必然成为有奔头的产业，乡村宜居宜业则农村必然成为安居乐业的家园，农民富裕富足则农民必然成为有吸引力的职业。这些战略目标的实现，“三农”发展将突破受弱质性困扰，实现历史性变革，创造出农业高质高效、乡村宜居宜业、农民富裕富足的新发展态势。明确这一实现“三农”质的飞跃的战略目标，实现了“三农”发展目标的历史性演进，是中国共产党初心使命的坚守和担当，是无畏艰难的战略决策。

将乡村全面振兴明确为新时代“三农”发展的战略目标，是从全面建成小康社会和全面建设社会主义现代化国家的全局和战略高度提出的。中国共产党解决“三农”问题，从来都不是把“三农”孤立起来解决，都是从全局和战略高度把握解决“三农”问题及其实现路径。2013 年 12 月，习近平在中央农村工作会议上指出：“农业基础稳固，农村和谐稳定，农民安居乐业，整个大局就有保障，各项工作都会比较主动。”① 2014 年 12 月，习近平在江苏省调研时强调，“没有农业现代化，没有农村繁荣富强，没有农民安居乐业，国家现代化是不完整、不全面、不牢固的。”② 2018 年中共中央、国务院印发的《乡村振兴战略规划（2018—2022 年）》强调，“实施乡村振兴战略是实现全体人民共同富裕的必然选择”③。习近平在2020年底召开的中央农村工作会议上指出：“我们要坚持用大历史观来看待农业、农村、农民问题，只有深刻理解了‘三农’问题，才能更好理解我们这个党、这个国家、这个民族。”④ 习近平还强调，从中华民族伟大复兴战略全局看，民族要复兴，乡村必振兴。从世界百年未有之大变局看，稳住农业基本盘、守好“三农”基础是应变局、开新局的“压舱石”。构建新发展格局，把战略基点放在扩大内需上，农村有巨大空间，可以大有作为。⑤基于如此历史方位，党中央把全面推进乡村振兴明确为实现中华民族伟大复兴的一

① 《十八大以来重要文献选编》（上），中央文献出版社 2014 年版，第 658 页。

② 习近平：《论“三农”工作》，中央文献出版社 2022 年版，第 35 页。

③ 《中共中央国务院印发〈乡村振兴战略规划（2018—2022 年）〉》，《人民日报》，2018 年 9 月 27 日，第 1 版。

④ 习近平：《坚持把解决好“三农”问题作为全党工作重中之重，举全党全社会之力推动乡村振兴》，《求是》2022 年第 7 期。

⑤ 习近平：《论“三农”工作》，中央文献出版社 2022 年版，第 2、4、5 页。

项重大任务。[①]党的十八大以来，党中央明确农业农村优先发展的方针，更加自觉地把解决好“三农”问题摆在全党工作重中之重的位置，明确举全党全社会之力推动乡村振兴，是对现代化进程中解决“三农”问题难度的充分认识，特别是从全局和战略高度科学把握的结果。实践中农业农村取得历史性成就和发生历史性变革，更加坚定了必须加强中国共产党对“三农”工作全面领导的自信和自觉。

将乡村全面振兴明确为新时代“三农”发展的战略目标，是破解城乡发展不平衡的结构性问题的选择。新中国成立后，中国共产党正确处理工农关系、城乡关系，既推进工业化、城镇化实现快速发展，又促使农村面貌发生翻天覆地的变化，为中华民族迎来从站起来、富起来到强起来的历史性飞跃提供了不可或缺的支撑。尽管如此，农业农村发展还没有跟上工业化、城镇化快速推进的步伐，“一条腿长、一条腿短”问题比较突出。[②]除基础设施、社会事业、社会保障等差别外，2012 年全国城乡居民可支配收入差值高达 15737.4 元，两者之比高达 2.88∶1；受城乡居民收入差距大影响，城乡居民人均消费支出比值高达 2.57∶1；按照 2010 年的标准，全国农村贫困人口还有 9899 万人，贫困发生率高达 10.2%。[③]农村经济发展与文化社会发展也不协调，一些地方村庄缺乏人气和生机，留守农村的主要是老弱妇孺，存在村庄空心化、农户空巢化、农民老龄化现象。实现乡村全面振兴，补齐农业农村发展短板，仅仅实现经济发展是不充分的，还需要解决农村内部发展不平衡问题，统筹推进农村经济建设、政治建设、文化建设、社会建设、生态文明建设和党的建设，促进乡村全面振兴。城乡发展不平衡和农村发展不充分，是中国经济社会发展存在的突出矛盾，是全面建成小康社会、加快推进社会主义现代化必须破解的重大问题。加快补齐全面建成小康社会农村短板、全面建设社会主义现代化国家中的农业农村发展短腿，实现乡村全面振兴，将历史性地解决城乡发展不平衡的结构性问题。

---

① 《中共中央国务院关于全面推进乡村振兴加快农业农村现代化的意见》，《人民日报》，2021 年 2 月 22 日，第 1 版。

② 参见《十八大以来重要文献选编》（上），中央文献出版社 2014 年版，第 503 页。

③ 《辉煌 70 年》编写组：《辉煌 70 年——新中国经济社会发展成就（1949—2019）》，中国统计出版社 2019 年版，第 382—383 页。

明确乡村全面振兴战略目标分阶段实现，深刻地体现了中国共产党基于发展规律解决好“三农”问题的历史耐心。破解工业化、城镇化进程中“三农”发展受弱质性困扰问题，实现乡村全面振兴，有很多难题需要攻克，必须一步一步扎实推进。2018 年中央一号文件明确了到 2020 年、2035 年、2050 年 3 个时间节点乡村振兴的目标任务。有步骤分阶段实施乡村全面振兴的战略部署，遵循了乡村振兴规律，明确了乡村全面振兴阶段性演进的内涵和目标指向，成为中国式现代化演进图的重要构件。

二、道路创新

中国特色社会主义乡村振兴道路是中国式现代化道路的重要组成部分。党的二十大指出：中国式现代化，是中国共产党领导的社会主义现代化，既有各国现代化的共同特征，更有基于自己国情的中国特色。中国式现代化是人口规模巨大的现代化、全体人民共同富裕的现代化、物质文明和精神文明相协调的现代化、人与自然和谐共生的现代、走和平发展道路的现代化。中国式现代化的本质要求是：坚持中国共产党领导，坚持中国特色社会主义，实现高质量发展，发展全过程人民民主，丰富人民精神世界，实现全体人民共同富裕，促进人与自然和谐共生，推动构建人类命运共同体，创造人类文明新形态。①实现乡村全面振兴这一新时代“三农”发展的战略目标，必须从国情和新时代的要求出发，对“三农”发展道路进行创造性拓展。这既是一个重大实践问题，也是一个重大理论问题。以习近平同志为核心的党中央对如何实现乡村全面振兴这个时代之问进行了创造性探索，作出了科学回答。关于如何探索乡村振兴道路，习近平在 2018 年 9 月 21 日主持十九届中央政治局第八次集体学习时强调：“实施乡村振兴战略，首先要按规律办事。在我们这样一个拥有近 14 亿人口的大国，实现乡村振兴是前无古人、后无来者的伟大创举，没有现成的、可照抄照

① 《人民日报》，2022 年 10 月 26 日，第 2—3 版。

搬的经验。我国乡村振兴道路怎么走，只能靠我们自己去探索。"[①]关于走什么样的乡村振兴道路，习近平在2017年底召开的中央农村工作会议上，从走城乡融合发展之路、共同富裕之路、质量兴农之路、乡村绿色发展之路、乡村文化兴盛之路、乡村善治之路、中国特色减贫之路7个方面，对走中国特色社会主义乡村振兴道路进行了深刻论述和部署。[②]

（一）中国特色社会主义乡村振兴道路回答的时代之问和新时代农业农村变革的方向

成功探索出中国特色社会主义乡村振兴道路是集"三农"实践突破和理论创新于一体的重大成果，体现了两重性：一是它的探索创新不是漫无边际的，而是有很强针对性，是在回答如何全面推进乡村振兴的时代之问过程中形成的；二是它的探索创新也是对农业农村变革方向作出的选择。

1. 明确走城乡融合发展之路，回答了如何破解二元痼疾进而实现城乡共同繁荣问题。在现代化进程中，工业引领农业现代化，也服务于农业现代化。但是，在工业化、城镇化进程中，工农差别、城乡差别明显存在，城乡二元结构成为难以破解的痼疾。马克思分析指出，"城乡之间的对立是随着野蛮向文明的过渡、部落制度向国家的过渡、地域局限性向民族的过渡而开始的"。"居民第一次划分为两大阶级，这种划分直接以分工和生产工具为基础。城市已经表明了人口、生产工具、资本、享受和需求的集中这个事实；而在乡村则是完全相反的情况：隔绝和分散。""城乡之间的对立是个人屈从于分工、屈从于他被迫从事的某种活动的最鲜明的反映，这种屈从把一部分人变为受局限的城市动物，把另一部分人变为受局限的乡村动物，并且每天都重新产生二者利益之间的对立。"[③]马克思主义主张消灭工农差别、城乡差别，提出工农联盟、工业服务农业、城市支持农村等主张。列宁在20世纪初曾构想通过"电气化将把城乡连接起

① 《习近平谈治国理政》第3卷，外文出版社2020年版，第259页。
② 《十九大以来重要文献选编》（上），中央文献出版社2019年版，第141—156页。
③ 《马克思恩格斯选集》第1卷，人民出版社1995年版，第104页。

来，在电气化这种现代最高技术的基础上组织工业生产，就能消除城乡间的悬殊现象，提高农村的文化水平，甚至消除穷乡僻壤那种落后、愚昧、粗野、贫困、疾病丛生的状态”[①]。

能否处理好城乡关系，关乎社会主义现代化建设全局。城乡二元结构是工业化、城镇化进程中的突出问题。形成城乡二元结构的一个重要致因是工业与农业劳动生产率高低的差异，由此也导致农业劳动力大量流向城市。马克思分析指出：“一般说来，应该承认，在原始的、资本主义前的生产方式下，农业生产率高于工业，因为自然在农业中是作为机器和有机体参与人的劳动的，而在工业中，自然力几乎还完全由人力代替（如手工业等）。在资本主义生产蓬勃发展的时期，同农业比较，工业生产率发展很快，虽然工业的发展以农业中可变资本和不变资本之比已经发生巨大变化为前提，就是说，以大批人从土地上被赶走为前提。”[②]发展经济学也构建了城乡二元结构理论，提出了破解之策，但发展中国家的城乡二元结构问题没有得到很好解决。有的即便进入中等收入国家行列，因为城乡二元结构等问题没有得到解决，仍陷于中等收入陷阱。城乡二元结构不打破，“三农”发展受工业化、城镇化进程中弱质性困扰的痼疾就难以解决，城乡发展“一条腿长、一条腿短”现象就得不到扭转，农村甚至还会走向凋敝，农民甚至不得已穷居于城市贫民窟。

习近平指出，必须重塑城乡关系，走城乡融合发展之路[③]。党的二十大报告在两处强调城乡融合发展。[④]党的十八大后，中国积极探索城乡融合发展之策。一是着力建立健全城乡融合发展体制机制和政策体系，坚决破除体制机制弊端，通过发挥市场在资源配置中的决定性作用和更好发挥政府的作用，推动城乡要素平等交换、双向流动[⑤]。2018年3月，习近平参加十三届全国人大一次会议山东代表团审议时强调，要推动乡村人才振兴，把人力资本开发放在首要位置，强化乡村振兴人才支撑，加快培育新型农业经营主体，让愿意留在乡村、建设

---

① 《列宁全集》第30卷，人民出版社1957年版，第303页。

② 《马克思恩格斯全集》第26卷第2册，人民出版社1973年版，第116页。

③ 《十九大以来重要文献选编》（上），中央文献出版社2019年版，第142页。

④ 《人民日报》，2022年10月26日，第3版。

⑤ 《十九大以来重要文献选编》（中），中央文献出版社2021年版，第802页。

家乡的人留得安心，让愿意上山下乡、回报乡村的人更有信心，激励各类人才在农村广阔天地大施所能、大展才华、大显身手，打造一支强大的乡村振兴人才队伍，在乡村形成人才、土地、资金、产业汇聚的良性循环。[①] 二是将坚持城乡融合发展作为实施乡村振兴战略的基本原则之一[②]。三是把县域作为城乡融合发展的重要切入点[③]。

党的十八大以来的 10 年间，中国加快建立健全城乡融合发展体制机制，城乡制度并轨深入展开，推动城乡要素自由流动、公共资源合理配置，城乡融合发展迈出重大步伐。户籍制度改革的政策框架基本构建完成，农业转移人口在城镇落户门槛降低，农民在城镇落户不以退出土地承包经营权为条件，促进农业转移人口向城镇居民转变的进程提速，2021 年常住人口城镇化率比 2012 年提高了 11.6 个百分点。在鼓励和支持城镇人才入乡返乡就业创新的政策鼓励和乡村产业发展吸引下，越来越多的新农人把实现人生目标与服务国家战略结合起来，聚集到农村大地就业创新，给农业农村增添了更多的发展新路径和新机遇。加之发展普惠金融和促进资本、技术等要素流向农村，扭转了劳动力、人才、资金等生产要素由农村单向转移到城镇的格局。随着城乡融合发展的深入展开，农业农村现代化快速推进，农村民生快速改善。

2. 明确走共同富裕之路，回答了如何破解分化和促进农民农村共同富裕问题。党的二十大强调，着力促进全体人民共同富裕，坚决防止两极分化。[④] 社会财富增长而贫富两极分化得不到扼制是资本主义的痼疾。中国创造的人类文明新形态的重要取向和表征是共同富裕。中国的社会主义市场经济区别于资本主义市场经济之处在于，既发挥市场促进资源更有效配置的作用，又避免这一过程中的马太效应、资本无序扩张等导致两极分化，促进发展成果由人民共享，扎实走好共同富裕的道路。

---

① 习近平:《论“三农”工作》，中央文献出版社 2022 年版，第 269 页。

②《十九大以来重要文献选编》(上)，中央文献出版社 2019 年版，第 160 页。

③《中共中央 国务院关于全面推进乡村振兴 加快农业农村现代化的意见》,《人民日报》，2021 年 2 月 22 日，第 1 版。

④《人民日报》，2022 年 10 月 26 日，第 2 版。

习近平指出，必须巩固和完善农村基本经营制度，走共同富裕之路。[①]中国共产党坚持以人民为中心，在改革发展中切实把做大“蛋糕”和分好“蛋糕”有机统一于共享发展。在巩固和完善农村基本经营制度方面，基于以私有制为基础导致两极分化的历史，明确坚持农村土地集体所有和发展壮大农村集体经济的方向，坚持家庭承包经营基础地位，推进土地所有权、承包权、经营权分置（简称“三权分置”），推广资源变资产、资金变股金、农民变股东改革，促进小农户和现代农业发展有机衔接；在促进土地流转上，既注重提高效率，又注重增进农民权益。习近平指出，要尊重农民意愿、保障农民权益，防止土地过度集中到少数人手里，防止土地用途发生根本性变化，造成农村贫富差距过大。[②]要让农民成为土地适度规模经营的积极参与者和真正受益者。[③]实行工商资本流转农村土地审查审核和风险防范制度。[④]在处理工农城乡关系层面，针对工业化、城镇化进程中由于“三农”发展受弱质性困扰而难以破解城乡差别较大的问题，推动新型工业化、信息化、城镇化、农业现代化同步发展，着力构建工农互促、城乡互补、协调发展、共同繁荣的新型工农城乡关系。2021 年 8 月 17 日，习近平在中央财经委员会第十次会议上进一步指出，促进共同富裕，最艰巨最繁重的任务仍然在农村。要全面推进乡村振兴，加快农业产业化，盘活农村资产，增加农民财产性收入，使更多农村居民勤劳致富。[⑤]

在共享发展理念下，中国的共同富裕之路越走越坚实，农村居民增收幅度高于城镇居民，城乡居民可支配收入比值由 2012 年的 2.88∶1，下降至 2021 年的 2.5∶1。农村集体经济稳步发展，2020 年全国村集体经营收益超过 5 万元以上的村占 54.4%，比 2016 年提高 29.4 个百分点；2019 年成员从集体经济中获得分红累计超过 3800 亿元，是 2016 年的 3.6 倍。[⑥]2013—2020 年，全国贫困

---

① 《十九大以来重要文献选编》（上），中央文献出版社 2019 年版，第 144 页。

② 《习近平关于“三农”工作论述摘编》，中央文献出版社 2019 年版，第 49 页。

③ 《习近平关于“三农”工作论述摘编》，中央文献出版社 2019 年版，第 56 页。

④ 《人民日报》，2022 年 2 月 23 日，第 1 版。

⑤ 习近平：《扎实推动共同富裕》，《求是》2021 年第 20 期。

⑥ 《超七成村完成农村集体产权制度改革》，《人民日报》，2020 年 8 月 23 日，第 2 版。《43.8 万个村完成集体产权制度改革》，《经济日报》，2020 年 8 月 22 日，第 5 版。

地区农村居民人均可支配收入年均增长了11.6%，增速比全国农村高2.3个百分点。2021年，脱贫县农村居民人均可支配收入14051元，比上年实际增长10.8%，比全国农村居民人均可支配收入实际增长（9.7%）高1.1个百分点，比全国城镇居民可支配收入实际增长（7.1%）高3.7个百分点。[①]

3.明确走质量兴农之路，回答了如何破解低效困境进而促进高质高效问题。低效问题长期困扰农业发展。中国受人多地少资源禀赋影响，土地经营规模较小，加之主要实行拼资源、拼消耗的粗放经营，农业效率受到价格“天花板”和成本“地板”挤压的问题突出，实现农业低质低效向高质高效转变是新时代实现农业大国向农业强国转变需要破解的课题之一。

习近平指出，必须深化农业供给侧结构性改革，走质量兴农之路。走质量兴农之路，要突出农业绿色化、优质化、特色化、品牌化。农产品和食品安全问题，这是底线要求。如果这个起码的底线要求都做不到，老百姓对“舌尖上的安全”都不放心，还谈什么质量兴农，还谈什么竞争力。[②]党的二十大指出，高质量发展是全面建设社会主义现代化国家的首要任务。[③]党的十八大以来，中国在农业综合生产能力迈上新台阶后，促进农业由偏重追求数量增长向结构改善和质量提升转变。针对亟须破解产量增加与品质提升、成本攀升与价格低迷、库存高企与销售不畅、国内与国外价格倒挂的矛盾，深化农业供给侧结构性改革，实施质量兴农战略。2019年，农业农村部等7部门联合印发《国家质量兴农战略规划（2018—2022年）》，提出到2022年初步实现农产品质量高、产业效益好、生产效率高、经营者素质高、国际竞争力强的目标。10年间，中国坚持质量兴农，采取了一系列措施，主要有：处理好政府和市场的关系，协调好各方面利益，勇于承受供给侧结构性改革阵痛，在降低改革成本和防范改革风险上采取有效措施；转变农业发展方式，推进农业增产导向向提质导向转变；优化现代农业的产业体系、生产体系和经营体系，促进农业创新力、竞争

---

① 国家统计局:《中华人民共和国2021年国民经济和社会发展统计公报》,《人民日报》，2022年3月1日，第10版。

② 《十九大以来重要文献选编》（上），中央文献出版社2019年版，第146—147页。

③ 《人民日报》，2022年10月26日，第3版。

发展少数民族特色产业。图为贵州侗乡大健康产业示范区。2017 年 9 月作者摄于从江县

力和全要素生产率提高；促进农民能更充分分享发展成果的一二三产业融合发展，发展农产品加工、乡村休闲旅游、农村电商等产业，支持农民直接经营或参与经营的乡村民宿、农家乐特色村（点）发展，培育优势特色产业集群，支持创建了三批共 316 个国家农村产业融合发展示范园，促进了农业多种功能的拓展和乡村多元价值的挖掘。

4. 明确走乡村绿色发展之路，回答了如何破解生态环境污染现象进而促进乡村宜居宜业问题。牺牲生态环境换取经济增长是较长时期内的痼疾，以物为本的现代化也不利于人与自然和谐共生。人与自然和谐共生既是中国式现代化的目标、原则和方略，也是中国创造的人类文明新形态的重要表征。中国传统文明比较注意人与自然的和谐和统一，所形成的朴素的“三才”观，既把天、地、人作为宇宙间并列的三大要素，又将其联结为一个系统的整体[①]。中国传统文明中天、地、人“有机统一的自然观”，是中国古代人民对人与自然关系的认识，是中国不同于西方工业文明进程中处理人与自然关系的传统文明基础。基于这种传统文明基础，中国在现代化进程中把处理好人与自然关系作为重要因素，并不断丰富和发展。2017 年 7 月，习近平主持召开中央全面深化改革领导

① 参见李根蟠：《“天人合一”与“三才”理论》，《中国经济史研究》2000 年第 3 期。

小组第三十七次会议时指出，推进农业绿色发展是农业发展观的一场深刻革命，也是农业供给侧结构性改革的主攻方向。2017年9月，中共中央办公厅、国务院办公厅印发了《关于创新体制机制　推进农业绿色发展的意见》。

习近平指出，必须坚持人与自然和谐共生，走乡村绿色发展之路。实施乡村振兴战略，一个重要任务就是推行绿色发展方式和生活方式，让生态美起来、环境靓起来，再现山清水秀、天蓝地绿、村美人和的美丽画卷。[①] 2018年3月，习近平参加十三届全国人大一次会议山东代表团审议时强调，要推动乡村生态振兴，坚持绿色发展，加强农村突出环境问题综合治理，扎实实施农村人居环境整治三年行动计划，推进农村“厕所革命”，完善农村生活设施，打造农民安居乐业的美丽家园，让良好生态成为乡村振兴支撑点。[②]党的二十大指出，推动绿色发展，促进人与自然和谐共生。[③]在习近平生态文明思想指引下，针对推进乡村振兴中面临生态环境污染的“瓶颈”，基于中国式现代化的演进，在实施“一控两减三基本”[④]的实践基础上，坚持绿色兴农，创造性推进乡村绿色发展，形成以绿色生态为导向健全农业政策支持体系、建立绿色低碳循环的农业产业体系、构建科学适度有序的农业空间布局体系，建设国家农业绿色发展先行区，改变围湖围海造田、过度放牧、过度养殖、过度捕捞、过度种植等过度消耗资源的发展方式，实行山水林田湖草一体化保护和系统治理，加快修复越来越薄的东北黑土地、重金属污染土地和华北地下漏斗区问题，建立健全市场化多元化生态补偿机制，增加农业生态产品和服务供给；加强农村突出环境问题综合治理，调整农业投入结构，解决农村过量使用化肥、农药问题，提高农作物秸秆、畜禽粪便、农田残膜资源化利用率，完善废旧地膜回收处理制度，整治农村人居环境，推进农村“厕所革命”。党的十八大后，中国农业绿色发展总体

---

① 《十九大以来重要文献选编》(上)，中央文献出版社2019年版，第148—149页。

② 《人民日报》，2018年3月9日，第1版。

③ 《人民日报》，2022年10月26日，第4版。

④ “十二五”期间，农业部门明确了“一控两减三基本”的基本目标。“一控”，即控制农业用水的总量，划定总量的红线和利用系数率的红线。“两减”，即把化肥、农药的使用总量减下来。“三基本”，即针对畜禽污染处理问题、地膜回收问题、秸秆焚烧问题采取有关措施，通过资源化利用的办法从根本上解决好这个问题。

水平提高。《中国农业绿色发展报告 2020》显示，2012—2019 年全国农业绿色发展指数由 73.46 提升至 77.14，提高 5.01 个百分点。其中，2019 年国家农业绿色发展先行区绿色发展指数平均为83.03，比全国平均水平高5.89个百分点。[①] 2019 年，全国耕地质量平均等级为 4.76 等，比 2014 年提高 0.35 个等级；全国农田灌溉水有效利用系数为 0.559，比 2012 年提高 0.043。2020 年，全国水稻、小麦、玉米三大粮食作物化肥利用率、农药利用率分别为 40.2% 和 40.6%，比 2015 年分别提高 5 个百分点和 4 个百分点；重点地区的“白色污染”得到有效防控。[②]

美丽休闲乡村。上图为宁夏回族自治区西吉县龙王坝村窑洞宾馆，下图为龙王坝村民宿一条街。2017 年 9 月作者摄

① 李丽颖：《2021 年农业绿色发展论坛在京召开》，《农民日报》，2021 年 7 月 27 日，第 2 版。
② 《中国农业绿色发展报告权威发布》，《农村工作通讯》2021 年第 16 期。

5. 明确走乡村文化兴盛之路，回答了如何破解人气低落进而重铸乡魂问题。工业化和城镇化的推进使传统乡村文化日渐消失。文化衰退是乡村缺乏聚集力和精神动力的重要因素之一。物质文明和精神文明相协调是中国创造的人类文明新形态的重要表征，是改善人民物质生活和丰富精神生活的需要，是推进中国特色社会主义事业的国家物质力量和精神力量。

习近平明确指出，必须传承发展提升农耕文明，走乡村文化兴盛之路。优秀乡村文化能够提振农村精气神，增强农民凝聚力，孕育社会风尚。[①]《中华人民共和国乡村振兴促进法》设“文化繁荣”专章，为促进“文化传承”和“文化繁荣”提供法律保障。党的二十大指出，推进文化自信自强，铸就社会主义文化新辉煌。[②]中国把文化振兴作为乡村全面振兴的重要内容，[③]弘扬和践行社会主义核心价值观，弘扬红色文化，加强思想道德建设，加强农村公共文化建设，促进了先进文化发展；建立村规民约、推广积分制等治理方式引导文明乡村建设，移风易俗，促进农村天价彩礼、人情礼金问题及因婚致贫现象的解决；

侗乡风雨桥。2017 年 9 月作者摄于贵州省从江县

① 《十九大以来重要文献选编》（上），中央文献出版社 2019 年版，第 150 页。
② 《人民日报》，2022 年 10 月 26 日，第 4 版。
③ 《人民日报》，2018 年 7 月 6 日，第 1 版。

传承和发展优秀传统乡村文化，人们在城镇化进程中也能记得住乡愁，具有深厚农耕特质、地域特色的乡土文化成为促进乡村振兴的重要资源；中国农民丰收节的设立和成功举办，文化产业赋能乡村振兴计划的启动实施，农民自发组织开展充满农耕农趣农味的村歌、“村晚”、趣味运动会等文化体育活动，促进乡魂的重铸，使乡村更具魅力和聚集力。

6. 明确走乡村善治之路，回答了如何破解涣散乏力进而实现和谐聚力问题。处于深刻变化和调整时期的中国农村社会，出现错综复杂的新情况新问题，归结起来缘于一个“散”字。[①] 人心散，一盘散沙，乡村振兴是难以实现的。社会和谐、凝聚力增强是乡村全面振兴的前提和重要标志，这需要通过乡村全面发展和有效治理的相互促进才能实现。

习近平指出，必须创新乡村治理体系，走乡村善治之路。[②] 进入新时代，中国在乡村治理体系上进行了创新。一是明确了建立健全党委领导、政府负责、社会协同、公众参与、法治保障的现代乡村社会治理体制。提衣提领子，牵牛牵鼻子。2018 年 3 月，习近平参加十三届全国人大一次会议山东代表团审议时强调，推动乡村组织振兴，打造千千万万个坚强的农村基层党组织，培养千千万万名优秀的农村基层党组织书记，深化村民自治实践，发展农民合作经济组织，建立健全党委领导、政府负责、社会协同、公众参与、法治保障的现代乡村社会治理体制，确保乡村社会充满活力、安定有序。[③] 在农村基层党组织建设方面，完善村级重要事项、重大问题经村党组织研究讨论机制，全面落实“四议两公开”制度[④]；加强党组织带头人队伍和党员队伍建设，全面向贫困村、软弱涣散村、集体经济薄弱村党组织派第一书记，解决弱化、虚化、边缘化党组织问题，发挥好农村基层党组织在宣传党的主张、贯彻党的决定、领导基层治理、团结动员群众、推动改革发展中的战斗堡垒作用。同时，严肃查处侵犯农

① 习近平:《坚持把解决好“三农”问题作为全党工作重中之重，举全党全社会之力推动乡村振兴》,《求是》2022 年第 7 期。

② 《十九大以来重要文献选编》(上)，中央文献出版社 2019 年版，第 152 页。

③ 《人民日报》，2018 年 3 月 9 日，第 1 版。

④ “四议”指村党支部会提议、村“两委”会商议、党员大会审议、村民代表会议或村民会议决议。“两公开”指决议公开、实施结果公开。

民利益的“微腐败”，严惩横行乡里、欺压百姓的黑恶势力及充当保护伞的党员干部，以廓清农村基层政治生态。二是健全自治、法治、德治相结合的乡村治理体系。习近平强调，“要丰富基层民主的实现形式，发挥村民监督的作用，让农民‘说事、议事、主事’，做到村里的事村民商量着办”[①]。2022年中央一号文件提出要深化乡村治理体系建设试点示范，开展村级议事协商创新实验。三是加强农村基层基础工作，打造“一门式办理”“一站式服务”综合便民服务平台，一些村庄还建立了深受农民欢迎的网上办、马上办、全程帮办、少跑快办的网上服务站点。四是深入推进平安乡村建设，确保乡村社会充满活力、和谐有序。五是实施乡村建设行动，把公共基础设施建设的重点放在农村，着力推进城乡基本公共服务均等化，注重加强普惠性、兜底性、基础性民生建设。走乡村善治之路，中国农村社会朝着充满活力又和谐有序的方向发展，是续写中国社会长期稳定奇迹的重要组成部分。

走乡村善治之路促进乡村振兴。左图为海南省三亚市中廖村乡村治理总体情况。右图为中廖村传承发展黎族文化和农旅融合。2020年12月作者摄

7. 明确走中国特色减贫之路，回答了如何破解贫困进而脱贫致富难题。有的现代化理论认为贫困问题在传统社会向现代社会转型过程中会自然而然地得到解决。有的发展经济学家认为通过经济增长创造充足就业机会和有效需求的

① 《十九大以来重要文献选编》（上），中央文献出版社2019年版，第153页。

"涓滴效应"，可以治理贫困问题。但是，这些理论都没有得到实践的充分检验，相反，贫困的"低水平均衡现象""代际传递"现象在全球普遍存在。中国深度贫困地区的贫困问题，受自然环境恶劣、交通极为不便等生产生活不利因素，以及区域发展中的循环积累因果关系影响，仅靠全国经济增长的"涓滴效应"，乃至采取常规扶助措施，都是不可能解决的。

习近平指出，打好精准脱贫攻坚战，走中国特色减贫之路。[①]党中央把脱贫攻坚摆在治国理政的突出位置，把脱贫攻坚作为全面建成小康社会的底线任务，立足中国国情，把握减贫规律，以超常规之举，构建起行之有效的政策体系、工作体系、制度体系，成功走出中国特色减贫之路：坚持中央对脱贫攻坚的集中统一领导，把脱贫攻坚纳入"五位一体"总体布局、"四个全面"战略布局，统筹谋划，强化中央统筹、省负总责、市县抓落实的工作机制，构建五级书记抓扶贫、全党动员促攻坚局面，组织开展声势浩大的脱贫攻坚人民战争；坚持以人民为中心的发展思想，坚持走共同富裕道路，集中力量解决贫困群众不愁吃、不愁穿和义务教育、基本医疗、住房安全有保障（简称"两不愁三保障"）的基本民生需求；坚持发挥社会主义制度能够集中力量办大事优势，广泛动员全党全国各族人民以及社会各方面力量共同向贫困宣战，形成举国同心、合力攻坚的共同行动；坚持精准扶贫方略，用发展的办法消除贫困根源，实现由"输血式"扶贫向"造血式"帮扶转变，让发展成为消除贫困最有效的办法、创造幸福生活最稳定的途径；实行扶贫和扶志扶智相结合，既富口袋也富脑袋，激发广大贫困群众积极性、主动性、创造性内生动力，引导贫困群众依靠勤劳双手和顽强意志摆脱贫困、改变命运；坚持弘扬和衷共济、团结互助美德，营造起全社会扶危济困的浓厚氛围，形成人人愿为、人人可为、人人能为的社会帮扶格局；坚持求真务实、较真碰硬，建立起全方位监督体系，力戒形式主义扶贫，做到真扶贫、扶真贫、脱真贫，真正让脱贫成效经得起历史和人民检验。

走中国特色减贫之路的伟大实践，锻造形成"上下同心、尽锐出战、精准务实、开拓创新、攻坚克难、不负人民"的脱贫攻坚精神，历史性解决了困扰

---

① 《十九大以来重要文献选编》（上），中央文献出版社 2019 年版，第 153 页。

中华民族几千年的绝对贫困问题，提前10年实现联合国2030年可持续发展议程确定的减贫目标，创造了人类减贫史上的奇迹，为全球反贫事业作出巨大贡献。

（二）成功探索出中国特色社会主义乡村道路的理论创新和重要贡献

走城乡融合发展之路、共同富裕之路、质量兴农之路、乡村绿色发展之路、乡村文化兴盛之路、乡村善治之路、中国特色减贫之路，构成中国特色社会主义乡村振兴道路。成功探索出中国特色社会主义乡村振兴道路，是历史逻辑、理论逻辑、实践逻辑统一下回答如何实现全面乡村振兴的时代之问的实践突破和理论创新，对中国式现代化演进有着重要的意义。

第一，中国特色社会主义乡村振兴道路，是从全面建成小康社会、全面建设社会主义现代化国家的全局和战略高度，基于贯彻新发展理念是新时代中国发展壮大的必由之路，着眼于解决发展不平衡不充分的问题，在促进共同富裕进程中成功走出的，丰富和发展了马克思主义乡村振兴理论。

“重塑城乡关系，走城乡融合发展之路”，是在经历改革开放后打破城乡二元结构、统筹城乡发展、城乡一体化发展的实践演进基础上，基于“城镇和乡村是互促互进、共生共存的”[①]发展规律的深刻认识明确的，突破了城乡二元并行发展模式，拓展了“三农”发展空间，形成了破解乡村人口数量庞大下“三农”难题的新路径，有利于促进工农互促、城乡互补、协调发展、共同繁荣的新型工农城乡关系的加快形成。

“巩固和完善农村基本经营制度，走共同富裕之路”，是基于“农村基本经营制度是乡村振兴的制度基础”[②]的深刻认识明确的，有利于避免陷入“中等收入陷阱”，促进人的全面发展和以人为本的中国式现代化演进，增强乡村全面振兴的内在动力和聚集力。

“深化农业供给侧结构性改革，走质量兴农之路”，是基于“供给侧结构性

① 《十九大以来重要文献选编》（上），中央文献出版社2019年版，第142页。

② 《十九大以来重要文献选编》（上），中央文献出版社2019年版，第144页。

改革的根本，是使我国供给能力更好满足广大人民日益增长、不断升级和个性化的物质文化和生态环境需要，从而实现社会主义生产目的”[①]的政治经济学视角的深刻认识，以及随着时代发展重新审视乡村价值[②]的判断下明确的，有利于加快农业农村发展新动能的培育，促进农业农村发展由过度依赖资源消耗、主要满足量的需求，向追求绿色生态可持续、更加注重满足质的需求转变，促进农村新产业新业态发展，促进农业全面升级和向高质高效的有奔头的产业发展。

“坚持人与自然和谐共生，走乡村绿色发展之路”，是基于绿水青山就是金山银山的理念，良好生态环境是农村最大优势和宝贵财富，良好生态为乡村振兴提供支撑点[③]，农村环境直接影响米袋子、菜篮子、水缸子、城镇后花园[④]，以绿色发展引领乡村振兴是一场深刻革命[⑤]等对绿色发展在乡村全面振兴中独有的价值、聚集力和内在动力的深刻认识明确的，是对在生态环境上采取先污染后治理的现代化之路的摒弃，是对中华优秀历史文化的传承和丰富发展，是满足人民对美好生活向往出发的生态文明价值追求，把实现生态美、百姓富统一了起来。

“传承发展提升农耕文明，走乡村文化兴盛之路”，是基于“乡村振兴，既要塑形，也要铸魂”[⑥]的深刻认识明确的，是不同于资本主义以物为本的现代化之路，将促进农民精神生活的丰富和乡村社会文明程度的提高，既为乡村全面振兴提供精神动力，又将使乡村更具魅力、聚集力而促进乡村“五大文明”全面协调发展。

“创新乡村治理体系，走乡村善治之路”，是基于“乡村振兴离不开和谐稳定的社会环境”[⑦]的深刻认识明确的，将促进党组织领导的自治、法治、德治相结合的乡村治理体系的完善，提升乡村善治水平，使乡村振兴有和谐进步的社会治理保障。

---

① 《十八大以来重要文献选编》（下），中央文献出版社 2018 年版，第 173 页。
② 《十九大以来重要文献选编》（上），中央文献出版社 2019 年版，第 148 页。
③ 《十九大以来重要文献选编》（上），中央文献出版社 2019 年版，第 148 页。
④ 《十九大以来重要文献选编》（上），中央文献出版社 2019 年版，第 457 页。
⑤ 《十九大以来重要文献选编》（上），中央文献出版社 2019 年版，第 149 页。
⑥ 《十九大以来重要文献选编》（上），中央文献出版社 2019 年版，第 150 页。
⑦ 《十九大以来重要文献选编》（上），中央文献出版社 2019 年版，第 152 页。

“打好精准脱贫攻坚战，走中国特色减贫之路”，是基于脱贫攻坚要取得实实在在的效果——“必须在精准施策上出实招、在精准推进上下实功、在精准落地上见实效”[①]和“乡村振兴，摆脱贫困是前提”[②]的深刻认识明确的，形成了系统回答脱贫攻坚的政治和组织保证、价值和目标取向、力量和制度支撑、路径和动力持久、主体和内力激发、美德和力量凝聚、务实和求真作风等重大问题的中国特色反贫困理论[③]。

第二，成功探索出中国特色社会主义乡村振兴道路丰富了中国式现代化道路的内涵。中国农业农村现代化道路是在探索中形成并不断完善的。20 世纪 50 年代初，面对以土地农民所有为基础的小农经济的弱质性和实现工业化对农业发展的需求，中国共产党确立并实践了组织起来发展集体经济走共同富裕的道路。党的十一届三中全会起，根据独立的比较完整的工业体系建立起来的生产力状况，探索了以赋权放活为内核的改革促进农业现代化的发展道路。在世纪之交进入工业化中期阶段，在全面建设小康社会进程中，开启了实施“多予、少取、放活”政策促进农业现代化的发展道路。2013 年 12 月底召开的中央农村工作会议指出，要以保障国家粮食安全和促进农民增收为核心，努力走出一条生产技术先进、经营规模适度、市场竞争力强、生态环境可持续的中国特色新型农业现代化道路。2014 年中央一号文件对此给予进一步明确，指出要以解决好地怎么种为导向加快构建新型农业经营体系，以解决好地少水缺的资源环境约束为导向深入推进农业发展方式转变，以满足吃得好吃得安全为导向大力发展优质安全农产品，努力走出一条生产技术先进、经营规模适度、市场竞争力强、生态环境可持续的中国特色新型农业现代化道路。从破解如何全面推进乡村振兴的时代之问出发，提出加快农业农村现代化，这不仅明确要推进农业现代化，还明确要推进农村现代化，在这一现代化内涵拓展演进基础上，实现了由探索中国特色新型农业现代化道路到中国特色社会主义乡村振兴道路的演进。乡村振兴道路的探索，要破解的问题是工业化、城镇化进程中“三农”弱

① 《十八大以来重要文献选编》（下），中央文献出版社 2018 年版，第 38 页。
② 《十九大以来重要文献选编》（上），中央文献出版社 2019 年版，第 172 页。
③ 参见郑有贵：《脱贫攻坚伟大实践孕育中国特色反贫困理论》，《红旗文稿》2021 年第 7 期。

质性困扰其发展的问题，要实现的目标是历史性升级了的乡村全面振兴这一战略目标。无论是作为整体的中国特色社会主义乡村振兴道路，还是其重要组成部分的走城乡融合发展之路、共同富裕之路、质量兴农之路、乡村绿色发展之路、乡村文化兴盛之路、乡村善治之路、中国特色减贫之路，都明确了从中国式现代化演进的全局和战略高度促进乡村全面振兴的政策取向及其实现路径。中国特色社会主义乡村振兴道路是中国式现代化道路的重要组成部分，其成功探索及其政策体系的构建，有利于促进“三农”发展受弱质性困扰难题的破解，增强内生发展能力，厚植发展优势，促进农业全面升级、农村全面进步、农民全面发展，进而促进工业化、信息化、城镇化、农业现代化同步发展，使中国式现代化的演进更加坚实。

第三，成功探索出中国特色社会主义乡村振兴道路，明示了亿万农民共同富裕和迈向全面现代化的康庄大道。党的十九届六中全会指出，中国特色社会主义道路是创造人民美好生活、实现中华民族伟大复兴的康庄大道。[①] 作为中国特色社会主义道路重要组成部分的乡村振兴道路，有鲜明的前置词“中国特色社会主义”，把中国特色社会主义是实现中华民族伟大复兴的必由之路体现其中。中国特色社会主义乡村振兴道路，是以农业社会主义改造中建立起的农村集体所有制为制度基础、以共同富裕为奋斗目标的。党的十八大以来中国把发展壮大农村集体经济作为引领农民实现共同富裕的重要途径，并推进制度创新，包括实行农村集体土地“三权分置”，农村集体经济组织的股份合作制改造，总结推广基层创造的资源变资产、资金变股金、农民变股东（简称“三变”）改革等。这些改革在创建农民权益和集体权益统一的实现形式中作出了积极探索，把激励集体和成员两个方面的积极性统一起来[②]，既切实赋予了农民集体资产股份权能，又使农村集体资产得以盘活和实现保值增值，促进了适应市场经济的农村集体经济运行机制的形成，促进了农村集体经济的发展。明确坚持走中国特色社会主义乡村振兴道路，也表明了鲜明的底线性负面清单。在 2017 年底召

① 《人民日报》，2021 年 11 月 17 日，第 1 版。

② 参见郑有贵:《农业“两个飞跃”应创建集体权益与成员权益统一的实现形式》,《毛泽东邓小平理论研究》2017 年第 8 期。

开的中央农村工作会议上，习近平明确了"四不能"底线，即"农村改革不论怎么改，不能把农村土地集体所有制改垮了，不能把耕地改少了，不能把粮食生产能力改弱了，不能把农民利益迫害了，这些底线必须坚守，决不能犯颠覆性错误"[①]。2018年9月21日，习近平主持十九届中央政治局第八次集体学习时指出，要把好乡村振兴战略的政治方向，坚持农村土地集体所有制性质，发展新型集体经济，走共同富裕道路。[②]

第四，成功探索出中国特色社会主义乡村振兴道路，明示了城乡融合发展之路、共同富裕之路、质量兴农之路、乡村绿色发展之路、乡村文化兴盛之路、乡村善治之路、中国特色减贫之路，是历史逻辑、理论逻辑、实践逻辑统一下的有机系统。走城乡融合发展之路为其他6个"之路"提供"四化同步"层面的引导、促进和支撑。走共同富裕之路为其他6个"之路"明确了价值取向、政策取向、改革发展动力。走质量兴农之路、乡村绿色发展之路、乡村文化兴盛之路，旨在促进农业全面升级和农村全面进步升级，为走城乡融合之路、共同富裕之路、乡村善治之路、中国特色减贫之路提供支撑。走乡村善治之路为走其他6个"之路"提供乡村治理保障。走中国特色减贫之路，使其他6个"之路"走得更为稳健。鉴此，需要在系统思维下对走中国特色社会主义乡村振兴道路进行政策的体系性构建和实践的统筹推进。

走中国特色社会主义乡村振兴道路，明确了加快推进农业农村现代化和乡村全面振兴的新路径，其促进"三农"实现历史性变革和取得历史性成就，为增强道路自信提供了坚实的实践支撑，也从实践上验证了中国特色社会主义乡村振兴道路越走越宽广。

三、优势厚植

实现新时代历史性升级了的"三农"发展战略目标，必须更加厚植"三农"

① 《习近平关于"三农"工作论述摘编》，中央文献出版社2019年版，第63页。
② 《习近平关于"三农"工作论述摘编》，中央文献出版社2019年版，第194页。

发展优势。为实现历史性升级了的“三农”发展战略目标，中国发挥党的领导的政治优势和社会主义的制度优势，构建乡村全面振兴的政策体系和形成举全党全社会之力推动乡村振兴的机制，激发农民创造精神扎实推进乡村全面振兴，以国家强大经济实力支撑乡村全面振兴，进而以“四有”之治不断厚植“三农”发展优势。

乡村全面振兴政策体系是以发挥党的领导的政治优势构建的。小农生产方式的弱质性，不仅表现在生产经营竞争能力上的弱势，还表现在政策诉求表达能力相对较弱。两者叠加，仅仅以农民自身力量难以突破发展困境，更难解决工业化、城镇化进程中其发展受弱质性困扰的难题。以习近平同志为核心的党中央，没有因为小农户政策诉求表达能力弱而“顺势”放弃“三农”难题的解决，更没有对农民进行剥夺，而是基于为最广大农民群众谋幸福的初心和使命担当，从中华民族伟大复兴和建设社会主义现代化强国的全局和战略高度，主动施策解决好“三农”问题。党的十八大以来，发挥党的领导的政治优势，把解决好“三农”问题作为全党工作重中之重，坚持每年底召开中央农村工作会议，研究形成以解决“三农”问题为主题的下一年中央一号文件，中央全面深化改革领导小组及之后的中央全面深化改革委员会审议通过了一系列关于“三农”改革发展的重大举措，着力构建乡村全面振兴的政策体系。2019 年 6 月 24 日，中共中央政治局会议审议的《中国共产党农村工作条例》，以党内法规形式把党领导农村工作的传统、要求、政策等加以确定，为切实把解决好“三农”问题作为全党工作重中之重，解决好“三农”问题，进而加快农业农村现代化和实现乡村全面振兴提供了强有力的组织和工作保障。2020 年中央一号文件《中共中央　国务院关于抓好“三农”领域重点工作　确保如期实现全面小康的意见》明确把党的十九大以来“三农”政策贯彻落实情况作为中央巡视的重要内容。2021 年 4 月 29 日，十三届全国人大常务委员会第二十八次会议通过《中华人民共和国乡村振兴促进法》，把行之有效的乡村振兴政策法定化，强化了乡村振兴的法治保障。《中国共产党农村工作条例》、中央一号文件、乡村振兴战略规划、《乡村振兴促进法》，一同构成实施乡村振兴战略的“四梁八柱”。在所构建的乡村全面振兴政策体系中，鲜明地实行“四优先”，即在干部配置上优先考虑、在要素配置上优先满足、在资金投入上优先保障、在公共服务上优先安排，进而把农业农村优先发展的方针落到各个方面，形成举全党全社会之力推动乡村振兴的态势和机制。

乡村全面振兴是以发挥社会主义的制度优势开展的。坚持和完善中国特色社会主义制度，推进国家治理体系和治理能力现代化，把社会主义制度优势更好地转化为国家治理效能。农村土地集体所有、发展社区集体经济，以及以此为基础形成的社区集体统筹和积累机制，是中国乡村治理、乡村发展的特色和优势。[①]农村土地集体所有制的坚持和完善，使农民有了土地这个安身立命之本，避免了土地私有制导致两极分化和失地农民只能进入城市贫民窟现象的发生。促进农村社区集体经济发展壮大，以及逐步完善与之相对应的社区集体统筹和积累机制，找到了破解小农户各自发展，难以实现农村经济、政治、文化、社会、生态文明全面发展问题的路径。推进农村集体产权制度改革、完善农村基本经营制度、推进土地确权登记和“三权分置”改革、促进农民专业合作社规范发展和能力提升、发展家庭农场等措施，促进了乡村内生发展能力的提升。同时，发挥中国社会主义制度能够“全国一盘棋”集中力量办大事优势，举全党全社会之力推动乡村振兴，以非凡之举，上下同心合力打赢脱贫攻坚战，解决工业化、城镇化进程中“三农”发展受弱质性困扰难题，推动工农互促、城乡互补、协调发展、共同繁荣的新型工农城乡关系的加快形成，促进了工业化、信息化、城镇化、农业现代化同步发展。

乡村全面振兴是以发挥农民创造精神展开的。习近平反复强调人民是历史的创造者。2018 年 3 月 20 日，习近平在十三届全国人大一次会议上讲话指出，只要 13 亿多中国人民始终发挥伟大创造精神，就一定能够创造出一个又一个人间奇迹。[②]尊重农民创造精神，有利于实现农民的潜在利益或利益改善，进而激发农民从实际出发创新制度和创新发展路径。中央作出全面推进乡村振兴的顶层设计，在实施中又充分尊重农民的创造精神，这是能实现国家顶层设计预期

① 参见郑有贵：《构建内生发展能力强的农村社区集体行动理论——基于发达村与空心村社区集体积累和统筹机制的探讨》，《马克思主义研究》2017 年第 12 期。

② 《十九大以来重要文献选编》（上），中央文献出版社 2019 年版，第 387 页。

目标的重要方法。2018 年 9 月 21 日，习近平主持十九届中央政治局第八次集体学习时指出，在实施乡村振兴战略中要注意处理好顶层设计和基层探索的关系。党中央已经明确了乡村振兴的顶层设计，各地要解决好落地问题，制定出符合自身实际的实施方案。编制村庄规划不能简单照搬城镇规划，更不能搞一个模子套到底。要科学把握乡村的差异性，因村制宜，精准施策，打造各具特色的现代版“富春山居图”。要发挥亿万农民的主体作用和首创精神，调动他们的积极性、主动性、创造性，并善于总结基层的实践创造，不断完善顶层设计。①习近平强调，要尊重农民意愿和维护农民权益，把选择权交给农民，由农民选择而不是替农民选择，可以示范和引导，但不搞强迫命令、不刮风、不“一刀切”。②中央尊重农民创造精神，广大农民从实际出发不竭创造，因地制宜创造了多种乡村振兴实现路径。在探索形成中国特色的经营制度方面，以共享发展理念为引领，创造了资源变资产、资金变股金、农民变股东的集体经济组织产权制度，创造了“党支部领办合作社”的集体经济发展路径，创造了有利于实现共享发展的农村一二三产业融合发展的多种利益联结方式，这些都解放和发展了农村社会生产力。在促进全面发展方面，创造了多种形式的传承优秀传统乡村文化和繁荣农村文化路径，创造性地将“绿水青山就是金山银山”的理念贯彻到美丽乡村建设和产业振兴结合的实践中，创造出基于当地资源的多种田园综合体乡村综合发展模式，由此乡村多种功能有效拓展，农旅融合促进产业兴旺，进而促进乡村资源价值提升和乡村发展空间拓展。

乡村全面振兴是以国家强大经济实力支撑展开的。中国共产党从为人民谋幸福、为中华民族谋复兴的大局和战略高度出发，基于国家进入工业化中期和经济实力增强，成功地实现了由农业养育工业向工业反哺农业的“大仁政”周期转换。③党的十八大后，中国以强有力的经济实力破解工业化、城镇化进程中“三农”发展受弱质性困扰难题，支撑乡村全面振兴。基于乡村振兴是党和

---

① 习近平：《把乡村振兴战略作为新时代“三农”工作总抓手》，《求是》2019 年第 11 期。

② 《习近平关于“三农”工作论述摘编》，中央文献出版社 2019 年版，第 59 页。

③ 参见郑有贵：《战略维度和实现路径：中国共产党百年破解“三农”问题的考察》，《中共中央党校（国家行政学院）学报》，2021 年第 5 期。

国家的大战略，习近平强调，要加大真金白银的投人，通过健全投入保障制度，创新投融资机制，拓宽资金筹集渠道，加快形成财政优先保障、金融重点倾斜、社会积极参与的多元投入格局。在财政支持上，针对国家支农项目支离破碎、“三农”投资严重碎片化问题，习近平强调要下决心加快建立涉农资金统筹整合长效机制，从顶层开始整合，发挥财政资金“四两拨千斤”作用，撬动更多社会资金。在农村金融支持上，2018年中央一号文件提出，坚持农村金融改革发展的正确方向，健全适合农业农村特点的农村金融体系，推动农村金融机构回归本源，把更多金融资源配置到农村经济社会发展的重点领域和薄弱环节，更好满足乡村振兴多样化金融需求；要强化金融服务方式创新，防止脱实向虚倾向，严格管控风险，提高金融服务乡村振兴能力和水平。[①]随着国家工业化的发展和经济实力的增强，国家加大对乡村振兴的支持力度，为促进农业高质高效、乡村宜居宜业、农民富裕富足提供了强有力的支撑。

实践表明，“四有”之治在破解城乡二元结构，破解工业化、城镇化进程中“三农”发展受弱质性困扰难题，进而解放和发展农村社会生产力、提升“三农”发展能力、促进乡村全面振兴上，具有显著优势。在推进国家治理体系和治理能力现代化进程中，中国以“四有”之治厚植“三农”发展优势，既是中国共产党长期解决“三农”问题历史经验的总结，也是新时代全面推进乡村振兴的指南。

四、全面发展

进入新时代，中国在1978—2002年以实行“放活”政策促进“三农”发展、2002—2012年以“统筹”促进“三农”发展的基础上，把“三农”改革发展聚焦于“全面”。党中央科学地将“三农”工作重心历史性转移到全面推进乡村振兴，中国“三农”全面发展取得重大突破。在回答“大国小农”国情下如

① 《十九大以来重要文献选编》（上），中央文献出版社2019年版，第178页。

何把小农生产引入现代农业发展轨道，在全面建成小康社会进程中如何补“三农”短板，在中国式现代化演进中如何实现农业高质高效、乡村宜居宜业、农民富裕富足等时代之问取得重大进展。

促进小农户和现代化有机衔接。把小农生产引入现代农业发展轨道，是中国式现代化道路的重要组成部分，也是中国式现代化不断演进的基础。党的十九大首次提出“实现小农户和现代农业发展有机衔接”[①]的命题，习近平在 2017 年底召开的中央农村工作会议上提出“把小农生产引入现代农业发展轨道”。这一战略方向的确立，是基于对“大国小农”资源禀赋及其相对应的发展路径的科学把握。习近平分析指出，中国人均一亩三分地、户均也不过十亩地，户均耕地规模只相当于欧盟的 1/40、美国的 1/400，小规模家庭经营是中国农业的本源性制度，小生产方式是中国农业发展长期面临的现实，不可能各地都搞欧美那样的大规模农业。[②]习近平进一步强调，“创新农业经营体系，不能忽视了普通农户”，“有不少地方的农户，因自然条件限制，生产活动即便只能解决自身温饱问题，那也是对国家作出的贡献。”[③]中国共产党不是只认识到土地大规模经营的优势，对小农生产的作用也有客观认识，即充分认识到小农生产对传承农耕文化、稳定农业生产、解决农民就业增收、促进农村社会和谐进步有着不可替代的作用。[④]基于发展市场经济中小农户生产经营呈现出明显的弱质性，党的十八大以来形成了服务小农户、提高小农户、富裕小农户的政策体系。习近平指出，把小农生产引入现代农业发展轨道，要注重发挥新型农业经营主体带动作用，培育各类专业化市场化服务组织，提升小农户生产经营组织化程度，改善小农户生产设施条件，提升小农户抗风险能力，扶持小农户拓展增收空间。[⑤]在实践中，坚持农业生产经营规模宜大则大、宜小则小，构建扶持小农户生产经营发展的政策体系，注重支农政策的公平性和普惠性，防止发生排挤小规模农户和人为垒大户现象，支持小规模农户经营能力和自我发展能力的提升，推动农户适度扩大经营规模发展成为家

① 《十九大以来重要文献选编》(上)，中央文献出版社 2019 年版，第 23 页。
② 《习近平关于“三农”工作论述摘编》，中央文献出版社 2019 年版，第 62—64 页。
③ 习近平：《论“三农”工作》，中央文献出版社 2022 年版，第 87 页。
④ 《习近平关于“三农”工作论述摘编》，中央文献出版社 2019 年版，第 62 页。
⑤ 《习近平关于“三农”工作论述摘编》，中央文献出版社 2019 年版，第 62 页。

庭农场等经营主体。同时，促进小农户互助合作提高组织化程度，健全面向小农户的社会化服务体系，促进小农户和现代化有机衔接。

补“三农”短板。补齐全面建成小康社会短板和全面建设现代化国家“三农”短腿是重大的时代命题。2013年12月，习近平在中央农村工作会议上指出：“一定要看到，农业还是‘四化同步’的短腿，农村还是全面建成小康社会的短板。”[①] 2015年10月26日，习近平在党的十八届五中全会上作关于《中共中央关于制定国民经济和社会发展第十三个五年规划的建议》的说明时指出：“十三五”规划作为全面建成小康社会的收官规划，必须紧紧扭住全面建成小康社会存在的短板，在补齐短板上多用力。比如，农村贫困人口脱贫，就是一个突出短板。我们不能一边宣布全面建成了小康社会，另一边还有几千万人口的生活水平处在扶贫标准线以下，这既影响人民群众对全面建成小康社会的满意度，也影响国际社会对我国全面建成小康社会的认可度。[②] 2016年4月25日，习近平在农村改革座谈会上指出，改变农业是“四化同步”短腿、农村是全面建成小康社会短板状况，根本途径是加快农村发展。[③] 习近平在2017年底召开的中央农村工作会议上指出：“城镇化是城乡协调发展的过程，不能以农业萎缩、乡村凋敝为代价。”“从城乡关系层面看，解决发展不平衡不充分问题，要求我们更加重视乡村。”[④] 习近平进一步指出，“一边是越来越现代化的城市，一边却是越来越萧条的乡村，那也不能算是实现了中华民族伟大复兴。我们要让乡村尽快跟上国家发展步伐。”[⑤] 到2020年全面建成小康社会，最突出的短板在“三农”，必须打赢脱贫攻坚战、加快农业农村发展，让广大农民同全国人民一道迈入全面小康社会。我们要加快补齐“三农”短板，夯实“三农”基础，确保“三农”跟上全面建成小康社会、全面建设社会主义现代化国家征程中不掉队。[⑥] 中国发挥中国共产党的领导的政治优势和社会主义的制度优势，攻坚克难，补

① 《十八大以来重要文献选编》（上），中央文献出版社2014年版，第658页。
② 《十八大以来重要文献选编》（中），中央文献出版社2016年版，第775页。
③ 《习近平关于“三农”工作论述摘编》，中央文献出版社2019年版，第5页。
④ 《习近平关于“三农”工作论述摘编》，中央文献出版社2019年版，第9—10页。
⑤ 《习近平关于“三农”工作论述摘编》，中央文献出版社2019年版，第10页。
⑥ 《习近平关于“三农”工作论述摘编》，中央文献出版社2019年版，第11页。

习近平在全国脱贫攻坚总结表彰大会上庄严宣告，我国脱贫攻坚战取得了全面胜利，完成了消除绝对贫困的艰巨任务，创造了又一个彪炳史册的人间奇迹！

齐全面建成小康社会中的“三农”短板，既增添了全面小康社会的成色，又提高了社会主义现代化的质量，使中国实现向高人文发展水平的跃升。中国共产党向人民、向历史作出到2020年全面建成小康社会郑重承诺的兑现，使中华民族伟大复兴向前迈出了新的一大步。

促进向农业高质高效、乡村宜居宜业、农民富裕富足为主要量度的乡村全面振兴目标发展。2013年12月，习近平在中央农村工作会议上指出：“中国要强，农业必须强；中国要美，农村必须美；中国要富，农民必须富。”[①] 2018年中共中央、国务院印发的《乡村振兴战略规划（2018—2022年）》强调，“农业强不强、农村美不美、农民富不富，关乎亿万农民的获得感、幸福感、安全感，关乎全面建成小康社会全局。”[②] 从农业强、农村美、农民富全面实现出发，中国明确了政策取向和措施。在着力实现农业强方面，坚持加强党对“三农”工作的全面领导，坚持以工补农、以城带乡，举全党全社会之力加快农业农村现

① 《十八大以来重要文献选编》（上），中央文献出版社2014年版，第658页。

② 《中共中央 国务院印发〈乡村振兴战略规划（2018—2022年）〉》，《人民日报》，2018年9月27日，第1版。

代化[1]，促进了农业高质高效。在着力实现农村美上，习近平在2017年底召开的中央农村工作会议上提出，让美丽乡村成为现代化强国的标志、美丽中国的底色。[2]党的十八大以来，贯彻绿水青山就是金山银山的理念，坚持山水林田湖草沙一体化保护和系统治理，强调在城镇化进程中记得乡愁，传承发展提升农耕文明，整治农村人居环境，创新乡村治理，形成乡风文明新气象，这一系列美丽乡村建设的推进，拓展了农村的多种功能和发展空间，促进了乡村宜居宜业。在着力实现"农民富"上，践行共享发展理念，将增加农民收入明确为"三农"工作的中心任务，构建促进农民持续较快增收长效机制，并通过提高农民素质、扶持农民、发展现代农业、完善农村一二三产业融合发展利益联结机制、发展农村经济、促进农民就业创业、增加农民财产性收入等途径增加收入，促进了农民富裕富足。在中国式现代化演进中，全面推进乡村振兴，致力于农业强、农村美、农民富全面实现，"三农"发展模式和发展形态实现历史性变革，为"三农"发展实现质的飞跃奠定了坚实基础。

坚持走中国特色社会主义乡村振兴道路，发挥党的领导的政治优势，发挥社会主义的制度优势，发挥亿万农民的创造精神，以强大的经济实力为支撑，以历史悠久的农耕文明为根基，以旺盛的市场需求为拉动，探索破解工业化、城镇化进程中"三农"发展受弱质性困扰难题，农业综合生产能力上到新的大台阶，全国粮食总产量自2015年起连续7年在1.3万亿斤的高台阶上，农民人均可支配收入连续快速增长并实现比2010年翻了一番多，民生显著改善，农村面貌焕然一新，创造了彪炳史册的消除绝对贫困的人间奇迹，广大农民迈进全面小康社会。农业农村取得的历史性成就和发生的历史性变革，在党和国家战胜各种艰难险阻、稳定经济社会发展大局上发挥了"压舱石"作用，为开启全面建设社会主义现代化国家新征程奠定了坚实基础。

时代是思想之母，实践是理论之源。在中国式现代化进程中，以习近平同志为核心的党中央围绕回答时代之问，从逻辑贯通的乡村全面振兴的战略目标

---

① 《中共中央 国务院关于全面推进乡村振兴 加快农业农村现代化的意见》，《人民日报》，2021年2月22日，第1版。

② 《习近平关于"三农"工作论述摘编》，中央文献出版社2019年版，第11页。

引导、走中国特色社会主义乡村振兴道路明示方向、“四有”之治厚植发展优势、全面推进和重点突破等方面回答了如何全面推进乡村振兴的一系列重大实践和理论问题，创造了中国特色减贫道路和中国特色反贫困理论，创造了中国特色社会主义乡村振兴道路，厚植起乡村振兴优势，突破了单纯基于某一个体或局部投入效率配置资源而难以突破“三农”发展受弱质性困扰的路径锁定[①]，形成了“大国小农”下促进乡村全面振兴的中国方案。

在向第二个百年奋斗目标迈进的历史关口，以习近平同志为核心的党中央深刻地认识到，全面建设社会主义现代化国家，全面推进中华民族伟大复兴，最艰巨最繁重的任务依然在农村，最广泛最深厚的基础依然在农村；作出了“民族要复兴，乡村必振兴”的论断；擘画了举全党全社会之力推动乡村振兴的蓝图和路径。展望未来，在中国共产党坚强领导下，乡村全面振兴，农业强、农村美、农民富全面实现的愿景可期。

① 参见郑有贵:《农村同步迈向全面小康社会方案和经验》,《宁夏社会科学》2020 年第 5 期。

第二章

优先发展

党的二十大强调，坚持农业农村优先发展。[1]

新时代中国共产党“三农”工作最显著的特征是，将农业农村置于优先发展的位置。尽管21世纪初国家实施强农惠农富农政策，扎实推进社会主义新农村建设，但城乡一条腿长和一条腿短的发展不平衡和农业农村发展不充分的问题仍然明显，破解长期存在的城乡二元结构及其所积累的“三农”问题，任务仍很艰巨。面对这一难题，以及2008年国际金融危机后全球经济增长缓慢的影响，党中央坚持把解决好“三农”问题作为全党工作的重中之重，坚持农业农村优先发展，2013年起中央一号文件的主题连年锁定在明确“三农”改革发展方向和政策措施，明确促进工业化、信息化、城镇化、农业现代化同步发展，明确举全党全社会之力加快农业农村现代化，制定和实施《中国共产党农村工作条例》，形成了以重中之重的工作布局主动施策的制度化机制，为破解工业化、城镇化进程中“三农”发展受弱质性困扰难题，加快农业农村现代化提供了根本保障。

一、一号文件

一年之际在于春。党的十八大以来，中共中央、国务院在每年的春季，发布当年排序为1号的文件（简称中央一号文件），向全社会公布旨在给农民福音的“三农”政策。每年中央一号文件明确“三农”改革发展方向和政策措施，这也成为党中央高度重视“三农”工作的显示器。

中央一号文件是“三农”政策的风向标。改革开放以来有24个中央一号文件以“三农”为主题，其中1982—1986年中央一号文件明确了以“放活”为内核的改革发展方向和政策措施，2004—2012年中央一号文件明确了以“统筹”为内核的改革发展方向和政策措施，2013—2022年中央一号文件明确了以“全

① 《人民日报》，2022年10月26日，第3版。

面”为内核的改革发展方向和政策措施。

中央一号文件以明确“三农”改革发展方向和政策措施为主题，始于1982年，连续5年，文件名分别是《中共中央批转〈全国农村工作会议纪要〉》（1982年）、《中共中央关于印发〈当前农村经济政策的若干问题〉的通知》（1983年）、《中共中央关于一九八四年农村工作的通知》（1984年）、《中共中央 国务院关于进一步活跃农村经济的十项政策》（1985年）、《中共中央 国务院关于一九八六年农村工作的部署》（1986年）。从这些文件的标题上很难看出各自的特别之处。实际上，其中每个中央一号文件，都切中高度集中的计划经济体制的弊端，而且是逐个攻克，在以“放活”为核心的政策上实现了一个又一个新突破。这5个中央一号文件及同期相应文件的制定实施，促进了“三农”政策由“管控”向“放活”的转变。正因为如此，可以用一个词来概括其内核，那就是“放活”。①

进入21世纪，中央一号文件重新以解决“三农”问题为主题，始于2004年。这是因为在市场经济下“三农”问题在世纪之交凸显，突出表现在1998年起全国粮食产量连续减产，1997—2003年全国农民可支配收入年平均增幅仅为4%左右，仅为城镇居民可支配收入增速的一半，城乡差距拉大，还严重影响整个国家经济社会的进一步发展。从全面建设小康社会出发，出台促进“三农”发展的中央一号文件成为共识。从2004年起到党的十八大前，出台9个中央一号文件，文件名分别是《中共中央 国务院关于促进农民增加收入若干政策的意见》（2004年）、《中共中央 国务院关于进一步加强农村工作 提高农业综合生产能力若干政策的意见》（2005年）、《中共中央 国务院关于推进社会主义新农村建设的若干意见》（2006年）、《中共中央 国务院关于积极发展现代农业 扎实推进社会主义新农村建设的若干意见》（2007年）、《中共中央 国务院关于切实加强农业基础建设 进一步促进农业发展农民增收的若干意见》（2008年）、《中共中央 国务院关于2009年促进农业稳定发展 农民持续增收的若干意见》（2009年）、《中共中央 国务院关于加大统筹城乡发展力度 进一步夯实农业农

① 参见郑有贵、李成贵主编：《一号文件与中国农村改革》，安徽人民出版社2008年版，第7—15页。

村发展基础的若干意见》(2010 年)、《中共中央 国务院关于加快水利改革发展的决定》(2011 年),《中共中央 国务院关于加快推进农业科技创新 持续增强农产品供给保障能力的若干意见》(2012 年)。从这些文件的标题上看，每个文件都有一个鲜明的主题，这是与 20 世纪 80 年代的 5 个一号文件的不同之处。尽管每个中央一号文件各有主题，但从政策内涵看，都基于已进入工业化中期，围绕缩小城乡差距，统筹城乡发展，实行工业反哺农业和城乡一体化为取向的政策，而且是逐步推进和完善的。[①]换言之，基于党的十六大首次提出统筹城乡经济社会发展，以及以此方略推进“三农”改革发展，这 9 个中央一号文件聚焦于“统筹”。[②]

进入新时代，中共中央、国务院连年将中央一号文件锁定在促进“三农”改革发展，是因为更加坚定和更加自觉地站在全面建成小康社会和开启建设社会主义现代化国家新征程的全局和战略的高度，在创造中国式现代化道路进程中，坚持农业农村优先发展，把“三农”改革发展聚焦于加快补齐短板短腿，促进全面发展。2013 年起至 2022 年，共出台了 10 个中央一号文件。

2013 年中央一号文件《中共中央 国务院关于加快发展现代农业 进一步增强农村发展活力的若干意见》，围绕促进“四化同步”进行部署。这是党的十八大后的第一个中央一号文件。文件分析指出，伴随工业化、城镇化深入推进，中国农业农村发展正在进入新的阶段，呈现出农业综合生产成本上升、农产品供求结构性矛盾突出、农村社会结构加速转型、城乡发展加快融合的态势。文件提出，必须顺应阶段变化，遵循发展规律，增强忧患意识，举全党全国之力持之以恒强化农业、惠及农村、富裕农民。文件要求，落实“四化同步”的战略部署，按照保供增收惠民生、改革创新添活力的工作目标，加大农村改革力度、政策扶持力度、科技驱动力度，围绕现代农业建设，充分发挥农村基本经营制度的优越性，着力构建集约化、专业化、组织化、社会化相结合的新型农业经营体系，进一步解放和发展农村社会生产力。

2014 年中央一号文件《中共中央 国务院关于全面深化农村改革 加快推进

① 参见郑有贵、李成贵主编:《一号文件与中国农村改革》，安徽人民出版社 2008 年版，第 15—25 页。
② 参见唐仁健主编:《中国共产党农史纲要》，中国农业出版社 2021 年版，第 55 页。

农业现代化的若干意见》，是为贯彻党的十八届三中全会对全面深化改革的战略部署制定的。文件分析指出，在中国经济社会发展转型期，农村改革发展面临的环境更加复杂、困难挑战增多。诸如，工业化、信息化、城镇化快速发展对同步推进农业现代化的要求更为紧迫，保障粮食等重要农产品供给与资源环境承载能力的矛盾日益尖锐，经济社会结构深刻变化对创新农村社会管理提出了亟待破解的课题。鉴此，文件提出要稳中求进，改革创新，坚决破除体制机制弊端。文件明确了全面深化农村改革的方向，即要坚持社会主义市场经济改革方向，处理好政府和市场的关系，激发农村经济社会活力；要鼓励探索创新，在明确底线的前提下，支持地方先行先试，尊重农民群众实践创造；要因地制宜、循序渐进，不搞“一刀切”、不追求一步到位，允许采取差异性、过渡性的制度和政策安排；要城乡统筹联动，赋予农民更多财产权利，推进城乡要素平等交换和公共资源均衡配置，让农民平等参与现代化进程、共同分享现代化成果。

2015 年中央一号文件《中共中央 国务院关于加大改革创新力度　加快农业现代化建设的若干意见》，围绕适应中国经济发展进入新常态对加快中国特色农业现代化进行部署。在中国经济从高速增长转向中高速增长的情况下，需要破解经济增速放缓后继续强化农业基础地位、促进农民持续增收这一重大课题。具体面临的突出问题是：国内农业生产成本快速攀升，大宗农产品价格普遍高于国际市场，如何在“双重挤压”下创新农业支持保护政策、提高农业竞争力，是当时面对的一个重大考验；农业资源短缺，开发过度、污染加重，如何在资源环境硬约束下保障农产品有效供给和质量安全、提升农业可持续发展能力，是必须应对的一个重大挑战；城乡资源要素流动加速，城乡互动联系增强，如何在城镇化深入发展背景下加快新农村建设步伐、实现城乡共同繁荣，是必须解决好的一个重大问题。文件将破解这些难题明确为今后一个时期“三农”工作的重大任务。文件明确了破解难题的思路，即主动适应经济发展新常态，按照稳粮增收、提质增效、创新驱动的总要求，继续全面深化农村改革，全面推进农村法治建设，推动新型工业化、信息化、城镇化和农业现代化同步发展，努力在提高粮食生产能力上挖掘新潜力，在优化农业结构上开辟新途径，在转变农业发展方式上寻求新突破，在促进农民增收上获得新成效，在建设新农村上迈出新步伐。

2016年中央一号文件《中共中央 国务院关于落实发展新理念 加快农业现代化实现全面小康目标的若干意见》，是在党的十八届五中全会明确新发展理念下制定的。文件在全党已形成加快补齐农业农村短板的共识下，就加快农业现代化实现全面小康目标作出部署，明确了“十三五”时期农村改革发展的思路，即要坚持全面建成小康社会、全面深化改革、全面依法治国、全面从严治党的战略布局，把坚持农民主体地位、增进农民福祉作为农村一切工作的出发点和落脚点，用发展新理念破解“三农”新难题，厚植农业农村发展优势，加大创新驱动力度，推进农业供给侧结构性改革，加快转变农业发展方式，保持农业稳定发展和农民持续增收，走产出高效、产品安全、资源节约、环境友好的农业现代化道路，推动新型城镇化与新农村建设双轮驱动、互促共进，让广大农民平等参与现代化进程、共同分享现代化成果。

2017年中央一号文件《中共中央 国务院关于深入推进农业供给侧结构性改革 加快培育农业农村发展新动能的若干意见》，是基于党中央关于全面实施供给侧结构性改革的决策，文件明确把深入推进农业供给侧结构性改革作为当前和今后一个时期“三农”工作的主线。文件分析指出，在农业农村发展不断迈上新台阶、进入新的历史阶段后，农业的主要矛盾由总量不足转变为结构性矛盾，突出表现为阶段性供过于求和供给不足并存，矛盾的主要方面在供给侧。农产品供求结构失衡、要素配置不合理、资源环境压力大、农民收入持续增长乏力等问题仍很突出，增加产量与提升品质、成本攀升与价格低迷、库存高企与销售不畅、小生产与大市场、国内外价格倒挂等矛盾亟待破解。为此，文件提出推进农业供给侧结构性改革，要在确保国家粮食安全的基础上，紧紧围绕市场需求变化，以增加农民收入、保障有效供给为主要目标，以提高农业供给质量为主攻方向，以体制改革和机制创新为根本途径，优化农业产业体系、生产体系、经营体系，提高土地产出率、资源利用率、劳动生产率，促进农业农村发展由过度依赖资源消耗、主要满足量的需求，向追求绿色生态可持续、更加注重满足质的需求转变。

2018年中央一号文件《中共中央 国务院关于实施乡村振兴战略的意见》，

是在党的十九大作出实施乡村振兴战略的重大决策下制定的。文件从指导思想、目标任务、基本原则等方面明确了实施乡村振兴战略的总体要求。这一文件是实施乡村振兴战略的顶层设计，确立了乡村振兴战略的“四梁八柱”，明确了实施好乡村振兴战略的一系列重大举措。这一文件有两个重要特点：一是管全面。文件按照党的十九大提出的产业兴旺、生态宜居、乡风文明、治理有效、生活富裕的总要求，对统筹推进农村经济、政治、文化、社会、生态文明和党的建设，作出了全面部署。二是管长远。文件按照党的十九大提出的决胜全面建成小康社会、分两个阶段实现第二个百年奋斗目标的战略安排，按照“远粗近细”的原则，对实施乡村振兴战略的 3 个阶段性目标任务作了部署。

实施乡村振兴战略。2019 年 9 月作者乘飞机拍摄湖南省长沙乡村

2019 年中央一号文件《中共中央 国务院关于坚持农业农村优先发展 做好“三农”工作的若干意见》，基于 2019 年、2020 年两年是全面建成小康社会的决胜期，针对经济下行压力加大、外部环境发生深刻变化的复杂形势下，“三农”领域有不少必须完成的硬任务，明确了做好“三农”工作的思路，即紧紧围绕统筹推进“五位一体”总体布局和协调推进“四个全面”战略布局，牢牢把握稳中求进工作总基调，落实高质量发展要求，坚持农业农村优先发展

总方针，以实施乡村振兴战略为总抓手，对标全面建成小康社会“三农”工作必须完成的硬任务，适应国内外复杂形势变化对农村改革发展提出的新要求，抓重点、补短板、强基础，围绕“巩固、增强、提升、畅通”深化农业供给侧结构性改革，坚决打赢脱贫攻坚战，充分发挥农村基层党组织战斗堡垒作用，全面推进乡村振兴，确保顺利完成到2020年承诺的农村改革发展目标任务。

2020年中央一号文件《中共中央 国务院关于抓好“三农”领域重点工作确保如期实现全面小康的意见》，是在全面建成小康社会目标实现之年、全面打赢脱贫攻坚战收官之年制定的。文件明确了当年“三农”工作总的工作思路和要求是，对标全面建成小康社会目标，强化举措、狠抓落实，集中力量完成打赢脱贫攻坚战和补上全面小康“三农”领域突出短板两大重点任务，持续抓好农业稳产保供和农民增收，推进农业高质量发展，保持农村社会和谐稳定，提升农民群众获得感、幸福感、安全感，确保脱贫攻坚战圆满收官，确保农村同步全面建成小康社会。文件围绕全面建成小康社会和全面打赢脱贫攻坚战两大目标任务，明确了坚决打赢脱贫攻坚战、对标全面建成小康社会加快补上农村基础设施和公共服务短板、保障重要农产品有效供给和促进农民持续增收、加强农村基层治理、强化农村补短板保障措施5个方面的政策措施。

2021年中央一号文件《中共中央 国务院关于全面推进乡村振兴 加快农业农村现代化的意见》，是在实施“十四五”规划第一年制定的。文件围绕贯彻党的十九届五中全会关于国民经济和社会发展第十四个五年规划和2035年远景目标的要求，对新发展阶段优先发展农业农村、全面推进乡村振兴作出总体部署。文件明确了4个方面的政策措施，即基于脱贫攻坚目标任务如期完成，实施四项政策助力实现巩固拓展脱贫攻坚成果同乡村振兴有效衔接；基于全面建设社会主义现代化国家新征程已开启，从7个方面促农业现代化；从解决农村短板弱项出发，在实施乡村建设行动上采取八项措施；从全面推进乡村振兴出发，在加强党对“三农”工作的全面领导上采取四项举措。

2022年中央一号文件《中共中央 国务院关于做好2022年全面推进乡村振

兴重点工作的意见》，对 2022 年全面推进乡村振兴重点工作进行了部署，明确了两条底线和三项重点。两条底线是牢牢守住保障国家粮食安全和不发生规模性返贫。三项重点是扎实有序做好乡村发展、乡村建设、乡村治理重点工作。这一文件突出年度性任务、针对性举措、实效性导向，旨在推动乡村振兴取得新进展、农业农村现代化迈出新步伐。文件明确了全力抓好粮食生产和重要农产品供给、强化现代农业基础支撑、坚决守住不发生规模性返贫底线、聚焦产业促进乡村发展、扎实稳妥推进乡村建设、突出实效改进乡村治理、加大政策保障和体制机制创新力度、坚持和加强党对“三农”工作的全面领导 8 个方面的政策措施。

二、四化同步

随着新一轮科技革命和产业变革深入发展，党的十八大提出“四化同步”发展目标，即“坚持走中国特色新型工业化、信息化、城镇化、农业现代化道路，推动信息化和工业化深度融合、工业化和城镇化良性互动、城镇化和农业现代化相互协调，促进工业化、信息化、城镇化、农业现代化同步发展”①。

促进“四化同步”，旨在解决好发展不平衡不充分问题。进入新时代，中国社会主要矛盾已经转化为人民日益增长的美好生活需要和不平衡不充分的发展之间的矛盾。在 2017 年底召开的中央农村工作会议上，习近平从“三农”工作和城乡关系两个层面分析了解决发展不平衡不充分问题。

从“三农”工作本身看，解决好发展不平衡不充分问题，要求我们更加重视“三农”工作。农业、农村、农民问题是一个不可分割的整体。总的来看，当前农业基础还比较薄弱，农民年龄知识结构、农村社会建设和乡村治理方面存在的问题则更为突出。比如，一些村庄缺人气、缺活力、缺生机，到村里一看，农宅残垣断壁，老弱妇孺留守，房堵窗、户封门，见到的年轻人不多，村

① 《十八大以来重要文献选编》（上），中央文献出版社 2014 年版，第 16 页。

庄空心化、农户空巢化、农民老龄化不断加剧。农民形象地称这种现象为“外面像个村，进村不是村，老屋没人住，院荒杂草生”。比如，一些村庄建设没规划、没秩序、没特色，宅基地违规乱占、农房乱建，有新房没新村，有新村没新貌。比如，一些村庄“形虽在，神已散”，优秀道德规范、公序良俗失效，不孝顺父母、不管子女、不守婚则、不睦邻里等现象增多，红白事盲目攀比、大操大办等陈规陋习盛行。比如，乡土社会的血缘性和地缘性减弱，农民组织化程度低、集体意识弱，“事不关己、高高挂起”的心态普遍存在，乡村秩序的基础受到冲击。再比如，一些农村基层党组织软弱涣散，村干部队伍青黄不接、后继乏人，少数干部作风不实、优亲厚友，“小官巨贪”时有发生，对惠农项目奖金“雁过拔毛”的“微腐败”也不同程度地存在。这些问题带有一定的普遍性，不仅中西部地区有，沿海发达地区也存在。我们提出实施乡村振兴战略，就是要协调推进农村经济建设、政治建设、文化建设、社会建设、生态文明建设和党的建设，促进乡村全面发展。①

从城乡关系层面看，解决发展不平衡不充分问题，要求我们更加重视乡村。现在，有不少人认为，只要城镇化搞好了，大量农民进城了，“三农”问题也就迎刃而解了。有的人认为，“三农”对生产总值、财政收入贡献少，不如工业项目来得快，基础设施、公共服务、社会管理还是向城市倾斜，“三农”往往排不上号。有的人看到农业连年丰收，便放松了“三农”工作，“说起来重要、干起来次要、忙起来不要”。在工业化、城镇化进程中，我国乡村的地位是值得我们深入思考的大问题。②

促进“四化同步”，还基于中国农村人口多的国情。中国式现代化是人口规模巨大的现代化，既会改变世界现代化人口数量版图，也会改变人的全面发展的现代化版图。破解超大规模人口整体迈入现代化这一世界历史上绝无仅有的命题，必然要克服更多困难，付出更大努力。其中，一个重要的难题是促进乡村人口众多情况下的农业农村现代化。习近平在 2017 年底召开的中央农村工作会议上指出：“我国城镇化率已接近百分之六十，但作为有着九百六十多万平

① 习近平：《论“三农”工作》，中央文献出版社 2022 年版，第 235—236 页。
② 习近平：《论“三农”工作》，中央文献出版社 2022 年版，第 236—237 页。

方公里土地、十三亿多人口、五千多年文明史的大国，不管城镇化发展到什么程度，农村人口还会是一个相当大的规模，即使城镇化率达到了百分之七十，也还有几亿人生活在农村。城市不可能漫无边际蔓延，城市人口也不可能毫无限制增长。现在，我们很多城市确实很华丽、很繁荣，但很多农村地区跟欧洲、日本、美国等相比差距还很大。如果只顾一头、不顾另一头，一边是越来越现代化的城市，一边却是越来越萧条的乡村，那也不能算是实现了中华民族伟大复兴。我们要让乡村尽快跟上国家发展步伐。”①

在上述认识基础上，2018 年中央一号文件进一步明确了“四化同步”发展路径，将“坚持城乡融合发展”作为实施乡村振兴战略的基本原则之一，要求坚决破除体制机制弊端，使市场在资源配置中起决定性作用，更好发挥政府作用，推动城乡要素自由流动、平等交换，推动新型工业化、信息化、城镇化、农业现代化同步发展。②

三、优先方针

党的十八大以来，党中央从解决不平衡不充分问题，进而促进“四化同步”和乡村全面振兴出发，强化了“三农”工作布局，明确了坚持农业农村优先发展的方针。

习近平在 2013 年底召开的中央农村工作会议上指出：“中国要强，农业必须强；中国要美，农村必须美；中国要富，农民必须富。农业基础稳固，农村和谐稳定，农民安居乐业，整个大局就有保障，各项工作都会比较主动。”“因此，我们必须坚持把解决好‘三农’问题作为全党工作重中之重，坚持工业反哺农业、城市支持农村和多予少取放活方针，不断加大强农惠农富农政策力度，始终把‘三农’工作牢牢抓住、紧紧抓好。”③ 2016 年 4 月，习近平在农村改

① 习近平：《论“三农”工作》，中央文献出版社 2022 年版，第 237 页。
② 《十九大以来重要文献选编》（上），中央文献出版社 2019 年版，第 160 页。
③ 《十八大以来重要文献选编》（上），中央文献出版社 2014 年版，第 658 页。

革座谈会上指出，改变农业是“四化同步”短腿状况，根本途径是加快农村发展。[①]党的十九大报告指出：“农业农村农民问题是关系国计民生的根本性问题，必须始终把解决好‘三农’问题作为全党工作重中之重。”[②]党中央将解决好“三农”问题放在重中之重的位置落到实处。例如，2017 年 11 月 20 日，党的十九大后首次中央全面深化改革领导小组会议审议通过的“三农”议题占近 1/3。

2018 年 9 月 21 日，习近平在主持十九届中央政治局第八次集体学习时指出，我们一直强调，对“三农”要多予少取放活，但实际工作中“三农”工作“说起来重要、干起来次要、忙起来不要”的问题还比较突出。我们要扭转这种倾向，在资金投入、要素配置、公共服务、干部配备等方面采取有力举措，加快补齐农业农村发展短板，不断缩小城乡差距，让农业成为有奔头的产业，让农民成为有吸引力的职业，让农村成为安居乐业的家园。[③]

2020 年 12 月，习近平在中央农村工作会议上强调，各级党委要扛起政治责任，落实农业农村优先发展的方针，以更大力度推动乡村振兴。特别是县委书记要把主要精力放在“三农”工作上，当好乡村振兴的“一线总指挥”。乡村振兴牵涉的部门很多，县以上各级党委要发挥好农村工作领导小组牵头抓总、统筹协调作用，健全议事协调、督查考核等机制。这次机构改革把党委农办设在农业农村部门，目的就是加强党的领导。有的地方党委农村工作部门缺兵少将，运转起来疙疙瘩瘩。要抓紧充实力量、完善运转机制、切实予以加强。[④]

2021 年中央一号文件就强化农业农村优先发展投入保障作出规定：继续把农业农村作为一般公共预算优先保障领域；中央预算内投资进一步向农业农村倾斜；制定落实提高土地出让收益用于农业农村比例考核办法，确保按规定提高用于农业农村的比例；各地区各部门要进一步完善涉农资金统筹整合长效机制；支持地方政府发行一般债券和专项债券用于现代农业设施建设和乡村建设行动，制定出台操作指引，做好高质量项目储备工作；发挥财政投入引领作用，支持以

① 《习近平关于“三农”工作论述摘编》，中央文献出版社 2019 年版，第 5 页。
② 《十九大以来重要文献选编》（上），中央文献出版社 2019 年版，第 22 页。
③ 习近平：《把乡村振兴战略作为新时代“三农”工作总抓手》，《求是》2019 年第 11 期。
④ 习近平：《论“三农”工作》，中央文献出版社 2022 年版，第 17 页。

市场化方式设立乡村振兴基金，撬动金融资本、社会力量参与，重点支持乡村产业发展；坚持为农服务宗旨，持续深化农村金融改革；运用支农支小再贷款、再贴现等政策工具，实施最优惠的存款准备金率，加大对机构法人在县域、业务在县域的金融机构的支持力度，推动农村金融机构回归本源；鼓励银行业金融机构建立服务乡村振兴的内设机构；明确地方政府监管和风险处置责任，稳妥规范开展农民合作社内部信用合作试点；保持农村信用合作社等县域农村金融机构法人地位和数量总体稳定，做好监督管理、风险化解、深化改革工作；完善涉农金融机构治理结构和内控机制，强化金融监管部门的监管责任；支持市县构建域内共享的涉农信用信息数据库，用3年时间基本建成比较完善的新型农业经营主体信用体系；发展农村数字普惠金融；大力开展农户小额信用贷款、保单质押贷款、农机具和大棚设施抵押贷款业务；鼓励开发专属金融产品支持新型农业经营主体和农村新产业新业态，增加首贷、信用贷；加大对农业农村基础设施投融资的中长期信贷支持；加强对农业信贷担保放大倍数的量化考核，提高农业信贷担保规模；将地方优势特色农产品保险以奖代补做法逐步扩大到全国；健全农业再保险制度；发挥“保险+期货”在服务乡村产业发展中的作用。

2022年中央一号文件进一步明确扩大乡村振兴投入的措施：继续把农业农村作为一般公共预算优先保障领域，中央预算内投资进一步向农业农村倾斜，压实地方政府投入责任；加强考核监督，稳步提高土地出让收入用于农业农村的比例；支持地方政府发行政府债券用于符合条件的乡村振兴公益性项目；提高乡村振兴领域项目储备质量；强化预算绩效管理和监督。文件还就强化乡村振兴金融服务作出规定：对机构法人在县域、业务在县域、资金主要用于乡村振兴的地方法人金融机构，加大支农支小再贷款、再贴现支持力度，实施更加优惠的存款准备金政策；支持各类金融机构探索农业农村基础设施中长期信贷模式；加快农村信用社改革，完善省（自治区）农村信用社联合社治理机制，稳妥化解风险；完善乡村振兴金融服务统计制度，开展金融机构服务乡村振兴考核评估；深入开展农村信用体系建设，发展农户信用贷款；加强农村金融知识普及教育和金融消费权益保护；积极发展农业保险和再保险；优化完善“保险+期货”模式；强化涉农信贷风险市场化分担和补偿，发挥好农业信贷担保作用。

党的二十大提出，完善农业支持保护制度，健全农村金融服务体系。①

将坚持农业农村优先发展明确为法律法规规范。2019 年制定施行的《中国共产党农村工作条例》，将坚持农业农村优先发展写入总则。2021 年制定施行的《中华人民共和国乡村振兴促进法》，将“坚持农业农村优先发展，在干部配备上优先考虑，在要素配置上优先满足，在资金投入上优先保障，在公共服务上优先安排”作为必须遵循的第一条原则。

坚持农业农村优先发展的方针，把解决好“三农”问题作为全党工作重中之重，为解决好工业化、城镇化进程中“三农”发展受弱质性困扰问题，加快建设农业强国，全面推进乡村振兴，提供了强有力的组织和工作保障。

四、全力推进

以习近平同志为核心的党中央明确举全党全社会之力加快农业农村现代化，既是历史经验的总结，也是发挥中国之治优势破解“三农”问题，进而全面推进乡村振兴经验的最新概括。

中国共产党勇敢挑起农业现代化建设的重任，高度重视农业现代化。中国最开始只是提农业现代化，还没有提农村现代化。在新中国成立前夕召开的中共七届二中全会上，提出了经济谨慎地、逐步地又积极地引导个体农业向着现代化方向发展的任务。1953 年，《关于党在过渡时期总路线的学习和宣传提纲》提出了建立现代化的工业、现代化的农业、现代化的国防和现代化的交通运输的建设目标。1954 年 9 月，一届全国人大一次会议批准的《政府工作报告》再次重申了这一构想。在经过 1959—1961 年的 3 年困难时期后，我们从实践经验中更加深刻认识到农业在国民经济中的基础地位，因而 1964 年 12 月三届全国人大批准的《政府工作报告》把农业现代化列为“四个现代化”之首。这次会议决定，今后发展经济的主要任务，总的来说就是要在不太长的历史时期内，

① 《人民日报》，2022 年 10 月 26 日，第 3 版。

把我国建设成为一个具有现代农业、现代工业、现代国防和现代科学技术的社会主义强国，赶上和超过世界先进水平。改革开放前的农业现代化建设，借鉴“石油农业”的经验模式，大力推进以机械化、电气化、水利化、化肥化（简称农业的“四化”）为目标的物质装备技术改造，同时支持杂交水稻等生物技术攻关。

自党的十一届三中全会起，中国大力推进农业现代化建设，农业现代化建设进入全面发展的新时期。1978 年 3 月邓小平在全国科学大会开幕式上指出：“全面实现农业、工业、国防和科学技术的现代化，把我们的国家建设成为社会主义的现代化强国，是我国人民肩负的伟大历史使命。”[①] 党的十一届三中全会作出把工作重点转移到社会主义现代化建设上来的战略决策，并在总结新中国近 30 年农业现代化建设经验的基础上，提出了要“走出一条适合我国情况的农业现代化的道路”，对包括科教、机械化、农业合理布局、生产区域化、专业化、社会化、农工商一体化经营、建设商品基地、农用工业、农产品加工业及小城镇等方面作出了部署，这突破了农业现代化一般指机械化、电气化、水利化和化肥化的局限，扩展了其内涵，并提出了发展农业生产力的 25 项政策和措施。在 1978—1979 年的两年里，国家科学技术委员会、国家农业委员会、中国科学院、农业部、林业部、农垦部和国家水产总局相继建立 16 个农业现代化综合科学实验基地。20 世纪 70 年代末至 80 年代初期，学术界对中国农业现代化问题开展了大范围的讨论，对农业现代化的内涵给予了新的表述。例如：以科学化、集约化、社会化和商品化替代原来的机械化、电气化、水利化和化肥化；用现代科技（尤其是生物技术）、现代装备、现代管理、现代农民来概括现代农业的内涵；生态农业或可持续发展农业是真正意义上的现代农业，以区别于以往现代农业等同于“石油农业”的偏向。党的十二大提出了全面开创社会主义现代化建设的新局面的宏伟目标，明确了中国农业由自给半自给经济向商品经济转变、由传统农业向现代农业转变的要求。20 世纪 90 年代后，中国对农业现代化有了新的认识：农业现代化既包括现代生产要素引入或技术进步

---

① 《邓小平文选》第 2 卷，人民出版社 1994 年版，第 85—86 页。

的过程，还包括要素优化配置的过程或制度创新的过程，制度创新是农业现代化建设的关键所在；农业现代化包括整个农业产业链中的产前、产中及产后的现代化；农业现代化的核心是科学技术现代化；农业在形态上成为具有强大市场竞争力和可持续发展的发达的现代基础产业。党的十五届三中全会提出了有条件的地方要率先实现农业现代化的战略部署。这一战略的提出非常及时，一方面，对已经提前实现了小康的一些发达地区，提出率先实现农业现代化的要求，指出了这些地区的努力方向；另一方面通过其经验的积累，对欠发达地区将起积极的示范和启迪作用。

进入21世纪后，中国把农业现代化置于统筹城乡发展的框架内，并加以规划和部署。2007年中央一号文件以“发展现代农业”为主题，提出“要用现代物质条件装备农业，用现代科学技术改造农业，用现代产业体系提升农业，用现代经营形式推进农业，用现代发展理念引领农业，用培养新型农民发展农业，提高农业水利化、机械化和信息化水平，提高土地产出率、资源利用率和农业劳动生产率，提高农业素质、效益和竞争力”。建设现代农业的过程，就是改造传统农业、不断发展农村生产力的过程，就是转变农业增长方式、促进农业又好又快发展的过程。必须把建设现代农业作为贯穿新农村建设和现代化全过程的一项长期艰巨任务，切实抓紧抓好。这6个“用”，进一步深化了对农业现代化的认识。

在推进农业现代化的基础上，提出农村现代化，将两者合起来，称农业农村现代化，是进入新时代开始的。党的十九大提出加快推进农业农村现代化。2018年9月21日，习近平在主持十九届中央政治局第八次集体学习时指出，没有农业农村现代化，就没有整个国家现代化。新时代“三农”工作必须围绕农业农村现代化这个总目标来推进。长期以来，为解决好吃饭问题，我们花了很大精力推进农业现代化，取得了长足进步。现在，全国主要农作物耕种收综合机械化水平已超过65%，农业科技进步贡献率超过57%，主要农产品人均占有量均超过世界平均水平，农产品供给极大丰富。相比较而言，农村在基础设施、公共服务、社会治理等方面差距相当大。农村现代化既包括“物”的现代化，也包括“人”的现代化，还包括乡村治理体系和治理能力的现代化。我们要坚持农业现代化和农村现代化一体设计、一并推进，实现农业大国向农业强国跨越。[①]在农业现代化基础上拓展为农业农村现代化，并强调两者一体化设计、一并推进，这是新时代对“三农”理论的原创性贡献。

明确举全党全社会之力加快农业农村现代化。2020年12月，习近平在中央农村工作会议上强调，从中华民族伟大复兴战略全局看，民族要复兴，乡村必振兴。从世界百年未有之大变局看，稳住农业基本盘、守好“三农”基础是应变局、开新局的“压舱石”。构建新发展格局，把战略基点放在扩大内需上，农村有巨大空间，可以大有作为。历史和现实都告诉我们，农为邦本，本固邦宁。必须看到，全面建设社会主义现代化国家，实现中华民族伟大复兴，最艰巨最繁重的任务依然在农村，最广泛最深厚的基础依然在农村。2021年中央一号文件指出，新发展阶段“三农”工作依然极端重要，须臾不可放松，务必抓紧抓实。文件强调，坚持把解决好“三农”问题作为全党工作重中之重，把全面推进乡村振兴作为实现中华民族伟大复兴的一项重大任务，举全党全社会之力加快农业农村现代化，让广大农民过上更加美好的生活。文件提出，到2025年，农业农村现代化取得重要进展，农业基础设施现代化迈上新台阶，农村生活设施便利化初步实现，城乡基本公共服务均等化水平明显提高。农业基础更加稳固，粮食和重要农产品供应保障更加有力，农业生产结构和区域布局明显优化，农业质量效益和竞争力明显提升，现代乡村产业体系基本形成，有条件的地区率先基本实现农业现代化。国务院于2021年11月印发的《“十四五”推进农业农村现代化规划》提出，实现农业农村现代化是全面建设社会主义现代化国家的重大任务，要将先进技术、现代装备、管理理念等引入农业，将基础设施和基本公共服务向农村延伸覆盖，提高农业生产效率、改善乡村面貌、提升农民生活品质，促进农业全面升级、农村全面进步、农民全面发展。2022年中央一号文件提出，推动农业农村现代化迈出新步伐。[②]

---

① 习近平：《把乡村振兴战略作为新时代“三农”工作总抓手》，《求是》2019年第11期。

② 《人民日报》，2022年2月23日，第1版。

五、党规保障

党的十八大以来，中国共产党加强对“三农”工作的全面领导。习近平在2013年底召开的中央农村工作会议上指出，党管农村工作是我们的传统。这个传统不能丢。各级党委要加强对“三农”工作的领导，各级领导干部都要重视“三农”工作，多到农村去走一走、多到农民家里去看一看，真正了解农民诉求和期盼，真心实意帮助农民解决生产生活中的实际问题，推动农村经济社会持续健康发展。[①]在2017年底召开的中央农村工作会议上，习近平进一步指出，办好农村的事情，实现乡村振兴，关键在党。必须提高党把方向、谋大局、定政策、促改革的能力和定力，确保党始终总揽全局、协调各方，提高新时代党全面领导农村工作能力和水平。[②]

2018年中央一号文件要求把党管农村工作的要求落到实处，并在第十二部分“坚持和完善党对‘三农’工作的领导”就完善党的农村工作领导体制机制作出明确规定：各级党委和政府要坚持工业农业一起抓、城市农村一起抓，把农业农村优先发展原则体现到各个方面；健全党委统一领导、政府负责、党委农村工作部门统筹协调的农村工作领导体制；建立实施乡村振兴战略领导责任制，实行中央统筹、省负总责、市县乡抓落实的工作机制；党政“一把手”是第一责任人，五级书记抓乡村振兴；县委书记要下大气力抓好“三农”工作，当好乡村振兴“一线总指挥”；各部门要按照职责，加强工作指导，强化资源要素支持和制度供给，做好协同配合，形成乡村振兴工作合力；切实加强各级党委农村工作部门建设，按照《中国共产党工作机关条例（试行）》有关规定，做好党的农村工作机构设置和人员配置工作，充分发挥决策参谋、统筹协调、政策指导、推动落实、督导检查等职能；各省（自治区、直辖市）党委和政府每年要向党中央、国务院报告推进实施乡村振兴战略进展情况；建立市县党政领导班子和领导干部推进乡村振兴战略的实绩考核制度，将考核结果作为选拔任用领导干部的重要依据。

---

① 《习近平关于“三农”工作论述摘编》，中央文献出版社2019年版，第187页。

② 《习近平关于“三农”工作论述摘编》，中央文献出版社2019年版，第190页。

2018 年中央一号文件还对研究制定中国共产党农村工作条例作出部署。文件提出，根据坚持党对一切工作的领导的要求和新时代“三农”工作新形势新任务新要求，研究制定中国共产党农村工作条例，把党领导农村工作的传统、要求、政策等以党内法规形式确定下来，明确加强对农村工作领导的指导思想、原则要求、工作范围和对象、主要任务、机构职责、队伍建设等，完善领导体制和工作机制，确保乡村振兴战略有效实施。

2019 年 6 月 24 日，中共中央政治局会议审议通过《中国共产党农村工作条例》。这一条例是为了坚持和加强党对农村工作的全面领导，贯彻党的基本理论、基本路线、基本方略，深入实施乡村振兴战略，提高新时代党全面领导农村工作的能力和水平，根据《中国共产党章程》制定的，自 2019 年 8 月 19 日起施行。该条例明确党的农村工作必须遵循的原则是：坚持党对农村工作的全面领导，确保党在农村工作中总揽全局、协调各方，保证农村改革发展沿着正确的方向前进；坚持以人民为中心，尊重农民主体地位和首创精神，切实保障农民物质利益和民主权利，把农民拥护不拥护、支持不支持作为制定党的农村政策的依据；坚持巩固和完善农村基本经营制度，夯实党的农村政策基石；坚持走中国特色社会主义乡村振兴道路，推进乡村产业振兴、人才振兴、文化振兴、生态振兴、组织振兴；坚持教育引导农民听党话、感党恩、跟党走，把农民群众紧紧团结在党的周围，筑牢党在农村的执政基础；坚持一切从实际出发，分类指导、循序渐进，不搞强迫命令、不刮风、不“一刀切”。

制定和实施《中国共产党农村工作条例》，形成以重中之重的工作布局主动施策的法规化机制，是继承和发扬党管农村工作优良传统、加快推进农业农村现代化的重要举措，对于加强党对农村工作的全面领导，巩固党在农村的执政基础，确保新时代农村工作始终保持正确政治方向具有十分重要的意义。

2020 年中央一号文件指出，认真落实《中国共产党农村工作条例》，加强党对“三农”工作的全面领导，把党的十九大以来“三农”政策贯彻落实情况作为中央巡视重要内容。[①]

---

① 《人民日报》，2020 年 2 月 6 日，第 1 版。

2021年中央一号文件就“强化五级书记抓乡村振兴的工作机制”作出进一步规定。文件提出，要深入贯彻落实《中国共产党农村工作条例》，健全中央统筹、省负总责、市县乡抓落实的农村工作领导体制，将脱贫攻坚工作中形成的组织推动、要素保障、政策支持、协作帮扶、考核督导等工作机制，根据实际需要运用到推进乡村振兴，建立健全上下贯通、精准施策、一抓到底的乡村振兴工作体系；省、市、县级党委要定期研究乡村振兴工作；县委书记应当把主要精力放在“三农”工作上；建立乡村振兴联系点制度，省、市、县级党委和政府负责同志都要确定联系点。

党建引领乡村振兴。2021年7月作者摄于烟台

2022年中央一号文件第八部分明确从压实全面推进乡村振兴责任和建强党的农村工作机构两个方面，就“坚持和加强党对‘三农’工作的全面领导”作出进一步规定。在压实全面推进乡村振兴责任方面，文件提出，制定乡村振兴责任制实施办法，明确中央和国家机关各部门推进乡村振兴责任，强化五级书记抓乡村振兴责任；开展省级党政领导班子和领导干部推进乡村振兴战略实绩

考核；完善市县党政领导班子和领导干部推进乡村振兴战略实绩考核制度，鼓励地方对考核排名靠前的市县给予适当激励，对考核排名靠后、履职不力的进行约谈；落实各级党委和政府负责同志乡村振兴联系点制度；借鉴推广浙江“千万工程”经验，鼓励地方党委和政府开展现场观摩、交流学习等务实管用活动；加强集中换届后各级党政领导干部特别是分管“三农”工作的领导干部培训。在建强党的农村工作机构方面，文件提出，各级党委农村工作领导小组要发挥“三农”工作牵头抓总、统筹协调等作用，一体承担巩固拓展脱贫攻坚成果、全面推进乡村振兴议事协调职责；推进各级党委农村工作领导小组议事协调规范化制度化建设，建立健全重点任务分工落实机制，协同推进乡村振兴；加强各级党委农村工作领导小组办公室建设，充实工作力量，完善运行机制，强化决策参谋、统筹协调、政策指导、推动落实、督导检查等职责。[①]

党的十八大以来，中国从各个方面将农业农村优先发展的方针落到实处。仅全国一般公共预算农林水事务支出，就由 2012 年的 1.2 万亿元增加到 2021 年的 2.2 万亿元（见图 2–1），年均增长 8.5%，比同期整个一般公共预算支出的年

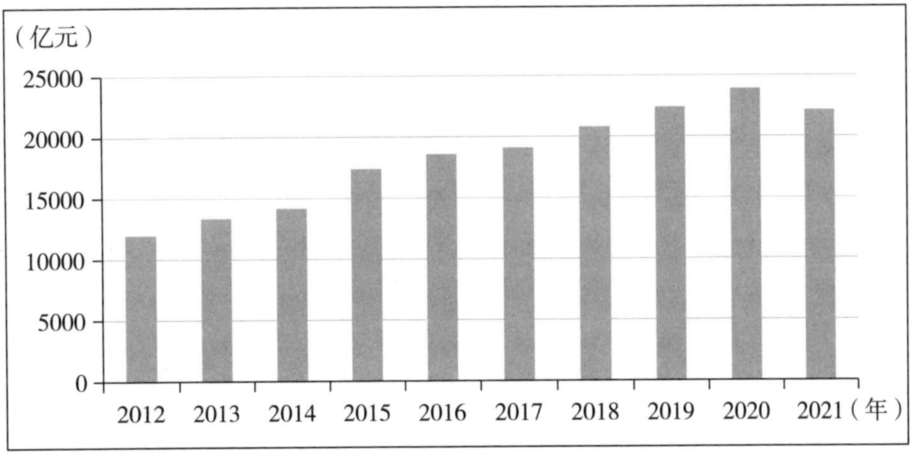

图 2-1　2012—2021 年中国财政农林水事务支出额

① 《人民日报》，2022 年 2 月 23 日，第 1 版。

均增长 7.7%，高了 0.8 个百分点。[①] 这种科学把握发展趋势和规律基础上主动施策，优先发展农业农村，不仅抓住了发展机遇，还满足了表达能力弱的农民对政策的诉求，是受弱质性困扰的“三农”能够实现历史性跨越发展的重要原因。

① 李忠峰:《为决胜全面建成小康社会提供坚实财力保障——财政部部长刘昆等出席财政支持全面建成小康社会新闻发布会》,《中国财经报》，2021 年 7 月 31 日，第 1 版。

第三章

中国饭碗

党的二十大提出，全方位夯实粮食安全根基。①

新时代中国创新了国家粮食安全观。在战略地位上，明确粮食安全是“国之大者”。在战略目标上，明确中国人的饭碗任何时候都要牢牢端在自己手中。在生产能力保障上，明确藏粮于地、藏粮于技，实行最严格的耕地保护制度，推动种业科技自立自强、种源自主可控。在激励机制上，明确核心是要解决好人的问题，解决好“谁来种地”问题。在路径拓展上，明确大食物观。在减少损耗和节约上，明确促进减少储藏、流通、加工中的损耗和动员全社会开展“光盘行动”。在责任体系上，明确党政同责。基于新国家粮食安全观，形成了新的国家粮食安全体系。中国克服新冠肺炎疫情冲击，2021 年全国粮食总产量达到 1.37 万亿斤，连续 7 年稳定在 1.3 万亿斤以上，中国谷物总产量稳居世界首位，14 亿多人的粮食安全得到有效保障，为应变局、开新局发挥了“压舱石”作用。

一、国之大者

以习近平同志为核心的党中央明确粮食安全是“国之大者”，切实抓好粮食安全这个“国之大者”，采取系统性和“长牙齿”的硬措施，确保把中国人的饭碗牢牢端在自己手中，这是党的十八大以来在粮食安全问题上的实践创造和理论创新。

习近平高度重视中国古代将粮食保障作为治国理政头等大事的优良传统。自古以来中国有关粮食的警世箴言影响甚广。民以食为天最为朴实。《范子·计然》中说：“五谷者，万民之命，国之重宝。”《尚书·洪范》记载，周武王灭商后，箕子向其建议应重视食、货、祀、司空、司徒、司寇、宾、师“八政”，班固在《汉书·食货志第四》中将其概括为“洪范八政，食为政首”。习近平反复强调这些警世箴言，提醒对粮食问题不能有丝毫松懈。

① 《人民日报》，2022 年 10 月 26 日，第 3 版。

2022 年 3 月 6 日，习近平在看望参加政协会议的农业界、社会福利和社会保障界委员时指出，粮食安全是“国之大者”。[①] 对粮食安全在治国理政中方位的这一科学把握，体现了历史上一国内部自立保障粮食供给的优良传统，更是在全球化新格局下保障人口第一大国国家粮食安全的战略要求。换言之，全球化格局中对粮食安全的这一战略定位，其内涵不同于传统社会的重粮观，是对粮食安全在治国理政中方位认识的深化和创新，回答了新的时代命题。

中国必须切实抓好粮食安全这个“国之大者”，是由人口众多的国情决定的。中国作为世界上人口第一大国，长期面临能否解决好粮食安全的问题。在新中国成立前，西方人士就断言中国政府解决不了中国人吃饭的问题。直到 20 世纪 90 年代，美国学者莱斯特·布朗还发表了题为“谁来养活中国？”的文章，预测中国将面临巨大粮食缺口，中国不能养活自己，乃至全世界也养活不了中国。这一“谁来养活中国”之问，对中国粮食安全能力加以质疑，也误导了国际社会在全球粮食市场判断上对中国的一些混乱认知。2012 年底，在党的十八大后召开的第一次中央经济工作会议上，习近平指出，手中有粮，心中不慌。我国有十三亿人口，如果粮食出了问题谁也救不了我们，只有把饭碗牢牢端在自己手中才能保持社会大局稳定。[②] 2013 年 12 月 10 日，习近平在中央经济工作会议上指出，我国是人口众多的大国，解决好吃饭问题，始终是治国理政的头等大事。虽然我国粮食生产连年丰收，但这就是一个紧平衡，而且紧平衡很可能是我国粮食安全的长期态势。我国耕地就那么多，潜力就那么大，在粮食问题上不可能长期出现高枕无忧的局面。因此，任何时候都不能放松粮食生产和对农业的支持。恰恰相反，我们要不断加大对农业的支持力度。[③] 两天后，习近平在中央城镇化工作会议上强调，我们可以适当利用国际市场，但我们十三亿多人的饭碗必须牢牢端在自己手里。[④] 11 天后，习近平在中央农村工作会议上进一步强调，我国十三亿多张嘴要吃饭，不吃饭就不能生存，悠悠万事、

① 习近平：《论“三农”工作》，中央文献出版社 2022 年版，第 329 页。
② 《习近平关于“三农”工作论述摘编》，中央文献出版社 2019 年版，第 67 页。
③ 《习近平关于“三农”工作论述摘编》，中央文献出版社 2019 年版，第 67 页。
④ 《十八大以来重要文献选编》（上），中央文献出版社 2014 年版，第 596 页。

吃饭为大。只要粮食不出大问题，中国的事就稳得住。这个道理大家都懂，但在实际工作中特别是在农业形势好的时候，往往容易麻痹松懈。因此，首先要特别强调一下确保国家粮食安全问题。[①]全国粮食产量继2012年突破1.2万亿斤，2015年起又上升到1.3万亿斤的高台阶后，习近平在2017年底召开的中央农村工作会议上指出，对粮食问题，要善于透过现象看本质。在我们这样一个十三亿多人口的大国，粮食多了是问题，少了也是问题，但这是两种不同性质的问题。多了是库存压力，是财政压力；少了是社会压力，是整个大局的压力。对粮食问题，要从战略上看，看得深一点、远一点。[②] 10年间，习近平反复强调保障国家粮食安全对于人口众多的中国的必要性，以告诫全党全社会必须切实抓好粮食安全这个“国之大者”。

中国必须切实抓好粮食安全这个“国之大者”，是在全球化新格局下夯实人口第一大国发展之基的战略要求。习近平在2013年底召开的中央农村工作会议上分析指出，看看世界上真正强大的国家、没有软肋的国家，都有能力解决自己的吃饭问题。美国是世界第一粮食出口国、农业最强国，俄罗斯、加拿大和欧盟的大国也是粮食强国。这些国家之所以强，是同粮食生产能力强联系在一起的。所以，粮食问题不能只从经济上看，必须从政治上看，保障国家粮食安全是实现经济发展、社会稳定、国家安全的重要基础。[③]习近平在2020年底召开的中央农村工作会议上强调，粮食多一点少一点是战术问题，粮食安全是战略问题。我国粮食供求紧平衡的格局没有改变，结构性矛盾刚着手解决，总量不足问题又重新凸显。今后一个时期粮食需求还会持续增加，供求紧平衡将越来越紧，再加上国际形势复杂严峻，确保粮食安全的弦要始终绷得很紧很紧，宁可多生产、多储备一些，多了的压力和少了的压力不可同日而语。粮食生产年年要抓紧，面积、产量不能掉下来，供给、市场不能出问题。[④]在2021年底召开的中央农村工作会议前，习近平主持召开中央政治局常委会会议专题研究

① 《十八大以来重要文献选编》（上），中央文献出版社2014年版，第659页。

② 《十九大以来重要文献选编》（上），中央文献出版社2019年版，第146页。

③ 《十八大以来重要文献选编》（上），中央文献出版社2014年版，第661页。

④ 习近平：《坚持把解决好“三农”问题作为全党工作重中之重，举全党全社会之力推动乡村振兴》，《求是》2022年第7期。

“三农”工作时强调，保障好初级产品供给是一个重大战略性问题，中国人的饭碗任何时候都要牢牢端在自己手中，饭碗主要装中国粮。[①]党的二十大强调，确保中国人的饭碗牢牢端在自己手中。[②]

中国在粮食安全问题上不敢麻痹大意，中国切实抓好粮食安全这个“国之大者”，采取措施构建保障粮食安全的战略体系。2015 年 7 月 1 日十二届全国人大常委会第十五次会议通过的《中华人民共和国国家安全法》第二十二条规定，国家健全粮食安全保障体系，保护和提高粮食综合生产能力，完善粮食储备制度、流通体系和市场调控机制，健全粮食安全预警制度，保障粮食供给和质量安全。2018 年中央一号文件提出，推进粮食安全保障立法。2020 年 4 月 17 日，中共中央政治局会议从应对新冠肺炎疫情暴发后经济发展面临前所未有挑战出发，强调统筹推进疫情防控和经济社会发展，提出旨在稳住经济基本盘，兜住民生底线的保居民就业、保基本民生、保市场主体、保粮食能源安全、保产业链供应链稳定、保基层运转，即把粮食安全纳入“六保”重要任务。2021 年中央一号文件提出，深入实施重要农产品保障战略。2022 年中央一号文件提出要牢牢守住保障国家粮食安全底线，明确了稳定全年粮食播种面积和产量、大力实施大豆和油料产能提升工程、保障“菜篮子”产品供给、合理保障农民种粮收益、统筹做好重要农产品调控等措施。这一文件还提出，全力抓好粮食生产和重要农产品供给。这些都充分表明，在治国理政中切实将抓好粮食安全这个“国之大者”落到实处。

建设国家粮食安全产业带。2020 年底召开的中央经济工作会议首次提出“建设国家粮食安全产业带”。会议提出，要建设国家粮食安全产业带，加强高标准农田建设，加强农田水利建设，实施国家黑土地保护工程。国家粮食安全产业带是在粮食主产区、核心产区、粮食生产功能区的基础上提出的一个新概念。建设国家粮食安全产业带，通过集聚整合资源要素发展粮食生产，是保障粮食安全的重要举措，也是适应粮食产业高质量发展要求的战略安排，对于促进粮食产业提质增效、全面提升粮食安全保障能力，意义深远重大。2021 年中

① 习近平：《论“三农”工作》，中央文献出版社 2022 年版，第 327 页。

② 《人民日报》，2022 年 10 月 26 日，第 3 版。

央一号文件进一步明确建设国家粮食安全产业带，2022 年中央一号文件提出推进国家粮食安全产业带建设。

中国饭碗里装中国粮，实现了从吃饱饭到吃好饭，为稳定经济社会发展大局提供了坚实支撑，也为全世界粮食安全作出了贡献和示范。联合国世界粮食计划署驻华代表屈四喜表示：中国用占全球 6% 的淡水资源、9% 的耕地，很好地解决了全球 20% 人口的吃饭问题，人均粮食占有量超过了 470 多公斤，高于世界平均水平的 400 公斤，这本身就是对全世界粮食安全的极大贡献，也为其他发展中国家提供了良好示范。①

二、新安全观

党的十八大以来，围绕粮食安全这个“国之大者”，构建起新国家粮食安全观，并形成了与之对应的系统的保障粮食安全的战略体系。

1974 年 11 月世界粮食大会通过的《世界粮食安全国际约定》中，第一次使用粮食安全这一概念。当时提出这一概念的出发点是应对世界粮食危机。20 世纪 70 年代初，面临第二次世界大战后最严重的粮食危机，世界粮食库存量占粮食消费量的比重仅为 14%，国际市场粮价高涨，撒哈拉沙漠以南的非洲国家因缺粮导致的人口非正常死亡率急剧上升。《世界粮食安全国际约定》将当年末谷物库存量至少相当于次年谷物消费量的 17%~18%，明确为保证世界谷物年末最低安全系数，还明确该系数低于 17% 为不安全，低于 14% 为紧急状态。此后，联合国对粮食安全概念进行了多次充实完善。到 1996 年，第二次世界粮食首脑会议对粮食安全观作出新表述：在任何时候，所有人能买得到和买得起足够的、安全和营养的食物，以满足人们日常膳食需要和食物偏好，保证人们积极和健康生活。这一表述突出了食物的质量，也将粮食扩大到整个食物层面。

中国的粮食安全概念，不是简单等同于国际上通用的联合国粮农组织表述

① 国际在线报道记者尚娟、富梦瑶:《联合国世界粮食计划署驻华代表：中国人均粮食占有量超过 470 多公斤 对世界粮食安全作出极大贡献》，https://www.sohu.com/a/512720139_115239.

的粮食安全概念，也经历了不断的丰富和拓展，既包括粮食数量安全，又包括粮食质量安全，以及粮食的产业安全。

在中国粮食安全观上，可谓仁者见仁，智者见智，长期争论，难以统一。其中，有两种明显对立的观点。一种观点主张，在经济全球化下，充分利用国际分工，通过进口粮食，或走出去利用国际资源生产中国粮食，实现国内粮食供给。与之相反的主张是，不惜一切代价，增加粮食生产，保障粮食自给。

中国构建起新国家粮食安全观。1996 年的《中国的粮食问题》白皮书明确“立足国内资源、实现粮食基本自给”的方针，并明确“在正常情况下，粮食自给率不低于 95%”。到 2012 年，尽管中国粮食实现“九连增”，但谷物、大豆净进口量分别为 1296.7 万吨和 5806.4 万吨，敲响了国家粮食安全的警钟。1996 年宣告的“立足国内资源、实现粮食基本自给”的方针是否还要坚持，明确的“在正常情况下，粮食自给率不低于 95%”的目标能否守住，成为国内外高度关注的问题。以习近平同志为核心的党中央，基于国情世情，从战略全局出发，构建起新国家粮食安全观。2013 年 12 月 10 日，习近平在中央经济工作会议上指出，要依靠自己保口粮，集中国内资源保重点，做到谷物基本自给、口粮绝对安全，把饭碗牢牢端在自己手上。要坚持数量质量并重，在保障数量供给的同时，更加注重农产品质量和食品安全，注重生产源头治理和产销全程监管，让人民吃得饱、吃得好、吃得放心。① 13 天后，习近平在中央农村工作会议上进一步强调，确保谷物基本自给、口粮绝对安全，中国人的饭碗任何时候都要牢牢端在自己手上，我们的饭碗应该主要装中国粮。②新国家粮食安全观明确了立足国内确保国家粮食安全的目标、必须守住的底线、利用国际国内两种资源两个市场的态度，更加强调国家粮食安全的质量和效率。

确保谷物基本自给、口粮绝对安全的新国家粮食安全观，是在经济全球化的背景下，既基于大农业与大食物观、自身供给能力提升、整个国家经济实力提升，也放眼于世界和基于国际粮食市场状况及其运行特性，以“谋定而后动”构建起来的。在经济全球化的国际环境下，中国的粮食安全问题应当且必须纳

① 《习近平关于“三农”工作论述摘编》，中央文献出版社 2019 年版，第 67—68 页。
② 《十八大以来重要文献选编》（上），中央文献出版社 2014 年版，第 660—662 页。

入全球视野考虑，这与中国古代自给自足式的粮食供求关系不同。尽管如此，已有历史反复表明，国际上一旦有风吹草动，各国就先捂住自己的“米袋子”。换言之，通过国际市场平衡国内粮食供需也存在风险。习近平在2013年底中央农村工作会议上分析指出，怎么保障国家粮食安全？过去我们强调保全部、保所有品种，这是当时历史条件下的唯一选择，而我们基本也做到了。现在，国内粮食需求增长很快，粮食安全要靠自己保全部，地不够，水不够，生态环境也承载不了。在这种情况下，就要进一步明确粮食安全的工作重点，合理配置资源，集中力量首先把最基本最重要的保住，确保谷物基本自给、口粮绝对安全。全党必须明确，保谷物、保口粮，决不能以为可以放松粮食生产了，仍然要坚持一刻也不放松，因为实现有质量的这“两保”并不是一件容易的事。[①]新国家粮食安全观明确确保谷物基本自给、口粮绝对安全，对怎么保障国家粮食安全的时代之问作出了回答，也对国内外高度关注的中国粮食安全问题作出了回答。

确保谷物基本自给、口粮绝对安全的新国家粮食安全观，强调中国人的饭碗任何时候都要牢牢端在自己手上，中国人的饭碗应该主要装中国粮。在2013年底中央农村工作会议上，习近平分析了掌握粮食安全主动权和进口粮食保障安全可行性等问题。关于掌握粮食安全主动权，习近平分析指出，立足国内基本解决我国人民吃饭问题，是由我们的基本国情决定的，也是我们一以贯之的大政方针。一个国家只有立足粮食基本自给，才能掌握粮食安全主动权，进而才能掌控经济社会发展这个大局。靠别人解决吃饭问题是靠不住的。如果口粮依赖进口，我们就会被别人牵着鼻子走。[②]关于进口粮食保障安全可行性，习近平分析指出，全世界有70亿人口，正常年景下每年能生产的谷物也就是25亿吨左右，能进入国际贸易的只有3亿吨左右；每年生产的大豆约2.5亿吨，能进入国际贸易的还不足1亿吨。现在，全球每年粮食贸易量大约6000亿斤，相当于我国粮食需求量的一半；大米贸易量在700亿斤左右，仅相当于我国大米消费量的25%。从世界谷物市场中我们还能够进口多少？更何况，即便我们能

① 《十八大以来重要文献选编》（上），中央文献出版社2014年版，第662页。
② 《十八大以来重要文献选编》（上），中央文献出版社2014年版，第661页。

把国际市场上的谷物都买过来，也不够我们吃半年的。所以，我们的立足点、着眼点是，绝不能买饭吃、讨饭吃，饭碗里必须主要装我们自己生产的粮食。[①] 2022年3月6日，习近平在看望参加政协会议的农业界、社会福利和社会保障界委员时强调，在粮食安全这个问题上不能有丝毫麻痹大意，不能认为进入工业化，吃饭问题就可有可无，也不要指望依靠国际市场来解决。[②] 全球新冠肺炎疫情下，全球粮食供应链受到明显影响，不少粮食出口国实行粮食出口限制，国际粮食市场更趋敏感。中国应对新冠肺炎疫情，其中粮食等重要农副产品供给充裕功不可没。这也进一步验证了中国的粮食安全问题不能寄希望于依靠国际市场来解决。

基于新国家粮食安全观，中国着力构建起新的国家粮食安全战略。2013年12月10日，习近平在中央经济工作会议上指出，综合考虑国内资源环境、粮食供求格局、国际市场贸易条件，必须实施以我为主、立足国内、确保产能、适度进口、科技支撑的国家粮食安全战略。[③] 2014年中央一号文件提出，抓紧构建新形势下的国家粮食安全战略。

三、党政同责

党的十八大以来，在1995年起实行“米袋子”省长负责制的基础上，进一步明确了在保障粮食安全上实行党政同责制。党的二十大强调，全面落实粮食安全党政同责。[④]

坚持“米袋子”省长负责制。2013年底，习近平在中央农村工作会议上指出，中央和地方要共同负责。保障国家粮食安全，中央义不容辞，承担首要责任。中央财政要从重大水利设施建设、中低产田改造、科技创新推广、信息

① 《十八大以来重要文献选编》（上），中央文献出版社2014年版，第661—662页。
② 《人民日报》，2022年3月7日，第1版。
③ 《习近平关于“三农”工作论述摘编》，中央文献出版社2019年版，第67—68页。
④ 《人民日报》，2022年10月26日，第3版。

化服务、市场体系完善、农产品质量安全、主产区转移支付等方面，加强对粮食生产的支持。各级地方政府要树立大局意识，增加粮食生产投入，自觉承担维护国家粮食安全责任，不能把担子全部压到中央身上。为什么要坚持“米袋子”省长负责制？就是各地都要行动起来，共同加强粮食生产能力、储备能力、流通能力建设，切实保护耕地。当然，我们要保护好地方政府抓粮积极性，要强化对主产省和主产县的财政奖补力度，逐步建立健全对主产区的利益补偿机制，保障产粮大县重农抓粮得实惠、有发展，不能让生产粮食越多者越吃亏。[①] 2014 年中央一号文件提出，加大力度落实“米袋子”省长负责制，进一步明确中央和地方的粮食安全责任与分工，主销区也要确立粮食面积底线、保证一定的口粮自给率。

对“米袋子”省长负责制进行完善，明确党政同责。习近平在 2020 年底召开的中央农村工作会议上强调，地方各级党委和政府要扛起粮食安全的政治责任。这些年，我国粮食生产明显向主产区集中，这有其合理性，但集中过度也会带来风险。如果各地都只想吃饭不想种粮、只想吃肉不想养猪，那谁来保供给！不能把粮食当成一般商品，光算经济账、不算政治账，光算眼前账、不算长远账。主产区、主销区、产销平衡区都有责任保面积、保产量，饭碗要一起端、责任要一起扛。粮食安全要实行党政同责，“米袋子”省长要负责，书记也要负责。[②] 按照党中央的要求，2021 年 2 月 15 日，国务院公布修订后的《粮食流通管理条例》，将“粮食安全党政同责”写入其中，即“第七条”规定，省、自治区、直辖市应当落实粮食安全党政同责，完善粮食安全省长责任制，承担保障本行政区域粮食安全的主体责任，在国家宏观调控下，负责本行政区域粮食的总量平衡和地方储备粮等的管理。

全面落实粮食安全党政同责。习近平在 2021 年底主持召开中央政治局常委会会议专题研究“三农”工作时强调，保证粮食安全，大家都有责任，党政同

① 《十八大以来重要文献选编》(上)，中央文献出版社 2014 年版，第 665 页。

② 习近平：《坚持把解决好“三农”问题作为全党工作重中之重，举全党全社会之力推动乡村振兴》，《求是》2022 年第 7 期。

责要真正见效。[①] 2022 年中央一号文件提出，全面落实粮食安全党政同责，严格粮食安全责任制考核，确保粮食播种面积稳定、产量保持在 1.3 万亿斤以上。主产区、主销区、产销平衡区都要保面积、保产量，不断提高主产区粮食综合生产能力，切实稳定和提高主销区粮食自给率，确保产销平衡区粮食基本自给。2022 年 3 月 6 日，习近平在看望参加政协会议的农业界、社会福利和社会保障界委员时强调，主产区、主销区、产销平衡区要饭碗一起端、责任一起扛。[②]

四、谁来种地

再过 10 年、20 年，谁来种地？农业后继乏人问题严重，这不是杞人忧天，而是严峻的现实。随着工业化、城镇化的迅速推进，农村青壮年劳动力大量进城，留在农村的是“三八六一九九部队”[③]，农业劳动力老弱化问题日趋突出。据测算，2013 年农业从业人员中，50 岁以上的占比超过 40%，且这一占比还会增长。[④] 走出农村的不愿意回乡从事农业，留下的农民又不安心搞农业。

以习近平同志为核心的党中央，从“解决好‘谁来种地’问题，对我国农业农村发展的影响将是深远的，对整个经济社会发展的影响也是非常大的”战略层面出发，提出要高度重视“谁来种地”问题，并作出通过富裕农民、提高农民、扶持农民，以解决“谁来种地”的思路和相应的政策措施。习近平在 2013 年底中央农村工作会议上指出，农村经济社会发展，说到底，关键在人。没有人，没有劳动力，粮食安全谈不上，现代农业谈不上，新农村建设也谈不上，还会影响传统农耕文化保护和传承。习近平进一步指出，“谁来种地”这个问题，说到底，是愿不愿意种地、会不会种地、什么人来种地、怎样种地的问题。核心是要解决好人的问题，通过富裕农民、提高农民、扶持农民，让农业

① 习近平：《论“三农”工作》，中央文献出版社 2022 年版，第 327 页。
② 《人民日报》，2022 年 3 月 7 日，第 1 版。
③ “三八”为妇女，“六一”为儿童，“九九”为老人。
④ 《十八大以来重要文献选编》（上），中央文献出版社 2014 年版，第 677 页。

经营有效益，让农业成为有奔头的产业，让农民成为体面的职业，让农村成为安居乐业的美丽家园。[①]党的二十大提出，健全种粮农民收益保障机制和主产区利益补偿机制。[②]

实施富裕农民之策。2012 年全国农民人均纯收入中，来自农业（种植业）的收入比重降到了 26.6%，对不少农户而言，农业变成“副业”。怎么做强农业，让农业有吸引力，确实是个大课题。习近平在 2013 年底召开的中央农村工作会议上指出，富裕农民，就要提高种地集约经营、规模经营、社会化服务水平，增加农民务农收入。农业部调查表明，从中国资源禀赋和当前城乡居民收入差距看，一年两熟地区户均耕种五十至六十亩、一年一熟地区户均耕种一百至一百二十亩，就有规模效益。这样农业就有了吸引力，愿意种地的青壮年就会多起来。[③] 2016 年 4 月，习近平在农村改革座谈会上指出，促进农民增收，难点在粮食主产区和种粮农民。在政策上，既要考虑如何保证粮食产量，也要考虑如何提高粮食生产效益、增加农民种粮收入，实现农民生产粮食和增加收入齐头并进，不让种粮农民在经济上吃亏，不让种粮大县在财政上吃亏。[④] 2020 年 12 月，习近平在中央农村工作会议上强调，调动农民种粮积极性，关键是让农民种粮有钱挣。现在，粮食生产一大软肋是生产成本偏高，解决办法还是要创新经营方式，要培育好家庭农场、农民合作社，发展适度规模经营，健全专业化社会化服务体系，把一家一户办不了、办起来不划算的事交给社会化服务组织来办。[⑤] 2022 年 3 月 6 日，习近平在看望参加政协会议的农业界、社会福利和社会保障界委员时强调，要保护农民种粮积极性，发展适度规模经营，让农民能获利、多得利。[⑥]在实践中，拉长粮食产业经济链条，坚持“粮头食尾”和“农头工尾”，促进粮食产业链、价值链、供应链“三链协同”，建设

---

① 《十八大以来重要文献选编》（上），中央文献出版社 2014 年版，第 678 页。

② 《人民日报》，2022 年 10 月 26 日，第 3 版。

③ 《十八大以来重要文献选编》（上），中央文献出版社 2014 年版，第 678—679 页。

④ 习近平：《论坚持全面深化改革》，中央文献出版社 2018 年版，第 262 页。

⑤ 习近平：《坚持把解决好“三农”问题作为全党工作重中之重，举全党全社会之力推动乡村振兴》，《求是》2022 年第 7 期。

⑥ 《人民日报》，2022 年 3 月 7 日，第 1 版。

优质粮食工程示范县、示范企业、特色园区、骨干企业“四大载体”，促进粮食产购储加销“五优联动”，健全完善适应高质量发展要求的粮食产业长效体制机制，稳步提升粮食产业综合素质、效益和竞争力，让农民分享到加工转化的增值收益。

实施提高农民之策。习近平在2013年底召开的中央农村工作会议上指出，提高农民，就要提高农民素质，培养造就新型农民队伍。培养有文化、懂技术、会经营的新型农民，2005年党的十六届五中全会就已经提出，这件事要继续抓下去，抓出成效来。有关部门要深入研究，抓紧制定专门规划和切实可行的具体政策，加大农业职业教育和技术培训力度，把培养青年农民纳入国家实用人才培养计划，确保农业后继有人。[①] 2020年12月，习近平在中央农村工作会议上强调，要加强农民农业生产技术和管理能力培训，促进管理现代化。[②]

实施扶持农民之策。习近平在2013年底中央农村工作会议上指出，调动和保护好“两个积极性”。稳定发展粮食生产，一定要让农民种粮有利可图、让主产区抓粮有积极性。这方面，既要发挥市场机制作用，又要加强政府支持保护。扶持农民，就要强化政府对农业的支持保护，创造良好务农条件和环境。农业面对着自然灾害和市场波动的双重风险，必须有国家支持保护。要根据新形势新情况，研究如何使农业支持保护措施更有针对性、更加有实效。要加大农业投入力度，财政再困难也要优先保证农业支出，开支再压缩也不能减少“三农”投入。要研究开辟新的投融资渠道，建立健全“三农”投入稳定增长的长效机制。农村金融仍然是个老大难问题，解决这个问题关键是要在体制机制顶层设计上下功夫，鼓励开展农民合作金融试点，建立适合农业农村特点的金融体系。要在规范运行、严格监管、控制风险的前提下，允许承包土地的经营权向金融机构抵押融资，采取多种方式为农业发展开辟新的融资渠道。新型农民搞规模种养业，风险也加大了，农业保险一定要搞好，财政要支持农民参加保险。[③] 习

① 《十八大以来重要文献选编》(上)，中央文献出版社2014年版，第679页。

② 习近平:《坚持把解决好“三农”问题作为全党工作重中之重，举全党全社会之力推动乡村振兴》,《求是》2022年第7期。

③ 《十八大以来重要文献选编》(上)，中央文献出版社2014年版，第664、679、680页。

近平在这次会议上，还提出要进一步完善粮食目标价格政策，即从长远来看，要按照市场定价、价补分离的原则，探索实行目标价格政策，完善粮食价格形成机制，逐步建立价格低时补低生产者、价格高时补低收入消费者的机制。[①]这为农产品价格改革指明了方向。2020年12月，习近平在中央农村工作会议上指出，这几年种粮成本增加、效益不高，不少地方甚至连年亏损。要稳定和加强种粮农民补贴，提升收储调控能力，坚持完善最低收购价政策，扩大完全成本保险和收入保险范围。[②]

党的十八大以来，扶持农民政策不断完善。2015年10月，中共中央、国务院印发《关于推进价格机制改革的若干意见》，提出继续执行并完善稻谷、小麦最低收购价政策，改革完善玉米收储制度，继续实施棉花、大豆目标价格改革试点，完善补贴发放办法。在2014年国家对直接补贴制度改革试点的基础上，2016年起，中央决定全面推开“三补合一”改革，将种粮直补、农资综合补贴、良种补贴合并为“农业支持保护补贴”，政策目标调整为支持耕地地力保护和粮食适度规模经营。“三补合一”改革后，这部分补贴资金不再与农民实际种粮面积挂钩，实际上转变为对农民收入的一种支持。2016年，国家在取消玉米临时收储的同时，建立了玉米生产者补贴制度，对东三省和内蒙古东部玉米种植给予一定财政补贴，中央财政补贴资金拨付到省区，由地方政府统筹将补贴资金兑付到生产者。2021年中央一号文件提出，稳定种粮农民补贴，让种粮有合理收益。坚持并完善稻谷、小麦最低收购价政策，完善玉米、大豆生产者补贴政策。扩大稻谷、小麦、玉米三大粮食作物完全成本保险和收入保险试点范围，支持有条件的省份降低产粮大县三大粮食作物农业保险保费县级补贴比例。2021年实际实施情况是，应对农资价格上涨等影响，国家对种粮农民一次性发放200亿元补贴；在13个粮食主产省份60%的产粮大县开展三大粮食作物完全成本保险和种植收入保险，政策性农业保险为1.88亿户次农户提供风险

---

① 《习近平论“三农”工作》，中央文献出版社2022年版，第78页。

② 习近平：《坚持把解决好“三农”问题作为全党工作重中之重，举全党全社会之力推动乡村振兴》，《求是》2022年第7期。

保障。[①] 2022 年中央一号文件明确了合理保障农民种粮收益的思路和措施：按照让农民种粮有利可图、让主产区抓粮有积极性的目标要求，健全农民种粮收益保障机制；2022 年适当提高稻谷、小麦最低收购价，稳定玉米、大豆生产者补贴和稻谷补贴政策，实现三大粮食作物完全成本保险和种植收入保险主产省产粮大县全覆盖；加大产粮大县奖励力度，创新粮食产销区合作机制；支持家庭农场、农民合作社、农业产业化龙头企业多种粮、种好粮；聚焦关键薄弱环节和小农户，加快发展农业社会化服务，支持农业服务公司、农民合作社、农村集体经济组织、基层供销合作社等各类主体大力发展单环节、多环节、全程生产托管服务，开展订单农业、加工物流、产品营销等，提高种粮综合效益。2022 年 5 月，根据中共中央、国务院决策部署，统筹考虑农资市场价格走势和农业生产形势，中央财政下达资金 100 亿元，再次向实际种粮农民发放一次性农资补贴，支持夏收和秋播生产，缓解农资价格上涨带来的种粮增支影响，进一步调动农民种粮积极性。[②]

五、藏粮于地

保障国家粮食安全的根本在耕地，耕地是粮食生产的命根子。党的十八大以来，从保障国家粮食安全出发，中国实施了藏粮于地战略，采取了“长牙齿”的耕地保护硬措施。中国在耕地保护上之所以采取“长牙齿”的硬措施，是因为以习近平同志为核心的党中央科学把握国情和未来发展趋势。一方面，中国粮食增产面临的水土资源、生态环境压力越来越大，连续增长空间并不大；另一方面，现今中国解决粮食安全问题，与之前相比，仍面临挑战，工业化、城镇化和生态文明建设下耕地面积减少的压力没有解除，而人口增加和生活水平

---

① 财政部:《关于 2021 年中央和地方预算执行情况与 2022 年中央和地方预算草案的报告》,《人民日报》，2022 年 3 月 14 日，第 3 版。

② 《中央财政下达资金 100 亿元再次向实际种粮农民发放一次性农资补贴》,《农民日报》，2022 年 5 月 23 日，第 1 版。

提高不仅对农产品数量的增加提出要求，还提出了提升农产品质量的要求。

针对一些地方“土地城镇化”快于“人口城镇化”的问题，习近平反复强调坚守18亿亩耕地红线，防止耕地非农化，实行耕地占补平衡。2013年12月12日，习近平在中央城镇化工作会议上指出，“耕地红线一定要守住，千万不能突破，也不能变通突破。红线包括数量，也包括质量，搞占补平衡不能把好地都占了，用劣地、坡地、生地来滥竽充数，最终账面上是平衡了，但耕地质量是大大亏空了。这不是自欺欺人吗?！”[①] 13天后，习近平在中央农村工作会议上进一步强调，坚守十八亿亩耕地红线，大家立了军令状，必须做到，没有一点点讨价还价的余地！农民可以非农化，但耕地不能非农化。如果耕地都非农化了，我们赖以吃饭的家底就没有了。[②] 2019年3月8日，习近平在参加十三届全国人大二次会议河南代表团审议时指出，要强化地方政府主体责任，完善土地执法监管体制机制，坚决遏制土地违法行为，牢牢守住耕地保护红线。[③] 党的二十大强调，牢牢守住18亿亩耕地红线。[④]

像保护大熊猫一样保护耕地。习近平在2013年底召开的中央农村工作会议上强调，保护耕地要像保护文物那样来做，甚至要像保护大熊猫那样来做。[⑤] 2015年5月，习近平就做好耕地保护和农村土地流转工作作出指示：耕地是我国最为宝贵的资源。我国人多地少的基本国情，决定了我们必须把关系十几亿人吃饭大事的耕地保护好，绝不能有闪失。要实行最严格的耕地保护制度，依法依规做好耕地占补平衡，规范有序推进农村土地流转，像保护大熊猫一样保护耕地。[⑥] 2020年7月，习近平在吉林省梨树县提出，采取有效措施切实把黑土地这个“耕地中的大熊猫”保护好、利用好，使之永远造福人民。[⑦]

建立粮食生产功能区和重要农产品生产保护区（统称“两区”）。2017年3

---

① 《十八大以来重要文献选编》（上），中央文献出版社2014年版，第596页。

② 《十八大以来重要文献选编》（上），中央文献出版社2014年版，第662页。

③ 《习近平关于“三农”工作论述摘编》，中央文献出版社2019年版，第88页。

④ 《人民日报》，2022年10月26日，第3版。

⑤ 《十八大以来重要文献选编》（上），中央文献出版社2014年版，第662页。

⑥ 习近平：《论“三农”工作》，中央文献出版社2022年版，第160页。

⑦ 于文静：《“中国人的饭碗任何时候都要牢牢端在自己手上”——习近平重视粮食安全的故事》，《河南日报》，2021年7月5日，第6版。

月，国务院印发《关于建立粮食生产功能区和重要农产品生产保护区的指导意见》，提出力争用3年时间完成10.58亿亩“两区”地块的划定任务，做到全部建档立卡、上图入库，实现信息化和精准化管理；力争用5年时间基本完成“两区”建设任务，形成布局合理、数量充足、设施完善、产能提升、管护到位、生产现代化的“两区”，使国家粮食安全的基础更加稳固，重要农产品自给水平保持稳定，农业产业安全显著增强。到2020年底，全面完成粮食生产功能区和重要农产品生产保护区划定工作，完成9亿亩粮食生产功能区和2.38亿亩重要农产品生产保护区划定任务，并精准落到地块。

规范耕地占补平衡。习近平在2013年底召开的中央农村工作会议上分析指出，这些年，工业化、城镇化占用了大量耕地，虽说国家对耕地有占补平衡的法律规定，但占多补少、占优补劣、占近补远、占水田补旱地等情况普遍存在，特别是花了很大代价建成的旱涝保收的高标准农田也被成片占用。耕地红线不仅是数量上的，而且是质量上的。你在城郊占了一亩高产田，然后到山沟里平整一块地用作占补平衡，这两块地能一样吗？质量相差甚远，这样的一亩地甚至二亩地不能顶一亩高产田用啊！这不是“狸猫换太子”吗？在耕地占补平衡上玩虚的是很危险的，总有一天会出事。[①] 2015年5月，习近平就做好耕地保护和农村土地流转工作作出指示：耕地占补平衡政策是对工业化、城镇化建设占用耕地不断扩大的补救措施，是国家法律和政策允许的，但必须带着保护耕地的强烈意识去做这项工作，严格依法依规进行。要采取更有力的措施，加强对耕地占补平衡的监管，坚决防止耕地占补平衡中出现的补充数量不到位、补充质量不到位问题，坚决防止占多补少、占优补劣、占水田补旱地的现象。在农村土地制度改革试点中要把好关，不能让一些人以改革之名行占用耕地之实。[②] 2020年底召开的中央经济工作会议提出，要规范耕地占补平衡。

采取“长牙齿”的硬措施保护耕地。一些地方的工商企业和个人借建农业大棚之名，占用耕地甚至永久基本农田，违法违规建设“私家庄园”等非农设施，严重冲击了耕地红线。针对这一问题，2018年9月，经国务院同意，农

---

① 《十八大以来重要文献选编》（上），中央文献出版社2014年版，第663页。

② 《习近平论“三农”工作》，中央文献出版社2022年版，第160页。

业农村部、自然资源部印发《关于开展“大棚房”问题专项清理整治行动　坚决遏制农地非农化的方案》，以遏制农地非农化。2020年，国务院办公厅印发《关于防止耕地“非粮化”　稳定粮食生产的意见》，明确了耕地利用优先序，对耕地实行特殊保护和用途管制，严格控制耕地转为林地、园地等其他类型农用地，坚决纠正工商资本违反相关产业发展规划大规模流转耕地不种粮的“非粮化”行为。2020年12月，习近平在中央农村工作会议上强调，“民非谷不食，谷非地不生。”耕地是粮食生产的命根子。这些年，我先后对清理整治大棚房、违建别墅、乱占耕地建房和遏制耕地“非农化”、防止“非粮化”等提出要求，和有关部门打了一套组合拳。但是，耕地乱象仍屡禁不止。比如，一些地方占用基本农田大搞绿化造林、挖湖造景，一些地方在公路、铁路、河渠两旁占用良田建设几十米甚至几百米宽的绿化带。我们土地是不少，但同14亿人口的需求一比，又是稀缺资源！建城市、搞工业、保生态都要用地，必须精打细算，排出优先序，绝不能占用耕地和违背自然规律去搞造林绿化。各省（区、市）现有用于粮食生产的耕地必须保住，不能再往下降了！保耕地，不仅要保数量，还要提质量。建设高标准农田是一个重要抓手，要坚定不移抓下去，提高建设标准和质量，真正实现旱涝保收、高产稳产。这个决心一定要下，该拿的钱一定要拿！要把黑土地保护作为一件大事来抓，把黑土地用好养好。要采取“长牙齿”的硬措施，落实最严格的耕地保护制度。对有令不行、有禁不止、失职渎职的，要严肃追究责任。[①] 2022年中央一号文件就落实“长牙齿”的耕地保护硬措施作出进一步明确：实行耕地保护党政同责，严守18亿亩耕地红线；按照耕地和永久基本农田、生态保护红线、城镇开发边界的顺序，统筹划定落实三条控制线，把耕地保有量和永久基本农田保护目标任务足额带位置逐级分解下达，由中央和地方签订耕地保护目标责任书，作为刚性指标实行严格考核、一票否决、终身追责；分类明确耕地用途，严格落实耕地利用优先序，耕地主要用于粮食和棉、油、糖、蔬菜等农产品及饲草饲料生产，永久基本农田重点用于粮食生产，高标准农田原则上全部用于粮食生产；引导新发展林果业上山

---

① 习近平：《坚持把解决好“三农”问题作为全党工作重中之重，举全党全社会之力推动乡村振兴》，《求是》2022年第7期。

上坡，鼓励利用“四荒”资源，不与粮争地；落实和完善耕地占补平衡政策，建立补充耕地立项、实施、验收、管护全程监管机制，确保补充可长期稳定利用的耕地，实现补充耕地产能与所占耕地相当；改进跨省域补充耕地国家统筹管理办法；加大耕地执法监督力度，严厉查处违法违规占用耕地从事非农建设；强化耕地用途管制，严格管控耕地转为其他农用地；巩固提升受污染耕地安全利用水平；稳妥有序开展农村乱占耕地建房专项整治试点；巩固“大棚房”问题专项清理整治成果；落实工商资本流转农村土地审查审核和风险防范制度。

在保护好耕地特别是基本农田的基础上，大规模开展高标准农田建设。2014 年 5 月，习近平在河南考察时指出，粮食生产根本在耕地，命脉在水利，出路在科技，动力在政策，这些关键点要一个一个抓落实、抓到位，努力在高基点上实现粮食生产新突破。[①] 习近平在 2015 年底召开的中央经济工作会议上指出，在保护好耕地特别是基本农田的基础上，大规模开展高标准农田建设，加大对农田水利、农机作业配套设施等建设支持力度，提高农业物质技术装备水平，推动农业从传统劳动密集型产业向多种形式适度规模经营的现代农业转变。[②] 习近平在 2017 年底召开的中央农村工作会议上指出，把高标准农田建设好，把农田水利搞上去，把现代种业、农业机械等技术装备水平提上来，把粮食生产功能区划好建设好，真正把藏粮于地、藏粮于技战略落到实处。[③] 2019 年 9 月，习近平在河南考察时强调，突出抓好耕地保护和地力提升，加快推进高标准农田建设。[④] 2019 年 11 月，国务院办公厅印发《关于切实加强高标准农田建设提升国家粮食安全保障能力的意见》。意见提出，要坚持夯实基础、确保产能，因地制宜、综合治理，依法严管、良田粮用，政府主导、多元参与等原则，切实加强高标准农田建设。到 2020 年底，全国累计完成 8 亿亩高标准农田建设任务。2022 年中央一号文件进一步明确了“全面完成高标准农田建设阶段性任务”的措施：多渠道增加投入，2022 年建设高标准农田 1 亿亩，累计建

① 习近平：《论“三农”工作》，中央文献出版社 2022 年版，第 124 页。
② 《习近平关于“三农”工作论述摘编》，中央文献出版社 2019 年版，第 85—86 页。
③ 《十九大以来重要文献选编》（上），中央文献出版社 2019 年版，第 146 页。
④ 《人民日报》，2019 年 9 月 19 日，第 1 版。

成高效节水灌溉面积4亿亩；统筹规划、同步实施高效节水灌溉与高标准农田建设；各地要加大中低产田改造力度，提升耕地地力等级；研究制定增加农田灌溉面积的规划；实施重点水源和重大引调水等水资源配置工程；加大大中型灌区续建配套与改造力度，在水土资源条件适宜地区规划新建一批现代化灌区，优先将大中型灌区建成高标准农田；深入推进国家黑土地保护工程；实施黑土地保护性耕作8000万亩；积极挖掘潜力增加耕地，支持将符合条件的盐碱地等后备资源适度有序开发为耕地；研究制定盐碱地综合利用规划和实施方案；分类改造盐碱地，推动由主要治理盐碱地适应作物向更多选育耐盐碱植物适应盐碱地转变；支持盐碱地、干旱半干旱地区国家农业高新技术产业示范区建设。党的二十大提出，逐步把永久基本农田全部建成高标准农田。[①]

六、藏粮于技

党的十八大以来，从保障国家粮食安全出发，强化农业科技和装备支撑，实施了藏粮于技战略，在让农业插上科技的翅膀、把民族种业搞上去和打一场种业翻身仗上采取了一系列措施。

让农业插上科技的翅膀。习近平于2013年11月在山东省农科院同有关方面代表座谈时指出，给农业插上科技的翅膀。[②]习近平在2013年底召开的中央农村工作会议上进一步指出，一粒种子可以改变一个世界，一项技术能够创造一个奇迹。要舍得下气力、增投入，注重创新机制、激发活力，着重解决好科研和生产“两张皮”问题，真正让农业插上科技的翅膀。[③] 2020年12月，习近平在中央农村工作会议上指出，稳产增产根本出路在科技。以生物技术和信息技术为特征的新一轮农业科技革命正在孕育大的突破，各国都在抢占制高点。作为一个农业大国，我们绝不能落后。要坚持农业科技自立自强，加快推进农业关键核心技

① 《人民日报》，2022年10月26日，第3版。
② 习近平：《论“三农”工作》，中央文献出版社2022年版，第41页。
③ 《十八大以来重要文献选编》（上），中央文献出版社2014年版，第664页。

术攻关。要拿出攻破“卡脖子”技术的干劲，明确方向和目标，加快实施农业生物育种重大科技项目，早日实现重要农产品的种源自主可控。有关部门要在严格监管、风险可控前提下，加快推进生物育种研发应用。要加快打通科技进村入户的通道，促进政府公益性服务和市场社会化服务协同发力。既要用物联网、大数据等现代信息技术发展智慧农业，也要加快补上烘干仓储、冷链保鲜、农业机械等现代农业物质装备短板，特别是要加大农业重要装备自主研制力度，加强动植物防疫检疫体系、防灾减灾体系等建设。①中国在13个粮食主产省实施国家重点研发计划“粮食丰产增效科技创新”重点专项，一批新技术、新品种、新装备被运用于粮食主产区，品种对单产的贡献率达到45%，为确保全国粮食生产能力稳定在1.3万亿斤提供了强有力的支撑。②到2021年，中国农业科技进步贡献率达到60.7%，农业科技由局部创新向“自主基因、自主技术、自主品种、自主产品”整体性跨越，中国农业科技整体实力进入世界前列。③

把民族种业搞上去。农民说，“好儿要好娘，好种多打粮”，“种地不选种，累死落个空”。习近平在2013年底召开的中央农村工作会议上指出，要下决心把民族种业搞上去，抓紧培育具有自主知识产权的优良品种，从源头上保障国家粮食安全。④2012年12月26日，国务院办公厅又印发了《全国现代农作物种业发展规划（2012—2020年）》。2013年12月20日，国务院办公厅印发《关于深化种业体制改革提高创新能力的意见》，提出要加快推进现代种业发展，建设种业强国，为国家粮食安全、生态安全和农林业持续稳定发展提供根本性保障。2018年4月12日，习近平在国家南繁科研育种基地考察时指出，良种在促进粮食增产方面具有十分关键的作用。要下决心把我国种业搞上去，抓紧培育具有自主知识产权的优良品种，从源头上保障国家粮食安全。⑤2019年，

① 习近平：《坚持把解决好“三农”问题作为全党工作重中之重，举全党全社会之力推动乡村振兴》，《求是》2022年第7期。

② 杨舒：《我国农业科技整体实力进入世界前列》，《光明日报》，2021年11月22日，第1版。

③ 《2021年农业农村十大亮点》，《农民日报》，2021年12月26日，第4版。

④ 《十八大以来重要文献选编》（上），中央文献出版社2014年版，第664页。

⑤ 高云才、吴齐强、郁静娴、王浩、祝大伟、刘峰、毕京津：《这五年，粮食安全更稳固》，《人民日报》，2020年10月12日，第1版。

国务院办公厅印发《关于加强农业种质资源保护与利用的意见》，提出力争到2035年，建成系统完整、科学高效的农业种质资源保护与利用体系，资源保存总量位居世界前列，珍稀、濒危、特有资源得到有效收集和保护，资源深度鉴定评价和综合开发利用水平显著提升，资源创新利用达到国际先进水平。党的十八大以来，两次对《中华人民共和国种子法》进行修订：2015年11月十二届全国人大常委会第十七次会议的修订，为中国种业更好地融入市场经济提供了坚实的法治保障；2021年12月十三届全国人大常委会第三十二次会议又一次进行重要修改，为把民族种业搞上去，实现中国种业科技自强自立、种源自主可控提供了坚实的法治保障。

打一场种业翻身仗。中国种子在“有没有、保生存”这个问题上，立足国内是能够满足的，但在“好不好、高质量”方面，与国际先进水平仍存在差距。包括全球种业前十强在内的70多家国际种业企业进入中国，一大批洋种子渗透到田间地头。中国有些品种单产水平还有较大提升空间，核心技术原创不足、商业化育种体系不健全。一些品种、领域和环节，如果出现极端断供情况，虽然不会“一卡就死”，但确实会影响农业发展速度、质量和效益。2020年底召开的中央经济工作会议，要求补上种业这块短板，把种业作为“十四五”农业科技攻关和农业农村现代化的重点任务来抓，将解决好种子和耕地问题作为2021年要抓好的8项重点任务的第五项。会议提出，要开展种源“卡脖子”技术攻关，立志打一场种业翻身仗。2021年中央一号文件明确了打好种业翻身仗的思路和措施：加强农业种质资源保护开发利用，加快第三次农作物种质资源、畜禽种质资源调查收集，加强国家作物、畜禽和海洋渔业生物种质资源库建设；对育种基础性研究以及重点育种项目给予长期稳定支持；加快实施农业生物育种重大科技项目；深入实施农作物和畜禽良种联合攻关；实施新一轮畜禽遗传改良计划和现代种业提升工程；尊重科学、严格监管，有序推进生物育种产业化应用；加强育种领域知识产权保护；支持种业龙头企业建立健全商业化育种体系，加快建设南繁硅谷，加强制种基地和良种繁育体系建设，研究重大品种研发与推广后补助政策，促进育繁推一体化发展。

第 24 届中国杨凌农业高新科技成果博览会上展示航天育种

实施种业振兴行动。2021 年 7 月 9 日，习近平主持召开中央全面深化改革委员会第二十次会议时指出，把种源安全提升到关系国家安全的战略高度，集中力量破难题、补短板、强优势、控风险，实现种业科技自立自强、种源自主可控。[①]会议审议通过《种业振兴行动方案》。会议强调，要打牢种质资源基础，做好资源普查收集、鉴定评价工作，切实保护好、利用好；要加强基础性前沿性研究，加快实施农业生物育种重大科技项目，开展种源关键核心技术攻关，扎实推进南繁硅谷等创新基地建设；要强化企业创新主体地位，加强知识产权保护，优化营商环境，引导资源、技术、人才、资本等要素向重点优势企业集聚；要综合运用法律、经济、技术、行政等多种手段，推行全链条、全流程监管，对假冒伪劣、套牌侵权等突出问题要重拳出击，让侵权者付出沉重代价；要加强组织领导，明确各级党委和政府责任，做好长远规划，给予长期稳定支持，加大统筹协调，避免重复建设。《种业振兴行动方案》的出台，是继 1962 年作出《关于加强种子工作的决定》后，再次对种业发展作出重要部署。2022 年中央一号文件提出，全面实施种业振兴行动方案。党的二十大提出，深入实施种业振兴行动。[②]

① 《人民日报》，2021 年 7 月 10 日，第 1 版。
② 《人民日报》，2022 年 10 月 26 日，第 3 版。

2022年4月，习近平在海南省考察时强调，中国人的饭碗要牢牢端在自己手中，就必须把种子牢牢攥在自己手里。要围绕保障粮食安全和重要农产品供给集中攻关，实现科技自立自强、种源自主可控，用中国种子保障中国粮食安全。[①]

党的十八大以来，中国现代种业发展取得了明显成效。2021年1月中国农业科学院举行的“科技创新引领粮食产业高质量发展”新闻发布会显示，中国农作物良种覆盖率在96%以上，自主选育品种面积占比超过95%，其中，水稻、小麦两大口粮作物品种已实现完全自给。良种对粮食增产贡献率已超过45%。[②]

七、大食物观

党的十八大以来，继十三届八中全会提出树立大农业观念后，又明确了要树立大食物观。2016年中央一号文件提出，树立大食物观，面向整个国土资源，全方位、多途径开发食物资源，满足日益多元化的食物消费需求。习近平在2017年底召开的中央农村工作会议上指出，现在讲粮食安全，实际上是食物安全。老百姓的食物需求更加多样化了，这就要求我们转变观念，树立大农业观、大食物观，向耕地草原森林海洋、向植物动物微生物要热量、要蛋白，全方位多途径开发食物资源。[③]

树立大食物观是由吃得饱向吃得更好升级的需要。中国14亿多人口，每天要消耗70万吨粮、9.8万吨油、192万吨菜和23万吨肉。2020年12月，习近平在中央农村工作会议上强调，现在，城乡居民食物消费结构在不断升级，今后农产品保供，既要保数量，也要保多样、保质量。要继续抓好生猪生产恢复，促进产业稳定发展。像大豆、棉花、玉米、小麦等一些大宗农产品生产，要抓紧研究部署，该扩大产量的要果断下决心，不能让人家拿住我们！这是涉及国家安全的

---

① 习近平：《论“三农”工作》，中央文献出版社2022年版，第131页。

② 《农作物自主选育品种面积占比超过95% 良种对粮食增产贡献率已超过45%》，《人民日报》海外版，2021年1月16日，第3版。

③ 《十九大以来重要文献选编》（上），中央文献出版社2019年版，第147页。

大事！保粮食安全要一个品种一个品种深入研究、制定方案、落实下去。①

按照大食物观形成现代农业生产结构和区域布局。2022年3月6日，习近平在看望参加政协会议的农业界、社会福利和社会保障界委员时指出，要树立大食物观，从更好满足人民美好生活需要出发，掌握人民群众食物结构变化趋势，在确保粮食供给的同时，保障肉类、蔬菜、水果、水产品等各类食物有效供给，缺了哪样也不行。要在保护好生态环境的前提下，从耕地资源向整个国土资源拓展，宜粮则粮、宜经则经、宜牧则牧、宜渔则渔、宜林则林，形成同市场需求相适应、同资源环境承载力相匹配的现代农业生产结构和区域布局。要向森林要食物，向草原要食物，向江河湖海要食物，向设施农业要食物，同时要从传统农作物和畜禽资源向更丰富的生物资源拓展，发展生物科技、生物产业，向植物动物微生物要热量、要蛋白。要积极推进农业供给侧结构性改革，全方位、多途径开发食物资源，开发丰富多样的食物品种，实现各类食物供求平衡，更好满足人民群众日益多元化的食物消费需求。②

向草原要食物。2018年5月作者摄于青海湖

① 习近平：《坚持把解决好“三农”问题作为全党工作重中之重，举全党全社会之力推动乡村振兴》，《求是》2022年第7期。

② 习近平：《论“三农”工作》，中央文献出版社2022年版，第333页。

党的二十大提出，树立大食物观，发展设施农业，构建多元化食物供给体系。[①]

树立大食物观是全方位、多途径开发食物资源的战略擘画，是践行总体国家安全观的根本要求，是推进国家治理体系和治理能力现代化的重要内容，是坚持以人民为中心发展思想的应有之义。树立并践行大食物观，使农产品供给数量充足、品种和质量契合消费者需要，形成结构合理、保障有力的农产品有效供给，才能让中国饭碗盛满幸福。

八、光盘行动

节约是中华民族古老的美德之一。然而，受讲排场、比阔气、爱面子等不良风气和不科学、不文明消费习俗影响，中国餐饮浪费问题一直存在，成为一个顽疾。有人调查估算，全国每年在餐桌上浪费的食物相当于 2 亿多人一年的口粮。[②] 在 2013 年底中央农村工作会议召开前，媒体报道，一所大学食堂的垃圾桶里经常有白花花的馒头和米饭。一些大学食堂成了浪费食物的“天堂”，这种现象令人触目惊心。同时，中国在粮食生产、流通、加工、消费环节也存在大量浪费现象。

党的十八大以来，中国在保障粮食安全上，不仅在粮食生产供给上采取藏粮于地、藏粮于技的硬措施，还采取切实措施减少粮食储藏、流通、加工等环节的浪费，杜绝“舌尖上的浪费”，“光盘行动”得到全社会响应。

坚决刹住浪费粮食的不良风气。2013 年 1 月，习近平在新华社一份《网民呼吁遏制餐饮环节“舌尖上的浪费”》的材料上作出批示，要求厉行节约、反对浪费。[③] 习近平在 2013 年底召开的中央农村工作会议上指出，即使生活一天天好了，也没有任何权利浪费！浪费粮食的不良风气必须坚决刹住！节约粮食

---

① 《人民日报》，2022 年 10 月 26 日，第 3 版。

② 《十八大以来重要文献选编》（上），中央文献出版社 2014 年版，第 667 页。

③ 《习近平作出批示要求：厉行节约　反对浪费》，《人民日报》，2013 年 1 月 29 日，第 1 版。

要从娃娃抓起，我们小时候都接受了这方面的严格家教，不要说剩饭，就是一粒米家长也不让浪费。中国文化中有很多关于节约粮食的内容，应该从小给孩子们灌输，弘扬勤俭节约的好风尚。要加强节约粮食工作，从餐桌抓起，从大学食堂和各个单位食堂、餐饮业抓起，从幼儿园、托儿所以及各级各类学校抓起，从每个家庭抓起，让节约粮食在全社会蔚然成风。同时，要注重解决粮食在收储、销售、加工过程中的浪费，这方面的问题也是严重的。[①]

倡导职工就餐按量取食。2022 年 9 月作者摄于食堂

“光盘行动”得到全社会积极响应。对于餐饮严重浪费现象，人民群众自发开展了“光盘行动”。2013 年 1 月初，北京公益者提出“从我做起，今天不剩饭”，提倡“光盘”，并到附近餐厅传发宣传海报。这一行动受到客人特别是中老年人的热烈响应。“光盘行动”倡导厉行节约，反对铺张浪费，不只是在餐厅吃饭打包，还包括在餐馆按需点菜，在食堂按需打饭，在家按需做饭。2017 年 8 月，各地响应中央号召，进一步掀起“光盘行动”热潮。商务部、中央文明办联合发出通知，推动餐饮行业厉行勤俭节约，引导全社会大力倡导绿色生活、反对铺张浪费。各地餐饮业联合倡议绿色餐饮，各地进一步开展“光盘行动”。

① 《十八大以来重要文献选编》（上），中央文献出版社 2014 年版，第 667—668 页。

2020年4月世界地球日，共青团中央联合中华环保基金会推出"2020重启从光盘做起"光盘接力挑战赛。"光盘行动"深入到各个方面，单位食堂向职工倡议"珍惜粮食、避免剩餐、从我做起、拒绝舌尖上的浪费"，在醒目位置张贴"谁知盘中餐，粒粒皆辛苦""一粥一饭，当思来处不易""节约是一份责任"等标语，时刻警醒。2020年8月11日，习近平作出重要指示强调，坚决制止餐饮浪费行为，切实培养节约习惯，在全社会营造浪费可耻节约为荣的氛围。光盘行动成为2013年十大新闻热词、网络热度词语，入选2020年度十大流行语。

以法治浪费。2020年8月，习近平作出批示，强调要加强立法，强化监管，采取有效措施，建立长效机制，坚决制止餐饮浪费行为。[①] 2021年4月29日，十三届全国人大常委会第二十八次会议通过《中华人民共和国反食品浪费法》，自公布之日起施行。该法共32条，分别对定义、反食品浪费的原则和要求、政府及其部门职责、各类主体责任、监管措施、法律责任等作了规定。关于反食品浪费的原则和要求，该法明确国家坚持多措并举、精准施策、科学管理、社会共治的原则，采用技术上可行、经济上合理的措施防止和减少食品浪费。国家倡导文明、健康、节约资源、保护环境的消费方式，提倡简约适度、绿色低碳的生活方式。关于政府及其部门职责，该法明确压实各级人民政府及其有关部门反食品浪费责任。一是明确各级人民政府加强对反食品浪费工作的领导，建立健全反食品浪费工作机制，确定反食品浪费目标任务，加强监督管理，推进反食品浪费工作。二是规定县级以上地方人民政府每年向社会公布反食品浪费工作情况，提出加强反食品浪费措施。三是重点明确国务院发展改革部门、商务主管部门、市场监督管理部门、粮食和物资储备部门有关反食品浪费有工作职责。关于各类主体责任，该法坚持约束与倡导相结合，约束公务用餐，规范餐饮服务提供者和餐饮外卖平台的餐饮服务行为，加强单位食堂、学校食堂、校外供餐单位管理，明确旅游经营者、食品经营者责任，倡导个人和家庭形成科学健康、物尽其用、防止浪费的良好习惯和生活方式，要求婚丧嫁娶、朋友聚会、家庭聚餐等活动的组织者、参加者科学适度点餐，文明、健康

① 习近平:《论"三农"工作》，中央文献出版社2022年版，第300页。

用餐。关于实行社会共治，该法明确构建政府领导、部门协作、行业引导、媒体监督、公众参与的反食品浪费社会共治机制。一是明确食品、餐饮行业协会加强行业自律，依法制定、实施反食品浪费等相关团体标准和行业自律规范。二是强调教育行政部门、学校将厉行节约、反对浪费纳入教育、教学内容。三是规定新闻媒体开展反食品浪费的公益宣传，禁止制作、发布、传播宣扬量大多吃、暴饮暴食等浪费食品的节目或者音视频信息。关于加强监管，完善约束措施，该法一是明确各级人民政府及其有关部门建立反食品浪费监督检查机制。二是规定县级以上人民政府采取措施，对防止食品浪费的科学研究、技术开发等活动予以支持；国家实行有利于防止食品浪费的税收政策。三是明确任何单位和个人发现食品生产经营者有食品浪费行为的，有权向有关主管部门和机关举报。四是对未主动进行防止食品浪费提示提醒，制作、发布、传播宣扬量大多吃、暴饮暴食等浪费食品的节目或者音视频信息等违法行为规定相应的法律责任。

全国开展多种形式的《中华人民共和国反食品浪费法》主题宣传活动，餐饮行业开展了放心消费承诺创建活动，餐饮企业出示放心消费承诺公示牌。

在减少粮食浪费上持续发力。2020 年 12 月，习近平在中央农村工作会议上强调，制止餐饮浪费最近有所好转，必须长期抓下去，推动全社会形成勤俭节约的良好风尚。[①] 2021 年中央一号文件提出，开展粮食节约行动，减少生产、流通、加工、存储、消费环节粮食损耗浪费。2022 年中央一号文件提出，坚持节约优先，落实粮食节约行动方案，深入推进产运储加消全链条节粮减损，强化粮食安全教育，反对食物浪费。2022 年 3 月 6 日，习近平在看望参加政协会议的农业界、社会福利和社会保障界委员时强调，制止餐饮浪费是一项长期任务，要坚持不懈抓下去，推动建设节约型社会。[②]

---

① 习近平：《坚持把解决好“三农”问题作为全党工作重中之重，举全党全社会之力推动乡村振兴》，《求是》2022 年第 7 期。

② 习近平：《论“三农”工作》，中央文献出版社 2022 年版，第 10 页。

第四章

脱贫攻坚

党的二十大提出，巩固拓展脱贫攻坚成果，增强脱贫地区和脱贫群众内生发展动力。①

新时代中国历史性消除农村绝对贫困，创造了一个彪炳史册的人间奇迹。党的二十大将“完成脱贫攻坚、全面建成小康社会的历史任务，实现第一个百年奋斗目标”明确为新时代十年来对党和人民事业具有重大现实和深远历史意义的三件大事之一。反贫困始终是古今中外治国安邦的一件大事、难事。党的十八大以来，以习近平同志为核心的党中央面对贫困这一人类社会顽疾，把脱贫攻坚摆在治国理政突出位置和作为全面建成小康社会的标志性工程，团结带领全党全国各族人民，采取了一系列具有原创性、独特性的重大举措，组织实施了人类历史上规模最大、力度最强、惠及人口最多的脱贫攻坚战。经过接续奋斗，脱贫攻坚战取得全面胜利，现行标准下近1亿农村贫困人口全部脱贫，贫困县全部摘帽，困扰中华民族千百年的绝对贫困问题得到历史性解决，书写了人类减贫史上的奇迹，为全面建成小康社会作出了重要贡献，为开启全面建设社会主义现代化国家新征程奠定了坚实基础，为全球减贫事业作出了重大贡献。在历史性解决绝对贫困后，中国共产党并没有松气懈怠，又开始了巩固拓展脱贫攻坚成果同乡村振兴有效衔接新的奋斗征程。

一、人民战争

2012年12月底，党的十八大召开后不久，习近平到贫困乡村考察。习近平在河北阜平县考察扶贫开发工作时指出：“全面建成小康社会，最艰巨最繁重的任务在农村、特别是在贫困地区。没有农村的小康，特别是没有贫困地区的小康，就没有全面建成小康社会。大家要深刻理解这句话的含义。因此，要提高对做好扶贫开发工作重要性的认识，增强做好扶贫开发工作的责任感和使命

① 《人民日报》，2022年10月26日，第3版。

感。”“我们在中央工作的同志要关心和支持乡亲们发展生产、改善生活，各级党委和政府也要关心和支持乡亲们发展生产、改善生活。大家一起来努力，让乡亲们都能快点脱贫致富奔小康。”①

党的十八届五中全会从实现全面建成小康社会奋斗目标出发，明确到2020年中国现行标准下农村贫困人口实现脱贫，贫困县全部摘帽，解决区域性整体贫困。这次全会还将扶贫攻坚改成了脱贫攻坚。2015年11月27日，习近平在中央扶贫开发工作会议上指出，我们必须动员全党全国全社会力量，向贫困发起总攻，确保到2020年所有贫困地区和贫困人口一道迈入全面小康社会。②两天后，中共中央、国务院印发《关于打赢脱贫攻坚战的决定》。其中指出，中国扶贫开发已进入啃硬骨头、攻坚拔寨的冲刺期。中西部一些省（自治区、直辖市）贫困人口规模依然较大，剩下的贫困人口贫困程度较深，减贫成本更高，脱贫难度更大。实现到2020年让7000多万农村贫困人口摆脱贫困的既定目标，时间十分紧迫、任务相当繁重。必须在现有基础上不断创新扶贫开发思路和办法，坚决打赢这场攻坚战。中央扶贫开发工作会议及《中共中央 国务院关于打赢脱贫攻坚战的决定》，发出打赢脱贫攻坚战的总攻令。

党的十九大把精准脱贫作为决胜全面建成小康社会必须打好的三大攻坚战之一进行全面部署，聚力攻克深度贫困堡垒，决战决胜脱贫攻坚。2017年10月25日，党的十九届一中全会闭幕后，习近平同采访十九大的中外记者见面时指出，全面建成小康社会，一个不能少；共同富裕路上，一个不能掉队。③2018年2月12日，习近平在四川成都主持召开打好精准脱贫攻坚战座谈会，集中研究打好今后三年脱贫攻坚战之策。同年6月15日，中共中央、国务院印发《关于打赢脱贫攻坚战三年行动的指导意见》，明确集中力量支持深度贫困地区脱贫攻坚、强化到村到户到人精准帮扶举措、加快补齐贫困地区基础设施短板、加强精准脱贫攻坚行动支撑保障、动员全社会力量参与脱贫攻坚、夯实精准扶贫精准脱贫基础性工作、加强和改善党对脱贫攻坚工作的领导等方面的

① 《人民日报》，2017年10月26日，第2版。

② 习近平：《论“三农”工作》，中央文献出版社2022年版，第22、26页。

③ 《十八大以来重要文献选编》（下），中央文献出版社2018年版，第30页。

措施。

2019 年 4 月 16 日，习近平在重庆主持召开解决“两不愁三保障”突出问题座谈会，指出脱贫攻坚战进入决胜的关键阶段，各地区各部门务必高度重视，统一思想，抓好落实，一鼓作气，顽强作战，越战越勇，着力解决“两不愁三保障”突出问题，扎实做好今明两年脱贫攻坚工作。①

2020 年，为有力应对新冠肺炎疫情和特大洪涝灾情带来的影响，中共中央要求全党全国以更大的决心、更强的力度，做好“加试题”、打好收官战，信心百倍向着脱贫攻坚的最后胜利进军。

党的十八大后的 8 年间，中国共产党组织开展了声势浩大的脱贫攻坚人民战争。

二、精准扶贫

“一把钥匙开一把锁”。中国幅员辽阔，各地贫困问题复杂多样，只有从实际出发，才能确保扶贫举措对症下药，取得实效。2012 年 12 月底，习近平在河北省阜平县考察扶贫开发工作时指出：“推进扶贫开发、推动经济社会发展，首先要有一个好思路、好路子。”“要坚持因地制宜、科学规划、分类指导、因势利导，能做什么就做什么，不要勉强搞一些东西，一定从实际出发，真正使老百姓得到实惠。”②

2013 年 11 月，习近平在湖南湘西土家族苗族自治州十八洞村考察时，提出“精准扶贫”理念，要求创新扶贫工作机制。

2015 年 11 月，习近平在中央扶贫开发工作会议上全面论述了精准扶贫精准脱贫基本方略，强调要做到“六个精准”，即扶持对象精准、项目安排精准、资金使用精准、措施到户精准、因村派人精准、脱贫成效精准；实施“五个一批”，即发展生产脱贫一批、易地搬迁脱贫一批、生态补偿脱贫一批、发展教育

---

① 习近平：《在解决“两不愁三保障”突出问题座谈会上的讲话》，《求是》2019 年第 16 期。

② 习近平：《在河北省阜平县考察扶贫开发工作时的讲话》，《求是》2021 年第 4 期。

湖南省花垣县十八洞村。2013 年 11 月，习近平在该村考察时，首次提出实施精准扶贫

脱贫一批、社会保障兜底一批，还要开展医疗保险和医疗救助脱贫；解决“四个问题”，即扶持谁、谁来扶、怎么扶、如何退。[①]“六个精准”是基本要求，“五个一批”是根本途径，“四个问题”是关键环节，这些都把目标导向与问题导向统一起来，把战略性与可操作性有机结合起来。

精准扶贫精准脱贫，是扶贫开发方式的创新，是打赢脱贫攻坚战的基本方略。“精准”既是脱贫攻坚的重要方法论之一，也是一种科学的思维方式，更是一套务实的工作方法。在精准施策上出实招、在精准推进上下实功、在精准落地上见实效，正是因为精准扶贫方略坚持以“实”字当头，各项政策红利才能切实落到扶贫对象身上，从而保障全面打赢脱贫攻坚战。

精准扶贫方略为世界减贫事业提供了重要经验。各国贫困状况各不相同，但实事求是、因地制宜的方法和原则是相通的。2018 年，“精准扶贫”等理念被写入第七十三届联合国大会通过的关于消除农村贫困问题的决议。联合国秘书长古特雷斯表示，精准扶贫方略是帮助贫困人口、实现 2030 年可持续发展议程设定的宏伟目标的唯一途径，中国的经验可以为其他发展中国家提供有益借鉴。例如，泰国孔敬府官员借鉴参考中国脱贫经验，制定了符合当地实际的“结对

① 《十八大以来重要文献选编》（下），中央文献出版社 2018 年版，第 38—45 页。

子扶贫”项目，帮助贫困户制定个性化脱贫方案。①

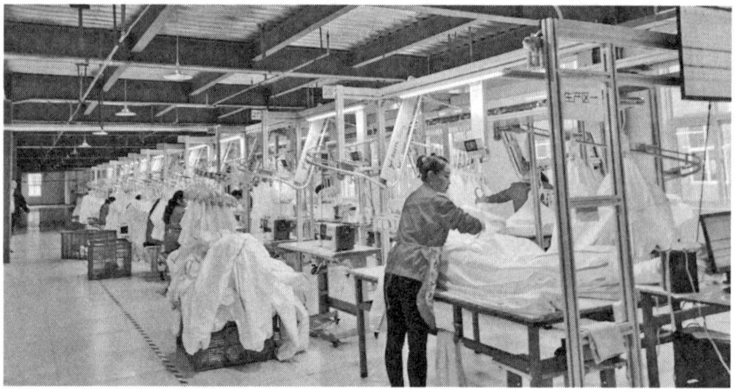

搬迁移民就近就业。上图 2020 年 9 月作者摄于江西上犹县；
下图 2020 年 10 月作者摄于陕西省丹凤县

三、道路理论

党的十八大后的 8 年来，习近平先后 7 次主持召开中央扶贫工作座谈会，50 多次调研扶贫工作，走遍 14 个集中连片特困地区，作出一系列重要指示批示，为脱贫攻坚提供了根本遵循和科学指引。习近平在 2017 年底召开的中央农

① 参见彭飞:《精准扶贫，“一把钥匙开一把锁”——兑现向全国人民作出的庄严承诺》,《人民日报》, 2021 年 2 月 26 日，第 7 版。

村工作会议上就“打好精准脱贫攻坚战，走中国特色减贫之路”进行了深刻论述和部署。①

伟大实践孕育理论创新。中国立足国情，把握减贫规律，出台一系列超常规政策举措，构建了一整套行之有效的政策体系、工作体系、制度体系，走出了一条中国特色减贫道路，形成了以“七个坚持”为主要内容的中国特色反贫困理论。②

一是坚持党的领导，为脱贫攻坚提供坚强政治和组织保证。中国脱贫攻坚创造人类减贫史奇迹，靠的是党的坚强领导，组织开展了上下同心、全社共同参与、声势浩大的脱贫攻坚人民战争。中国特色反贫困理论明确必须坚持党的领导，回答了在中国特色社会主义新时代脱贫攻坚如何发挥党的领导的政治优势，为脱贫攻坚提供政治和组织保证的问题。

脱贫攻坚必须坚持党的领导，是对马克思主义反贫困理论的丰富和发展。习近平强调：“越是进行脱贫攻坚战，越是要加强和改善党的领导。脱贫攻坚战考验着我们的精神状态、干事能力、工作作风，既要运筹帷幄，也要冲锋陷阵。各级党委和政府必须坚定信心、勇于担当，把脱贫职责扛在肩上，把脱贫任务抓在手上，拿出‘敢教日月换新天’的气概，鼓起‘不破楼兰终不还’的劲头，攻坚克难，乘势前进。”“各级领导干部要从巩固党执政的阶级基础和群众基础、从保持同人民群众的血肉联系的高度出发，保持顽强的工作作风和拼劲，满腔热情做好脱贫攻坚工作。”③

党的坚强领导为脱贫攻坚提供了根本的政治和组织保证，是脱贫攻坚的“定盘星”。习近平指出：“必须坚持发挥各级党委总揽全局、协调各方的作用，落实脱贫攻坚一把手负责制，省市县乡村五级书记一起抓，为脱贫攻坚提供坚强政治保证。”④各级党组织和广大共产党员坚决响应党中央号召，尽锐出战，不负人民，以热血赴使命、以行动践诺言，在脱贫攻坚这个没有硝烟的战场上呕

---

① 《十九大以来重要文献选编》（上），中央文献出版社 2019 年版，第 153—156 页。

② 习近平：《在全国脱贫攻坚总结表彰大会上的讲话》，《人民日报》，2021 年 2 月 26 日，第 2 版。

③ 《十八大以来重要文献选编》（下），中央文献出版社 2018 年版，第 46 页。

④ 《习近平谈治国理政》第 3 卷，外文出版社 2020 年版，第 151 页。

心沥血、建功立业。

在党的坚强领导为脱贫攻坚提供根本政治和组织保证的同时，村党支部领办集体合作社也促进了脱贫致富和乡村振兴。很多贫困地区在实践中进行了积极探索。这里列举一例。中共毕节市委根据2017年4月贵州省第十二次党代会号召全省学习推广安顺市塘约村领办村社一体合作社经验的部署，因地制宜作出以“大党建”统领“大扶贫”“大安全”“大发展”的工作部署，做实党组织对农村经济的全面领导，把农民重新动员和组织起来，开启探索党支部领办集体合作社的新实践。2017年，毕节市选择350个村探索农村“村社一体、合股联营”试点，村“两委”与村合作社管理人员两块牌子、一套人马，推动村、社、民合作共赢；2019年全面部署党支部领办集体合作社；2020年市委二届七次、八次全会再强调再部署；2021年又把领办工作作为巩固拓展脱贫攻坚成果同乡村振兴有效衔接的四大举措之一。在探索推行党支部领办集体合作社工作中，毕节市坚持市级抓谋划、县级抓统筹、乡镇抓实施、村级抓执行的四级联动，通过产业和市场、生产和经营、机制和利益、奖励和激励四个结合，突出支部领办、共同富裕、固本强基和乡村治理，促进共建共享强村富民。毕节市在促进党支部领办村集体合作社运行上，制定和实施《毕节市党支部领办村集体合作社运行管理办法（试行）》，其中明确党支部领办的集体合作社要建立“217”分配机制，即合作社纯收益的20%留存发展、10%奖励分配合作社管理人员、70%按股分红，村集体分红部分又拿出一定比例投向村内公共设施和公益服务，鼓励群众劳动取薪，各方“利益共享、风险共担”，推动合作社具有持续发展的动力。2022年1月，中共贵州省委组织部、贵州省农业农村厅、贵州省乡村振兴局印发《关于推广毕节党支部领办集体合作社经验做法的通知》，要求学习借鉴、推广应用毕节党支部领办集体合作社的经验。经过几年探索实践，党支部领办村集体合作社发展到7229个，覆盖3289个村，入社群众74.4万户300.6万人，2021年村级集体经济年收入达5.47亿元，农民人均可支配收入突破1.2万元。[①] 毕节市推广实施党支部领办村集体合作社，在农村打造出一

① 肖克、刘久锋：《“党社联建”赋能乡村振兴——贵州毕节市探索党支部领办村集体合作社实践启示》，《农民日报》，2022年4月12日，第1版。

支带不走的工作队、一批活力强劲的合作社、一份殷实厚重的村集体资产、一套高效管用的基层治理体系，在推动脱贫攻坚与乡村振兴有效衔接上发挥了积极的作用。

二是坚持以人民为中心的发展思想，坚定不移走共同富裕道路。中国特色反贫困理论明确脱贫攻坚必须坚持以人民为中心的发展思想，坚定不移走共同富裕道路，回答了脱贫攻坚的价值和目标取向问题。

坚持以人民为中心的发展思想，强调消除贫困、改善民生，是中国共产党坚持全心全意为人民服务根本宗旨的重要体现。1986 年 3 月 28 日，邓小平会见外宾时指出："我们的政策是让一部分人、一部分地区先富起来，以带动和帮助落后的地区，先进地区帮助落后地区是一个义务。"① 1999 年 6 月 9 日，江泽民在中央扶贫开发工作会议上指出："农村贫困群众最盼望、最着急的就是吃饱穿暖，进而过上比较富裕的日子。帮助贫困群众实现这个愿望，是党的为人民服务宗旨的最实际的体现。"② 2011 年 11 月 29 日，胡锦涛在中央扶贫工作会议上指出："把稳定解决扶贫对象温饱、尽快实现脱贫致富作为首要任务。"③ 习近平最牵挂的是困难群众。2018 年 11 月 1 日，习近平在致改革开放与中国扶贫国际论坛的贺信中指出，我们将坚持以人民为中心的发展思想，确保到 2020 年消除绝对贫困。④

进入新时代，针对发展不平衡不充分的实际，特别是还有近 1 亿贫困人口问题，习近平指出："消除贫困、改善民生、实现共同富裕，是社会主义的本质要求。"⑤ "贫穷不是社会主义。如果贫困地区长期贫困，面貌长期得不到改变，群众生活长期得不到明显提高，那就没有体现我国社会主义制度的优越性，那也不是社会主义。"⑥这些重要论述丰富和发展了社会主义本质要求的内涵，增强

① 《邓小平文选》第 3 卷，人民出版社 1993 年版，第 155 页。

② 江泽民：《全党全社会进一步动员起来，夺取八七扶贫攻坚决战阶段的胜利——在中央扶贫开发工作会议上的讲话》，《人民日报》，1999 年 7 月 21 日，第 1 版。

③ 《胡锦涛文选》第 3 卷，人民出版社 2016 年版，第 567 页。

④ 《习近平关于"三农"工作论述摘编》，中央文献出版社 2019 年版，第 180 页。

⑤ 习近平：《在河北省阜平县考察扶贫开发工作时的讲话》，《求是》2021 年第 4 期。

⑥ 中共中央党史和文献研究院：《习近平扶贫论述摘编》，中央文献出版社 2018 年版，第 5 页。

了脱贫攻坚的自觉和使命担当。坚持以人民为中心的发展思想，坚定不移走共同富裕道路，把群众满意度作为衡量脱贫成效的重要尺度，集中力量解决贫困群众基本民生需求，使脱贫攻坚的阳光照耀到了每一个角落。脱贫攻坚战取得全面胜利，标志着党在团结带领人民创造美好生活、实现共同富裕的道路上又迈出了坚实的一大步。

三是坚持发挥中国社会主义制度能够集中力量办大事的政治优势，形成脱贫攻坚的共同意志、共同行动。2022 年 3 月 5 日，习近平在参加十三届全国人大五次会议内蒙古代表团审议时强调，团结奋斗是中国人民创造历史伟业的必由之路。① 脱贫攻坚要充分发挥中国社会主义制度能够集中力量办大事的政治优势，形成脱贫攻坚的共同意志、共同行动，回答了脱贫攻坚如何聚集力量的问题。

在容易脱贫的地区和人口已经解决得差不多的情况下，脱贫攻坚进入啃"硬骨头"、攻坚拔寨的冲刺期，要解决的是贫困程度更深、减贫成本更高、脱贫难度更大的贫困人口，采用常规思路和办法，按部就班地干，难以按期完成脱贫任务。2015 年 6 月 18 日，习近平在部分省（区、市）扶贫攻坚与"十三五"时期经济社会发展座谈会上指出，坚持党的领导，发挥社会主义制度可以集中力量办大事的优势，这是我们的最大政治优势。②

脱贫攻坚要形成共同意志、共同行动。中国发挥社会主义制度能够集中力量办大事的政治优势，广泛动员全党全国各族人民以及社会各方面力量共同向贫困宣战，举国同心，合力攻坚，党政军民学劲往一处使，东西南北中拧成一股绳。仅中央财政专项扶贫资金投入，2012—2020 年达 6896 亿元，2021 年又安排中央财政衔接推进乡村振兴补助资金 1561 亿元。③ 千千万万的扶贫善举彰显了社会大爱，汇聚起排山倒海的磅礴力量，解决了许多长期想解决而没有解决的攻坚难题，彰显了社会主义制度的伟力。

---

① 《习近平谈治国理政》第 4 卷，外文出版社 2022 年版，第 34 页。

② 《人民日报》，2015 年 6 月 20 日，第 1 版。

③ 李忠峰：《为决胜全面建成小康社会提供坚实财力保障——财政部部长刘昆等出席财政支持全面建成小康社会新闻发布会》，《中国财经报》，2021 年 7 月 31 日，第 1 版。

四是坚持精准扶贫方略，用发展的办法消除贫困根源。中国特色反贫困理论明确坚持精准扶贫方略，用发展的办法消除贫困根源，回答了脱贫攻坚要形成什么样的发展路径和持久动力的问题。

脱贫攻坚，贵在精准，重在精准。随着精准扶贫理念的贯彻，坚持对扶贫对象实行精细化管理、对扶贫资源实行精确化配置、对扶贫对象实行精准化扶持，建立了全国建档立卡信息系统，确保扶贫资源真正用在扶贫对象上、真正用在贫困地区；打出了一套政策组合拳，因村因户因人施策，因贫困原因施策，因贫困类型施策，对症下药、精准滴灌、靶向治疗，真正发挥拔穷根的作用；下足绣花功夫，扶贫扶到点上、扶到根上、扶到家庭，防止平均数掩盖大多数。精准扶贫方略明确了脱贫攻坚的科学路径，回答了扶持谁、谁来扶、怎么扶、如何退等问题。

用发展的办法消除贫困根源。习近平指出，要紧紧扭住发展这个促使贫困地区脱贫致富的第一要务。坚持开发式扶贫方针，坚持把发展作为解决贫困的根本途径，改善发展条件，增强发展能力，实现由“输血式”扶贫向“造血式”帮扶转变，让发展成为消除贫困最有效的办法、创造幸福生活最稳定的途径。

五是坚持调动广大贫困群众积极性、主动性、创造性，激发脱贫内生动力。脱贫攻坚取得全面胜利，靠的是广大贫困群众激发了奋发向上的精气神，艰苦奋斗、苦干实干、用自己的双手创造幸福生活的精神。中国特色反贫困理论明确坚持调动广大贫困群众积极性、主动性、创造性，激发脱贫内生动力，回答了脱贫主体是谁和如何使脱贫具有可持续的内生动力的问题。

脱贫必须摆脱思想意识上的贫困，激发脱贫主体的内生动力。习近平强调：“摆脱贫困首要并不是摆脱物质的贫困，而是摆脱意识和思路的贫困。扶贫先要扶志。”[①]“脱贫致富贵在立志，只要有志气、有信心，就没有迈不过去的坎。”[②]把人民群众对美好生活的向往转化成脱贫攻坚的强大动能，贫困群众的精神世界得到充实和升华，信心更坚、脑子更活、心气更足，发生了从内而外的深刻改变。

---

① 《习近平扶贫论述摘编》，中央文献出版社 2018 年版，第 137 页。

② 《人民日报》，2013 年 11 月 6 日，第 1 版。

习近平反复强调，要注重扶贫同扶志、扶智相结合。中国特色反贫困理论把人的全面发展作为根本目标，强调不仅仅要解决贫困群众的物质生存问题，更重要的是要提升精神文明，促进人的全面发展，从而赋予贫困治理超越温饱目标和面向美好生活的丰富内涵。

六是坚持弘扬和衷共济、团结互助美德，营造全社会扶危济困的浓厚氛围。人心齐，泰山移。创造农村贫困人口全部脱贫这一彪炳史册的人间奇迹，靠的是全党全国各族人民的团结奋斗。这场前所未有的脱贫攻坚战，激发了全社会向上向善的正能量，合力拔穷根、携手奔小康，彰显了中国人民万众一心、同甘共苦的团结伟力。中国特色反贫困理论明确坚持弘扬和衷共济、团结互助美德，营造全社会扶危济困的浓厚氛围，回答了如何充分发挥中国国家制度和国家治理体系的显著优势，弘扬美德、凝聚社会大爱，广泛动员全社会积极参与扶贫善举，众志成城实现脱贫攻坚目标的问题。

推动全社会践行社会主义核心价值观，传承中华民族守望相助、和衷共济、扶贫济困的传统美德，引导社会各界关爱贫困群众、关心减贫事业、投身脱贫行动。2014 年，首个扶贫日之际，习近平指出，我国将每年 10 月 17 日设立为“扶贫日”，并于今年第一个扶贫日之际表彰社会扶贫先进集体和先进个人，进一步部署社会扶贫工作，对于弘扬中华民族扶贫济困的传统美德，培育和践行社会主义核心价值观，动员社会各方面力量共同向贫困宣战，继续打好扶贫攻坚战，具有重要意义。

推动东西部地区协作实现互利双赢、共同发展。2016 年 7 月 20 日，习近平在东西部扶贫协作座谈会上指出，新形势下，东西部扶贫协作和对口支援要注意由“输血式”向“造血式”转变，实现互利双赢、共同发展。东西部扶贫协作和对口支援，是推动区域协调发展、协同发展、共同发展的大战略，是加强区域合作、优化产业布局、拓展对内对外开放新空间的大布局，是实现先富帮后富、最终实现共同富裕目标的大举措。福建省对口帮扶宁夏回族自治区，其中闽宁镇的兴起是一个成功典范。昔日，这里是茫茫戈壁、连绵沙丘。1990 年 10 月，启动被联合国粮食开发署确定为最不适宜人类生存的地区之一的西海固地区移民扶贫工作，1000 多户的第一代移民从 2000 多公里之外的西吉、海原两县迁移到此。1997年4月，时任福建省委副书记、福建省对口帮扶宁夏领导小组组长习近平带队到宁夏考察，闽宁两省、区负责同志共同商定对口扶贫协作。1997年7月，这个地方被命名为“闽宁村”，2001年12月经宁夏回族自治区人民政府批准成立闽宁镇。20多年里，对口帮扶山海情深，闽宁镇陆续接纳了来自西海固6个国家级贫困县的4万多名移民，经济社会全面发展，从最初帮助移民“以草代木”种植蘑菇起步，由“干沙滩”变成了“金沙滩”，一个新型城镇逐步兴起。如今，闽宁镇学生的中考成绩连续多年在永宁县名列前茅，该镇福宁村本科以上的大学生超过100人。[①]

东西部地区协作实现互利双赢。图为广东企业在新疆喀什的扶贫生产就业基地。2015年10月作者摄

七是坚持求真务实、较真碰硬，做到真扶贫、扶真贫、脱真贫。中国特色反贫困理论明确坚持求真务实、较真碰硬，做到真扶贫、扶真贫、脱真贫，回答了脱贫攻坚要以什么样的作风加以实现的问题。

突出实的导向，着力真扶贫、扶真贫、真脱贫。习近平在谈到贫困地区调研的目的时指出，到这些地方调研的目的只有一个，就是看真贫、扶真贫、真扶贫。习近平强调，“做好扶贫开发工作，尤其要拿出踏石留印、抓铁有痕的劲

① 王建宏、张文攀：《宁夏闽宁镇逐梦金沙滩 续写山海情》，《光明日报》，2022年3月2日，第6版。

头，发扬钉钉子精神，锲而不舍、驰而不息抓下去”。[①]

实行最严格的考核评估。习近平指出，要建立年度脱贫攻坚报告和督查制度，加强督查问责，把导向立起来，让规矩严起来。“对省级党委和政府脱贫攻坚工作成效进行考核，是倒逼各地抓好落实的重要手段。考核不能走过场，不能一团和气。考核不严格，对问题不较真，等于鼓励敷衍了事、弄虚作假。”[②]

中国特色反贫困理论是在立足中国国情、把握减贫规律而成功走出中国特色减贫道路中形成的，系统回答了脱贫攻坚的政治和组织保证、价值和目标取向、力量和制度支撑、路径和动力持久、主体和内力激发、美德和力量凝聚、务实和求真作风等一系列重大问题，深刻揭示了脱贫攻坚战取得全面胜利的制胜之道。[③]中国特色反贫困理论是中国脱贫攻坚伟大实践的理论结晶，是马克思主义反贫困理论中国化的最新成果，是习近平新时代中国特色社会主义思想的重要组成部分，必须长期坚持并不断发展。

四、锻造精神

伟大事业孕育伟大精神，伟大精神引领伟大事业。习近平在全国脱贫攻坚总结表彰大会上指出，“脱贫攻坚伟大斗争，锻造形成了‘上下同心、尽锐出战、精准务实、开拓创新、攻坚克难、不负人民’的脱贫攻坚精神”[④]。脱贫攻坚精神，是中国共产党性质宗旨、中国人民意志品质、中华民族精神的生动写照，是爱国主义、集体主义、社会主义思想的集中体现，是中国精神、中国价值、中国力量的充分彰显，赓续传承了伟大民族精神和时代精神。习近平对脱贫攻坚精神的精辟概括，深刻阐明了中国共产党团结带领全国各族人民进行脱贫攻

① 《同菏泽市及县区主要负责同志座谈时的讲话》（2013 年 11 月 26 日），《做焦裕禄式的县委书记》，中央文献出版社 2015 年版，第 30 页。

② 《习近平扶贫论述摘编》，中央文献出版社 2018 年版，第 117—118 页。

③ 郑有贵：《脱贫攻坚伟大实践孕育中国特色反贫困理论》，《红旗文稿》2021 年第 7 期。

④ 习近平：《在全国脱贫攻坚总结表彰大会上的讲话》，《人民日报》，2021 年 2 月 26 日，第 2 版。

坚伟大斗争的精神实质，深刻揭示了脱贫攻坚战取得全面胜利的力量源泉。

时代造就英雄，伟大来自平凡。在全国脱贫攻坚总结表彰大会上，习近平深情回顾脱贫攻坚英模感人事迹：在脱贫攻坚工作中，数百万扶贫干部倾力奉献、苦干实干，同贫困群众想在一起、过在一起、干在一起，将最美的年华无私奉献给了脱贫事业，涌现出许多感人肺腑的先进事迹。35 年坚守太行山的“新愚公”李保国，献身教育扶贫、点燃大山女孩希望的张桂梅，用实干兑现“水过不去、拿命来铺”誓言的黄大发，回乡奉献、谱写新时代青春之歌的黄文秀，扎根脱贫一线、鞠躬尽瘁的黄诗燕等同志，以及这次受到表彰的先进个人和先进集体，就是他们中的杰出代表。他们有的说：“脱贫攻坚路上有千千万万的人，我真的就是其中一个小小的石子。其实走到最后，走到今天，虽然有苦，还是甜多。”有的人说：“不为钱来，不为利往，农民才能信你，才能听你。”有的人说：“把论文写在大地上，真正来地里面写，那才叫真本事。”在脱贫攻坚斗争中，1800 多名同志将生命定格在了脱贫攻坚征程上，生动诠释了共产党人的初心使命。脱贫攻坚殉职人员的付出和贡献彪炳史册，党和人民不会忘记！共和国不会忘记！各级党委和政府要关心关爱每一位牺牲者亲属，大力宣传脱贫攻坚英模的感人事迹和崇高精神，激励广大干部群众为全面建设社会主义现代化国家、实现第二个百年奋斗目标而披坚执锐、勇立新功。①

为隆重表彰激励先进，大力弘扬民族精神、时代精神和脱贫攻坚精神，充分激发全党全国各族人民干事创业的责任感、使命感、荣誉感，汇聚更强大力量推进全面建设社会主义现代化国家，中共中央、国务院授予 10 名同志和 10 个集体“全国脱贫攻坚楷模”荣誉称号，并表彰 1981 名全国脱贫攻坚先进个人和 1501 个全国脱贫攻坚先进集体。在全国脱贫攻坚总结表彰大会上，习近平为“全国脱贫攻坚楷模”荣誉称号获得者一一颁授奖章、证书、奖牌，习近平等为受表彰的个人和集体代表颁奖。②

在中华民族伟大复兴的征程上，脱贫攻坚精神筑起一座新的精神丰碑，成为推动新时代中国发展进步、战胜一切风险挑战的重要精神动力。习近平在全

① 习近平：《在全国脱贫攻坚总结表彰大会上的讲话》，《人民日报》，2021 年 2 月 26 日，第 2 版。
② 《全国脱贫攻坚总结表彰大会在京隆重举行》，《人民日报》，2021 年 2 月 26 日，第 1 版。

国脱贫攻坚总结表彰大会上号召，全党全国全社会都要大力弘扬脱贫攻坚精神，团结一心，英勇奋斗，坚决战胜前进道路上的一切困难和风险，不断夺取坚持和发展中国特色社会主义新的更大的胜利！[①]

五、告别贫困

党的十八大后的 8 年，中国共产党和人民披荆斩棘、栉风沐雨，发扬钉钉子精神，敢于啃“硬骨头”，攻克了一个又一个贫中之贫、坚中之坚。

2021 年 2 月 25 日，在全国脱贫攻坚总结表彰大会上，习近平庄严宣告，经过全党全国各族人民共同努力，在迎来中国共产党成立 100 周年的重要时刻，我国脱贫攻坚战取得了全面胜利，现行标准下 9899 万农村贫困人口全部脱贫，832 个贫困县全部摘帽，12.8 万个贫困村全部出列，区域性整体贫困得到解决，完成了消除绝对贫困的艰巨任务，创造了又一个彪炳史册的人间奇迹。[②]

江西省上犹县水岩乡“水上漂”移民搬迁安置到新村。
2020 年 9 月作者摄

① 习近平：《在全国脱贫攻坚总结表彰大会上的讲话》，《人民日报》，2021 年 2 月 26 日，第 2 版。
② 习近平：《在全国脱贫攻坚总结表彰大会上的讲话》，《人民日报》，2021 年 2 月 26 日，第 2 版。

农村贫困人口全部脱贫，为实现全面建成小康社会目标任务作出了关键性贡献。中国贫困人口收入水平显著提高，全部实现“两不愁三保障”，脱贫群众不愁吃、不愁穿，义务教育、基本医疗、住房安全有保障，饮水安全也都有了保障。2000多万贫困患者得到分类救治，曾经被病魔困扰的家庭挺起了生活的脊梁。近2000万贫困群众享受低保和特困救助供养，2400多万困难和重度残疾人拿到了生活和护理补贴。110多万贫困群众当上护林员，守护绿水青山，换来了金山银山。无论是雪域高原、戈壁沙漠，还是悬崖绝壁、大石山区，脱贫攻坚的阳光照耀到了每一个角落，无数人的命运因此而改变，无数人的梦想因此而实现，无数人的幸福因此而成就。

脱贫地区经济社会发展大踏步赶上来，整体面貌发生历史性巨变。贫困地区发展步伐显著加快，经济实力不断增强，基础设施建设突飞猛进，社会事业长足进步，行路难、吃水难、用电难、通信难、上学难、就医难等问题得到历史性解决。义务教育阶段建档立卡贫困家庭辍学学生实现动态清零。具备条件的乡镇和建制村全部通硬化路、通客车、通邮路。新改建农村公路110万公里，新增铁路里程3.5万公里。贫困地区农网供电可靠率达到99%，大电网覆盖范围内贫困村通动力电比例达到100%，贫困村通光纤和4G比例均超过98%。790万户、2568万贫困群众的危房得到改造，累计建成集中安置区3.5万个、安置住房266万套，960多万人“挪穷窝”，摆脱了闭塞和落后，搬入了新家园。许多乡亲告别溜索桥、天堑变成了通途，告别苦咸水、喝上了清洁水，告别四面漏风的泥草屋、住上了宽敞明亮的砖瓦房。千百万贫困家庭的孩子享受到更公平的教育机会，孩子们告别了天天跋山涉水上学，实现了住学校、吃食堂。28个人口较少民族全部整族脱贫，一些新中国成立后“一步跨千年”进入社会主义社会的“直过民族”，又实现了从贫穷落后到全面小康的第二次历史性跨越。所有深度贫困地区的最后堡垒被全部攻克。脱贫地区处处呈现山乡巨变、山河锦绣的时代画卷。脱贫群众精神风貌焕然一新，增添了自立自强的信心勇气。

扶贫扶智。图为2019年7月建成的四川凉山彝族自治州雷波县八寨九年一贯制学校。2020年12月作者摄

脱贫攻坚，取得了物质上的累累硕果，也取得了精神上的累累硕果。广大脱贫群众激发了奋发向上的精气神，社会主义核心价值观得到广泛传播，文明新风得到广泛弘扬，艰苦奋斗、苦干实干、用自己的双手创造幸福生活的精神在广大贫困地区蔚然成风。带领乡亲们历时7年在绝壁上凿出一条通向外界道路的重庆市巫山县竹贤乡下庄村党支部书记毛相林说：“山凿一尺宽一尺，路修一丈长一丈，就算我们这代人穷十年苦十年，也一定要让下辈人过上好日子。”身残志坚的云南省昆明市东川区乌龙镇坪子村芭蕉箐小组村民张顺东说：“我们虽然残疾了，但我们精神上不残，我们还有脑还有手，去想去做。”贫困群众的精神世界在脱贫攻坚中得到充实和升华，信心更坚、脑子更活、心气更足，发生了从内而外的深刻改变。

党群、干群关系明显改善，党在农村的执政基础更加牢固。各级党组织和广大共产党员坚决响应中央号召，以热血赴使命、以行动践诺言，在脱贫攻坚这个没有硝烟的战场上呕心沥血、建功立业。广大扶贫干部舍小家为大家，同贫困群众结对子、认亲戚，常年加班加点、任劳任怨，困难面前豁得出，关键时候顶得上，把心血和汗水洒遍千山万水、千家万户。他们爬过最高的山，走过最险的路，去过最偏远的村寨，住过最穷的人家，哪里有需要，他们就战斗在哪里。有的村干部说：“只要还干得动，我就永远为村里的老百姓做事！带上我们村的老百姓，过上更美好的生活。”“我是一名共产党员，我必须带领群众，拔掉老百姓的穷根。”基层党组织充分发挥战斗堡垒作用，在抓党建促脱贫中得到锻造，凝聚力、战斗力不断增强，基层治理能力明显提升。贫困地区广大群众听党话、感党恩、跟党走，都说“党员带头上、我们跟着干、脱贫有盼头”，“我们爱挂国旗，因为国旗最吉祥”，“吃水不忘挖井人，脱贫不忘共产党”，党群关系、干群关系得到极大巩固和发展。

中国成功突破累积因果效应下深度贫困地区恶性循环难题，成功地打破减贫边际效果递减“规律”，所创造的人类减贫事业奇迹，使全面小康社会能够经得起历史的检验。历史性消除绝对贫困，这是中国人民的伟大光荣，是中国共产党的伟大光荣，是中华民族的伟大光荣。

六、全球贡献

全世界贫富两极分化的趋势至今没有扼制，破解贫困问题是世界性难题。2000年9月8日，在联合国首脑会议上，189个国家签署了《联合国千年宣言》，承诺将不遗余力地帮助10多亿同胞摆脱极端贫穷，在2015年底将全球每日收入低于1美元人口和挨饿人口的比例降低一半。

2021年2月25日，联合国粮农组织发布公告，祝贺中国政府在消除贫困领域取得巨大成功。公告说，中国人民创造的规模最大、持续时间最长、惠及人口最多的减贫奇迹，为推进全球减贫事业作出了重大贡献。[①]

改革开放以来，按照现行贫困标准计算，中国7.7亿农村贫困人口摆脱贫困；按照世界银行国际贫困标准，中国减贫人口占同期全球减贫人口70%以上。党的十八大起至2020年，中国平均每年1000多万人脱贫，相当于一个中

① 《国际人士：攻坚克难创造奇迹 中国脱贫经验启迪世界》，《新闻联播》，2021年2月26日，https://tv.cctv.com/2021/02/26/VIDE4738rviKySPfKtsMF9qp210226.shtml?spm=C31267.PFsKSaKh6QQC.S71105.35.

等国家的人口脱贫。中国提前10年实现《联合国2030年可持续发展议程》减贫目标。纵览古今、环顾全球，没有哪一个国家能在这么短的时间内实现几亿人脱贫，这个成绩属于中国，也属于世界，为推动构建人类命运共同体贡献了中国力量！①

在全球贫困状况依然严峻、一些国家贫富分化加剧，特别是2020年在新冠肺炎疫情大流行以及由此导致的经济衰退下，全球贫困人口不减反增。联合国于2021年7月6日发布的《2021年可持续发展目标报告》显示，2020年全球陷入贫困的人口数量增加1.2亿左右，极端贫困率自1998年以来首次上升。②相比而言，创造了减贫治理的中国样本，在摆脱贫困中取得的成就和积累的经验，在国际上起到了引领示范作用。联合国秘书长古特雷斯致函国家主席习近平表示，中国成功消除绝对贫困这一重大成就为实现2030年可持续发展议程所描绘的更加美好和繁荣的世界作出了重要贡献。中国取得的非凡成就为整个国际社会带来了希望，提供了激励。这一成就证明，政府的政治承诺和政策稳定性对改善最贫困和最脆弱人群的境况至关重要，创新驱动、绿色、开放的发展模式是重大机遇，将为所有人带来福祉。③

中国积极开展国际减贫合作，履行减贫国际责任，为发展中国家提供力所能及的帮助，成为世界减贫事业的有力推动者。在南南合作框架下，中国推动建立以合作共赢为核心的新型国际减贫交流合作关系，落实《中国与非洲联盟加强减贫合作纲要》《东亚减贫合作倡议》等，发挥中国国际扶贫中心等国际减贫交流平台作用，为国际减贫事业注入了有效资源和强劲动力。到2020年，中国与100多个亚洲、非洲和拉丁美洲国家合作开展100个减贫项目和100个农业合作项目。中国和许多国际组织共同设立了南南合作信托基金。中国建立了20多个农业技术示范中心，派出中国专家和技术人员，在农业生产方面培训发展中国家的学员。

---

① 习近平：《在全国脱贫攻坚总结表彰大会上的讲话》，《人民日报》，2021年2月26日，第2版。

② 《去年全球贫困人口增加约1.2亿》，《中国纪检监察报》，2021年7月8日，第4版。

③ 《联合国秘书长古特雷斯致函习近平 祝贺中国脱贫攻坚取得重大历史性成就》，《人民日报》，2021年3月10日，第1版。

七、有效衔接

“胜非其难也，持之者其难也。”习近平在全国脱贫攻坚总结表彰大会上指出，我们要切实做好巩固拓展脱贫攻坚成果同乡村振兴有效衔接各项工作，让脱贫基础更加稳固、成效更可持续，坚决守住不发生规模性返贫的底线。[①]历史性解决绝对贫困后，党中央作出了巩固拓展脱贫攻坚成果同乡村振兴有效衔接的决策，并将不发生规模性返贫与保障国家粮食安全一道明确为农业农村发展中必须牢牢守住的两条底线。

脱贫摘帽不是终点，而是新生活、新奋斗的起点。巩固拓展脱贫攻坚成果，做好同乡村振兴有效衔接，是“十四五”时期“三农”工作最重要的任务。习近平多次展望脱贫攻坚完成后脱贫地区的前景，从巩固脱贫成效、促进乡村振兴等方面提出要求和期望。他指出：为了巩固脱贫成效，2020 年以后设立过渡期，对退出的贫困县、贫困村、贫困人口保持现有帮扶政策总体稳定，扶上马送一程；对脱贫不稳定户、边缘易致贫户以及因疫情或其他原因收入骤减或支出骤增户加强监测，提前采取针对性的帮扶措施，不能等他们返贫了再补救。习近平再三强调：乡亲们脱贫后，我最关心的是如何巩固脱贫、防止返贫，确保乡亲们持续增收致富。要千方百计巩固好脱贫攻坚成果，接下来要把乡村振兴这篇文章做好，让乡亲们生活越来越美好。[②]

2020 年中央一号文件提出，要研究建立解决相对贫困的长效机制，推动减贫战略和工作体系平稳转型；加强解决相对贫困问题顶层设计，纳入实施乡村振兴战略统筹安排；抓紧研究制定脱贫攻坚与实施乡村振兴战略有机衔接的意见。党的十九届五中全会通过的《中共中央关于制定国民经济和社会发展第十四个五年规划和二〇三五年远景目标的建议》提出，实现巩固拓展脱贫攻坚成果同乡村振兴有效衔接。

2020 年 12 月 16 日，中共中央、国务院印发《关于实现巩固拓展脱贫攻坚

---

① 习近平：《在全国脱贫攻坚总结表彰大会上的讲话》，《人民日报》，2021 年 2 月 26 日，第 2 版。

② 《全面建成小康社会 乘势而上书写新时代中国特色社会主义新篇章》，《人民日报》，2020 年 5 月 13 日，第 1 版。

成果同乡村振兴有效衔接的意见》指出，将巩固拓展脱贫攻坚成果放在突出位置，建立农村低收入人口和欠发达地区帮扶机制，健全乡村振兴领导体制和工作体系，加快推进脱贫地区乡村产业、人才、文化、生态、组织等全面振兴。《意见》提出脱贫攻坚目标任务完成后，设立5年过渡期。脱贫地区要根据形势变化，厘清工作思路，做好过渡期内领导体制、工作体系、发展规划、政策举措、考核机制等有效衔接，从解决建档立卡贫困人口“两不愁三保障”为重点转向实现乡村产业兴旺、生态宜居、乡风文明、治理有效、生活富裕，从集中资源支持脱贫攻坚转向巩固拓展脱贫攻坚成果和全面推进乡村振兴。到2025年，脱贫攻坚成果巩固拓展，乡村振兴全面推进，脱贫地区经济活力和发展后劲明显增强，乡村产业质量效益和竞争力进一步提高，农村基础设施和基本公共服务水平进一步提升，生态环境持续改善，美丽宜居乡村建设扎实推进，乡风文明建设取得显著进展，农村基层组织建设不断加强，农村低收入人口分类帮扶长效机制逐步完善，脱贫地区农民收入增速高于全国农民平均水平。到2035年，脱贫地区经济实力显著增强，乡村振兴取得重大进展，农村低收入人口生活水平显著提高，城乡差距进一步缩小，在促进全体人民共同富裕上取得更为明显的实质性进展。《意见》明确了实现巩固拓展脱贫攻坚成果同乡村振兴有效衔接方面的措施：一是建立健全巩固拓展脱贫攻坚成果长效机制，包括保持主要帮扶政策总体稳定、健全防止返贫动态监测和帮扶机制、巩固“两不愁三保障”成果、做好易地扶贫搬迁后续扶持工作、加强扶贫项目资产管理和监督。二是聚力做好脱贫地区巩固拓展脱贫攻坚成果同乡村振兴有效衔接重点工作，包括支持脱贫地区乡村特色产业发展壮大、促进脱贫人口稳定就业、持续改善脱贫地区基础设施条件、进一步提升脱贫地区公共服务水平。三是健全农村低收入人口常态化帮扶机制，包括加强农村低收入人口监测、分层分类实施社会救助、合理确定农村医疗保障待遇水平、完善养老保障和儿童关爱服务、织密兜牢丧失劳动能力人口基本生活保障底线。四是着力提升脱贫地区整体发展水平，包括在西部地区脱贫县中集中支持一批乡村振兴重点帮扶县，坚持和完善东西部协作和对口支援、社会力量参与帮扶机制。五是加强脱贫攻坚与乡村振兴政策有效衔接，包括做好财政投入政策衔接、做好金融服务政策衔接、做好土地支持政策衔接、做好人才智力支持政策衔接。六是全面加强党的集中统一领导，包括做好领导体制衔接、做好工作体系衔接、做好规划实施和项目建设衔接、做好考核机制衔接。

习近平在2020年底召开的中央农村工作会议上强调，做好巩固拓展脱贫攻坚成果同乡村振兴有效衔接，工作不留空档，政策不留空白。要健全防止返贫动态监测和帮扶机制，对易返贫致贫人口实施常态化监测，重点监测收入水平变化和“两不愁三保障”巩固情况，做到早发现、早干预、早帮扶，继续精准施策。对脱贫地区产业帮扶还要继续，补上技术、设施、营销等短板，促进产业提档升级。易地扶贫搬迁了近千万人，相当于一个中等国家的人口，很多大型集中安置区几乎是平地起新城。要强化易地搬迁后续扶持，多渠道促进就业，加强配套基础设施和公共服务，搞好社会管理，确保搬迁群众稳得住、有就业，逐步能致富。党中央决定，脱贫攻坚目标任务完成后，对摆脱贫困的县，从脱贫之日起设立5年过渡期。过渡期内要保持主要帮扶政策总体稳定。对现有帮扶政策逐项分类优化调整，合理把握调整节奏、力度、时限，逐步实现由集中资源支持脱贫攻坚向全面推进乡村振兴平稳过渡。[①]

2021年中央一号文件第二部分“实现巩固拓展脱贫攻坚成果同乡村振兴有效衔接”，明确了设立衔接过渡期、持续巩固拓展脱贫攻坚成果、接续推进脱贫地区乡村振兴、加强农村低收入人口常态化帮扶4个方面的措施，推进政策分类优化调整。

2021年2月25日，在全国脱贫攻坚总结表彰大会隆重举行后的当天下午，国家乡村振兴局举行挂牌仪式。在国务院扶贫开发领导小组办公室完成使命后，组建国家乡村振兴局，两个机构“无缝衔接”，是党中央作出的重大决策，是做好巩固拓展脱贫攻坚成果与乡村振兴有效衔接的重要举措。[②]

随着中国共产党“三农”工作重心历史性转向全面推进乡村振兴，脱贫地区工作机制、政策举措、机构队伍等衔接有序推进，脱贫成果得到巩固拓展。

---

① 习近平:《坚持把解决好“三农”问题作为全党工作重中之重，举全党全社会之力推动乡村振兴》,《求是》2022年第7期。

② 《国家乡村振兴局挂牌仪式举行》,《人民日报》，2021年2月26日，第3版。

同时，部分脱贫地区群众收入水平仍然较低，脱贫基础还比较脆弱，遇到自然灾害、疾病、意外事故等情况有可能返贫致贫。巩固拓展脱贫攻坚成果需要压紧压实责任，持续响鼓重槌地抓好。为此，2022年中央一号文件第三部分“坚决守住不发生规模性返贫底线”，明确了4个方面的措施。

一是完善监测帮扶机制。精准确定监测对象，将有返贫致贫风险和突发严重困难的农户纳入监测范围，简化工作流程，缩短认定时间。针对发现的因灾因病因疫等苗头性问题，及时落实社会救助、医疗保障等帮扶措施。强化监测帮扶责任落实，确保工作不留空档、政策不留空白。继续开展巩固脱贫成果后评估工作。

二是促进脱贫人口持续增收。推动脱贫地区更多依靠发展来巩固拓展脱贫攻坚成果，让脱贫群众生活更上一层楼。巩固提升脱贫地区特色产业，完善联农带农机制，提高脱贫人口家庭经营性收入。逐步提高中央财政衔接推进乡村振兴补助资金用于产业发展的比重，重点支持帮扶产业补上技术、设施、营销等短板，强化龙头带动作用，促进产业提档升级。巩固光伏扶贫工程成效，在有条件的脱贫地区发展光伏产业。压实就业帮扶责任，确保脱贫劳动力就业规模稳定。深化东西部劳务协作，做好省内转移就业工作。延续支持帮扶车间发展优惠政策。发挥以工代赈作用，具备条件的可提高劳务报酬发放比例。统筹用好乡村公益岗位，实行动态管理。逐步调整优化生态护林员政策。

三是加大对乡村振兴重点帮扶县和易地搬迁集中安置区支持力度。在乡村振兴重点帮扶县实施一批补短板促发展项目。编制国家乡村振兴重点帮扶县巩固拓展脱贫攻坚成果同乡村振兴有效衔接实施方案。做好国家乡村振兴重点帮扶县科技特派团选派，实行产业技术顾问制度，有计划开展教育、医疗干部人才组团式帮扶。建立健全国家乡村振兴重点帮扶县发展监测评价机制。加大对国家乡村振兴重点帮扶县信贷资金投入和保险保障力度。完善易地搬迁集中安置区配套设施和公共服务，持续加大安置区产业培育力度，开展搬迁群众就业帮扶专项行动。落实搬迁群众户籍管理、合法权益保障、社会融入等工作举措，提升安置社区治理水平。

四是推动脱贫地区帮扶政策落地见效。保持主要帮扶政策总体稳定，细化落实过渡期各项帮扶政策，开展政策效果评估。拓展东西部协作工作领域，深化区县、村企、学校、医院等结对帮扶。在东西部协作和对口支援框架下，继续开展城乡建设用地增减挂钩节余指标跨省域调剂。持续做好中央单位定点帮扶工作。扎实做好脱贫人口小额信贷工作。创建消费帮扶示范城市和产地示范区，发挥脱贫地区农副产品网络销售平台作用。

中国历史性解决绝对贫困后，巩固拓展脱贫攻坚成果同乡村振兴有效衔接扎实推进。2021 年，确定 160 个国家乡村振兴重点帮扶县。加大衔接推进乡村振兴补助资金投入力度，支持欠发达地区培育特色优势产业。加强对脱贫不稳定户、边缘易致贫户和突发严重困难户的监测帮扶，将 240 万人纳入低保或特困供养范围。加大以工代赈和易地扶贫搬迁后续扶持工作力度，开展搬迁安置区就业协作帮扶，基本实现有劳动力的搬迁家庭至少一人就业，脱贫劳动务工规模达 3145 万人。推动消费帮扶提档升级，市场化帮扶比例超过 2/3。深化东西部协作和中央单位定点帮扶，开展“万企兴万村”行动，推动脱贫地区种养业高质量发展。[①] 随着巩固拓展脱贫攻坚成果同乡村振兴有效衔接的扎实推进，脱贫地区发展能力增强，脱贫县居民收入快速增长。2021 年，脱贫县农村居民人均可支配收入 14051 元，比上年名义增长 11.6%，实际增长 10.8%，快于全国农村居民人均可支配收入实际增长 9.7% 的增速。[②]

---

① 国家发展和改革委员会:《关于 2021 年国民经济和社会发展计划执行情况与 2022 年国民经济和社会发展计划草案的报告》,《人民日报》，2022 年 3 月 14 日，第 3 版。

② 国家统计局:《中华人民共和国 2021 年国民经济和社会发展统计公报》,《人民日报》，2022 年 3 月 1 日，第 10 版。

第五章

乡村振兴

党的二十大强调，全面推进乡村振兴，扎实推动乡村产业、人才、文化、生态、组织振兴。[①]

新时代中国农业农村发生历史性变革的主要标志是全面推进乡村振兴。面对乡村衰退的“乡村病”、城市贫民窟的全球共同挑战，党中央作出实施乡村振兴战略的决策。以习近平同志为核心的党中央把全面推进乡村振兴作为实现中华民族伟大复兴的一项重大任务，把实施乡村振兴战略作为解决好新时代“三农”问题的总抓手，坚持走中国特色社会主义乡村振兴道路，制定和实施《乡村振兴战略规划（2018—2022年）》，促进《中华人民共和国乡村振兴促进法》制定实施，实施乡村建设行动，乡村振兴战略全面实施。

一、战略决策

建设什么样的乡村、怎么建设乡村，是近代以来中华民族面对的一个历史性课题。鸦片战争后，中国陷入内忧外患境地，战乱频仍、山河破碎、民不聊生，农民命运更是悲惨。孙中山对此痛心疾首，提出“仆向以我国农业之不修，思欲振兴而改良之，蓄志已久”[②]。20世纪二三十年代，一些有识之士从不同的层面、不同的角度，以不同方式提出并实践解决农业农村问题的理论和政策主张，开展乡村建设运动。这些农村改良者高举“农村复兴”的旗帜，在国民党统治区深入乡村开展建设实验。到1935年，从事乡村建设实验的单位不下100处，参加人员超过2000人。其中，梁漱溟的山东邹平实验、晏阳初的河北定县实验、高践四的江苏无锡实验和黄炎培的江苏昆山实验较有代表性。[③]这些建设实验在乡村开办平民学校、推广合作组织、创建实验农场、传授农业

---

① 《人民日报》，2022年10月26日，第3版。

② 广东省社会科学院历史研究所、中山大学历史系孙中山研究室、中国社会科学院近代史研究所中华民国研究室：《孙中山全集》第2卷，中华书局1982年版，第428页。

③ 参见郑有贵：《目标与路径：中国共产党“三农”理论与实践60年》，湖南人民出版社2009年版，第449—454页。

科技、改良动植物品种、改善公共卫生等，取得了一些积极效果。但是，由于受旧的社会制度制约，再加上日本帝国主义入侵，他们的实践探索没能持续开展下去。

实施乡村振兴战略是由中国共产党的使命决定的。中国共产党自成立起就一直把依靠农民、为农民谋幸福作为重要使命。中国共产党接续破解了一个又一个"三农"问题，广大农民实现解放和发展，农业向现代农业转型，传统乡村向现代乡村转型，农业农村发生翻天覆地的变化。"三农"实现跨越发展的同时，还为国家工业化的发展提供了不可或缺的支撑，如为工业提供农产品原料、通过工农业产品价格"剪刀差"为工业提供积累、通过出口农产品换取购买工业技术装备所需外汇等。这些都为中国共产党领导全国人民接续奋斗迎来中华民族站起来、富起来、强起来提供了重要支撑。从世界各国来看，在现代化进程中，乡村衰退导致"乡村病"、城市贫民窟是一个全球共同面临的挑战。党的十八大以来，以习近平同志为核心的党中央挑起促进乡村全面振兴的历史重任。

党的十九大作出实施乡村振兴战略决策。这次大会报告提出，实施乡村振兴战略，要坚持农业农村优先发展，按照产业兴旺、生态宜居、乡风文明、治理有效、生活富裕的总要求，建立健全城乡融合发展体制机制和政策体系，加快推进农业农村现代化。①

实施乡村振兴战略有三个方面的原因：一是已有发展基础。党的十八大以来，中国坚持把解决好"三农"问题作为全党工作重中之重，持续加大强农惠农富农政策力度，扎实推进农业现代化和新农村建设，全面深化农村改革，农业农村发展取得了历史性成就，为党和国家事业全面开创新局面提供了重要支撑。5 年间，粮食生产能力继 2012 年跨上 1.2 万亿斤后到 2015 年又跨上 1.3 万亿斤的新台阶，农业供给侧结构性改革迈出新步伐，农民收入持续增长，农村民生全面改善，脱贫攻坚战取得决定性进展，农村生态文明建设显著加强，农民获得感显著提升，农村社会稳定和谐。农业农村发展取得的历史性成就和

① 《十九大以来重要文献选编》（上），中央文献出版社 2019 年版，第 22—23 页。

“三农”工作积累的丰富经验，为实施乡村振兴战略奠定了良好基础。二是面临需要破解的新问题。尽管自21世纪初起统筹城乡发展和建设社会主义新农村取得显著成效，但“三农”发展受弱质性困扰的问题及由此导致的城乡发展不平衡、农业农村发展不充分的问题仍然突出。2018年中央一号文件指出，中国发展不平衡不充分问题在乡村最为突出，主要表现在：农产品阶段性供过于求和供给不足并存，农业供给质量亟待提高；农民适应生产力发展和市场竞争的能力不足，新型职业农民队伍建设亟须加强；农村基础设施和民生领域欠账较多，农村环境和生态问题比较突出，乡村发展整体水平亟待提升；国家支农体系相对薄弱，农村金融改革任务繁重，城乡之间要素合理流动机制亟待健全；农村基层党建存在薄弱环节，乡村治理体系和治理能力亟待强化。实施乡村振兴战略，是解决人民日益增长的美好生活需要和不平衡不充分的发展之间矛盾的必然要求，是实现“两个一百年”奋斗目标的必然要求，是实现全体人民共同富裕的必然要求。三是迎来新的发展机遇。进入中国特色社会主义新时代，乡村是一个可以大有作为的广阔天地，迎来了难得的发展机遇。

明确推动乡村产业振兴、人才振兴、文化振兴、生态振兴、组织振兴。2018年3月，习近平参加十三届全国人大一次会议山东代表团审议时指出，实施乡村振兴战略要统筹谋划，科学推进。要推动乡村产业振兴，实现产业兴旺，推动乡村生活富裕；推动乡村人才振兴，强化乡村振兴人才支撑，打造一支强大的乡村振兴人才队伍；推动乡村文化振兴，提高乡村社会文明程度，焕发乡村文明新气象；推动乡村生态振兴，坚持绿色发展，让良好生态成为乡村振兴支撑点；推动乡村组织振兴，建立健全现代乡村社会治理体制，确保乡村社会充满活力、安定有序。[①] 同年9月21日，习近平主持十九届中央政治局第八次集体学习时指出，新时代“三农”工作必须围绕农业农村现代化这个总目标来推进。乡村振兴是包括产业振兴、人才振兴、文化振兴、生态振兴、组织振兴的全面振兴，是“五位一体”总体布局、“四个全面”战略布局在“三农”工作的体现。我们要统筹推进农村经济建设、政治建设、文化建设、社会建

① 习近平：《论“三农”工作》，中央文献出版社2022年版，第268—269页。

设、生态文明建设和党的建设，促进农业全面升级、农村全面进步、农民全面发展。①

二、历史定位

中国实施乡村振兴战略，有特定的历史定位。② 2018 年 9 月 21 日，习近平在主持十九届中央政治局第八次集体学习时指出，实施乡村振兴战略是关系全面建设社会主义现代化国家的全局性、历史性任务。③ 2018 年，中共中央、国务院印发的《乡村振兴战略规划（2018—2022 年）》指出："实施乡村振兴战略，是解决新时代我国社会主要矛盾、实现'两个一百年'奋斗目标和中华民族伟大复兴中国梦的必然要求，具有重大现实意义和深远历史意义。"④《规划》进一步指出，实施乡村振兴战略是建设现代化经济体系的重要基础，是建设美丽中国的关键举措，是传承中华优秀传统文化的有效途径，是健全现代社会治理格局的固本之策，是实现全体人民共同富裕的必然选择。这些都从整体和宏观层面明确了实施乡村振兴战略的历史定位。实施乡村振兴战略，还有以下更具体的历史定位。

第一，实施乡村振兴战略在于促进高起点的"三农"发展。新中国成立后，中国共产党担当起解决好"三农"问题的重大使命，并基于不同经济社会发展阶段国家面临的社会主要矛盾、历史条件，促进"三农"不断发展。1949 年后，中国"三农"发展实现了一个又一个历史性重大突破，跨上了一个又一个更高水平的台阶，这是毋庸置疑的。进入新时代，中国实施乡村振兴战略要解决的"三农"问题，是在 1949—2012 年实现突破性成就的更高发展台阶上如何实现高质量发展的问题。与 1949—2012 年解决"三农"问题实现台阶式跨越突破

---

① 习近平：《论"三农"工作》，中央文献出版社 2022 年版，第 276、278 页。

② 参见郑有贵：《历史逻辑视域下乡村振兴战略的目标定位》，《中共党史研究》2019 年第 7 期。

③ 习近平：《论"三农"工作》，中央文献出版社 2022 年版，第 274 页。

④《中共中央国务院印发〈乡村振兴战略规划（2018—2022 年）〉》，《人民日报》，2018 年 9 月 27 日。

相比，产业兴旺、生态宜居、乡风文明、治理有效、生活富裕5个方面的乡村振兴总要求，特别是到2050年实现"乡村全面振兴，农业强、农村美、农民富全面实现"，显然具有更高要求的特征。如果静态地、孤立地对乡村振兴战略5个方面要求进行认识，而不从实施乡村振兴战略的历史逻辑进行认识，就难以准确把握实施乡村振兴战略要解决的时代命题及其应实现的目标，也就难以把握好实施乡村振兴战略的历史定位。

第二，实施乡村振兴战略在于破解工业化进程中二元结构的世界性问题。1949年后，中国在"三农"发展上，有两个现象同时存在：一方面，"三农"实现了历史上从未有过的不断向着现代化迈进的快速发展。另一方面，"三农"问题解而不断，甚至在20世纪末还较突出，引起国内外关注。综观工业革命以来全球现代化进程，不难发现，与工业和城市相比，农业农村呈现出明显的弱质性和边缘化，这是工业化发展进程中的问题，非中国特有的现象。诺贝尔经济学奖得主刘易斯基于工业化初期工业和城市的强劲快速发展与农业和农村弱势缓慢发展的失衡现象，提出二元结构理论。导致二元结构的原因，在于工业化发展进程中，尽管工业和农业的效率都有快速提升，但前者高而后者与之相比偏低，这也导致投入回报的差异，在这种农业机会成本较高的情况下，农业农村发展缺乏聚集力，农村劳动力、资本流向工业和城市。如此，农业农村难以走出窘境，衍生出一些现象。其一，人均耕地少的国家农民兼业化，借此缩小与从事非农收益的差距较难，即便是一些发达国家，如日本，也存在这一现象。其二，农场经营规模化，以获得规模效益而提高收益，然而，规模化的农场仍然没有摆脱弱质性困扰。其三，基于城乡二元结构，农民尤其是年轻的农民有强烈的离农倾向，农村普遍存在老龄化现象。进入新时代，中国共产党承担起破解城乡发展不平衡的结构性问题这一重大课题。2013年11月，习近平就《中共中央关于全面深化改革若干重大问题的决定》向党的十八届三中全会所作说明时指出，"城乡发展不平衡不协调，是我国经济社会发展存在的突出矛盾，是全面建成小康社会、加快推进社会主义现代化必须解决的重大问题。"[①]《乡村振

① 《习近平谈治国理政》第1卷，外文出版社2018年版，第81页。

兴战略规划（2018—2022 年）》指出，“党的十九大提出实施乡村振兴战略，是以习近平同志为核心的党中央着眼党和国家事业全局，深刻把握现代化建设规律和城乡关系变化特征，顺应亿万农民对美好生活的向往，对‘三农’工作作出的重大决策部署。”“我国城镇化进入快速发展与质量提升的新阶段，城市辐射带动农村的能力进一步增强，但大量农民仍然生活在农村的国情不会改变，迫切需要重塑城乡关系。”[①] 从中可见，中国共产党基于城乡关系变化的新特征实施乡村振兴战略，鲜明地提出要“建立健全城乡融合发展体制机制和政策体系”和“重塑城乡关系”，这显然是要破解城乡二元结构和扭转“三农”弱质性。如果认识不到实施乡村振兴战略这样的核心要义，就难以实现新时代乡村全面振兴的目标。

第三，实施乡村振兴战略在于破解农业人口大国的“三农”问题。综观世界工业化发展进程，工业化及与之相伴并互相促进的城镇化，是解决“三农”问题的重要途径之一。中国是农业人口大国，这一国情决定了仅仅推进工业化和城镇化还不能彻底解决“三农”问题。《乡村振兴战略规划（2018—2022 年）》指出，实施乡村振兴战略，不断拓宽农民增收渠道，全面改善农村生产生活条件，促进社会公平正义，有利于增进农民福祉，让亿万农民走上共同富裕的道路，汇聚起建设社会主义现代化强国的磅礴力量。从中可见，在农村人口大国实现乡村全面振兴，实现全体人民共同富裕，这是一个重大创举，具有独特的意义。实施乡村振兴战略在于破解农业人口大国的“三农”问题，在以下方面实现历史性突破：一是破解农业人口大国的“三农”弱质性，使“三农”发展呈现出全新的形态。如果“三农”仍然延续弱质性，就不能称解决好了“三农”问题。乡村全面振兴，农业强、农村美、农民富全面实现，这样一个全新的“三农”发展形态，显然是不同于二元结构下受弱质性困扰的“三农”发展态势。二是破解农业人口大国的城乡发展不平衡、农村发展不充分问题，实现“三农”的全面振兴和全面发展。三是破解人口大国如何把中国人的饭碗牢牢端在自己手中的命题。

---

① 《人民日报》，2018 年 9 月 27 日，第 1 版。

综上所述，把中国促进“三农”发展纳入中华民族伟大复兴进程，并基于中国乡村人口数量庞大下人均耕地少的资源禀赋、1949 年以来中国对“三农”发展路径的探索、全面建成社会主义现代化强国的要求进行考察，党的十九大作出实施乡村振兴战略的决策，不是因为新中国的“三农”发展缓慢，更不是停滞，而是在实现历史性转型发展的更高起点上，致力于探索形成中国特色社会主义乡村振兴道路，破解工业化、城镇化进程中世界普遍存在的“三农”发展受弱质性困扰而陷于城乡二元结构的问题，朝着农业高质高效、乡村宜居宜业、农民富裕富足的方向发展，促进“三农”发展实现质的飞跃，谱写乡村全面振兴新篇章。

三、规划引领

2018 年中央一号文件提出要强化乡村振兴规划引领，制定国家乡村振兴战略规划（2018—2022 年）。

2018 年 5 月 31 日，习近平主持中共中央政治局会议，审议通过《乡村振兴战略规划（2018—2022 年）》。会议要求，各地区各部门要树立城乡融合、一体设计、多规合一理念，抓紧编制乡村振兴地方规划和专项规划或方案，做到乡村振兴事事有规可循、层层有人负责。要针对不同类型地区采取不同办法，做到顺应村情民意，既要政府、社会、市场协同发力，又要充分发挥农民主体作用，目标任务要符合实际，保障措施要可行有力。要科学规划、注重质量、稳步推进，一件事情接着一件事情办，一年接着一年干，让广大农民在乡村振兴中有更多获得感、幸福感、安全感。之后，中共中央、国务院印发了这一规划。这是中国出台的第一个全面推进乡村振兴战略的五年规划，是统筹谋划和科学推进乡村振兴战略的行动纲领。《规划》共 11 篇 37 章，以习近平关于“三农”工作的重要论述为指导，按照产业兴旺、生态宜居、乡风文明、治理有效、生活富裕的总要求，对实施乡村振兴战略作出阶段性谋划，分别明确至 2020 年全面建成小康社会和 2022 年召开党的二十大的目标任务，细化实化工作重点和政策措施，部署重大工程、重大计划、重大行动，确保乡村振兴战略落实落地，是指导各地区各部门分类有序推进乡村振兴的重要依据。《规划》要求，按照到2020年实现全面建成小康社会和分两个阶段实现第二个百年奋斗目标的战略部署，2018—2022年这5年间，既要在农村实现全面小康，又要为基本实现农业农村现代化开好局、起好步、打好基础。《规划》强调，实施乡村振兴战略的基本原则是：坚持党管农村工作，坚持农业农村优先发展，坚持农民主体地位，坚持乡村全面振兴，坚持城乡融合发展，坚持人与自然和谐共生，坚持改革创新、激发活力，坚持因地制宜、循序渐进。《规划》提出，到2020年，乡村振兴的制度框架和政策体系基本形成，各地区各部门乡村振兴的思路举措得以确立，全面建成小康社会的目标如期实现。到2022年，乡村振兴的制度框架和政策体系初步健全。探索形成一批各具特色的乡村振兴模式和经验，乡村振兴取得阶段性成果。①

2018年7月5日，全国实施乡村振兴战略工作推进会议召开，部署落实中共中央、国务院印发的《乡村振兴战略规划（2018—2022年）》所提出的各项重点任务。

2022年中央一号文件提出，抓点带面推进乡村振兴全面展开。开展“百县千乡万村”乡村振兴示范创建，采取先创建后认定方式，分级创建一批乡村振兴示范县、示范乡镇、示范村。推进农业现代化示范区创建。广泛动员社会力量参与乡村振兴，深入推进“万企兴万村”行动。按规定建立乡村振兴表彰激励制度。针对2022年是实施《乡村振兴战略规划（2018—2022年）》的最后一年，文件还提出，开展《乡村振兴战略规划（2018—2022年）》实施总结评估。②

---

① 《人民日报》，2018年9月27日，第1版。

② 《人民日报》，2022年2月23日，第1版。

四、法律保障

乡村振兴离不开法治保障。2018年中央一号文件提出，“强化乡村振兴法治保障。抓紧研究制定乡村振兴法的有关工作，把行之有效的乡村振兴政策法定化，充分发挥立法在乡村振兴中的保障和推动作用。及时修改和废止不适应的法律法规”。根据这一要求，全国人大农业与农村委员会牵头起草了《中华人民共和国乡村振兴促进法（草案）》。2020年6月，十三届全国人大常委会第十九次会议对《中华人民共和国乡村振兴促进法（草案）》进行了审议。会后，全国人大常委会法制工作委员会将草案印发各省（区、市）人大、中央有关部门和部分全国人大代表、基层立法联系点、高等院校、研究机构征求意见；中国人大网公布草案全文，向社会公众征求意见。十三届全国人大常委会第二十四次会议对草案二审后，又征求了多方面意见。2021年4月29日，十三届全国人大常委会第二十八次会议通过《中华人民共和国乡村振兴促进法》。

乡村振兴促进法对调整对象进行了界定，即“本法所称乡村，是指城市建成区以外具有自然、社会、经济特征和生产、生活、生态、文化等多重功能的地域综合体，包括乡镇和村庄等”。该法共10章74条，在总则中明确了立法的指导思想和原则。

总则明确规定，促进乡村振兴应当按照产业兴旺、生态宜居、乡风文明、治理有效、生活富裕的总要求，统筹推进农村经济建设、政治建设、文化建设、社会建设、生态文明建设和党的建设，充分发挥乡村在保障农产品供给和粮食安全、保护生态环境、传承发展中华民族优秀传统文化等方面的特有功能。

总则还规定，全面实施乡村振兴战略，应当坚持中国共产党的领导，贯彻创新、协调、绿色、开放、共享的新发展理念，走中国特色社会主义乡村振兴道路，促进共同富裕，遵循以下原则：

（一）坚持农业农村优先发展，在干部配备上优先考虑，在要素配置上优先满足，在资金投入上优先保障，在公共服务上优先安排；

（二）坚持农民主体地位，充分尊重农民意愿，保障农民民主权利和其他合法权益，调动农民的积极性、主动性、创造性，维护农民根本利益；

（三）坚持人与自然和谐共生，统筹山水林田湖草沙系统治理，推动绿色发展，推进生态文明建设；

（四）坚持改革创新，充分发挥市场在资源配置中的决定性作用，更好发挥政府作用，推进农业供给侧结构性改革和高质量发展，不断解放和发展乡村社会生产力，激发农村发展活力；

（五）坚持因地制宜、规划先行、循序渐进，顺应村庄发展规律，根据乡村的历史文化、发展现状、区位条件、资源禀赋、产业基础分类推进。

该法第二至九章，分别就产业发展、人才支撑、文化繁荣、生态保护、组织建设、城乡融合、扶持措施、监督检查等作出规定。

乡村振兴促进法与2018年起的中央一号文件、《乡村振兴战略规划（2018—2022年）》《中国共产党农村工作条例》，共同构成实施乡村振兴战略的“四梁八柱”。

乡村振兴促进法重点在“促进”，通过建立健全法律制度和政策措施，促进乡村全面振兴发展，不是取代农业法等其他涉农法律，而是与现有涉农法律衔接并作出了一些创新性规定，与其他涉农法律共同构成农业农村法律制度体系。

乡村振兴促进法立足新发展阶段，全面总结了中国“三农”工作的法治实践，是一部“三农”领域的基础性、综合性法律。第一，乡村振兴促进法是以增加农民收入、提高农民生活水平、提升农村文明程度为核心的振兴法，不只是促进经济发展，而是推动农业全面升级、农村全面进步、农民全面发展。第二，乡村振兴促进法旨在解决好农业农村承担的保障好农产品供给安全、保护好农村生态屏障安全、传承好中国农村优秀传统文化等历史任务，明确农业农村发展在国家发展中的战略定位。第三，乡村振兴促进法旨在全面加强农村社会主义精神文明建设，坚持农民主体地位，全面提升新时代农民素质，培养一代又一代高素质的新型农民。

2021年5月27日，全国人大常委会举行乡村振兴促进法实施座谈会。会议强调，贯彻实施乡村振兴促进法，既要注重全面系统，又要突出重点和关键。

一要因地制宜促进乡村产业发展，促进农村三次产业融合发展，确保粮食安全，进一步增加农民收入、提高农民生活水平。二要培养造就新型职业农民队伍，广泛依靠农民、教育引导农民、组织带动农民，投身乡村振兴、建设美好家园。三要传承好农村优秀传统文化，倡导科学健康的生产生活方式，引导特色鲜明、优势突出的乡村文化产业发展。四要加强农村生态环境保护，推行绿色发展方式和生活方式，加强农业面源污染防治，持续改善农村人居环境。五要加强农村基层政权建设，巩固和确保党长期执政的基层基础。六要保障好维护好农民的合法权益，解决好农民群众关心关切的利益问题，让农民吃上长效“定心丸”。

五、建设行动

实施乡村建设行动是乡村振兴战略的重要组成部分。党的十九届五中全会审议通过的《中共中央关于制定国民经济和社会发展第十四个五年规划和二〇三五年远景目标的建议》提出，实施乡村建设行动，把乡村建设摆在社会主义现代化建设的重要位置。

2021 年中央一号文件第四部分“大力实施乡村建设行动”，明确了加强乡村公共基础设施建设、实施农村人居环境整治提升五年行动、提升农村基本公共服务水平、全面促进农村消费等方面的政策措施，以及加快推进村庄规划工作、加快县域内城乡融合发展、强化农业农村优先发展投入保障、深入推进农村改革等方面的重大举措。

2022 年中央一号文件第五部分“扎实稳妥推进乡村建设”，进一步明确了 5 个方面的政策措施。

第一，健全乡村建设实施机制。落实乡村振兴为农民而兴、乡村建设为农民而建的要求，坚持自下而上、村民自治、农民参与，启动乡村建设行动实施方案，因地制宜、有力有序推进。坚持数量服从质量、进度服从实效，求好不求快，把握乡村建设的时度效。立足村庄现有基础开展乡村建设，不盲目拆旧村、建新村，不超越发展阶段搞大融资、大开发、大建设，避免无效投入造成浪费，防范村级债务风险。统筹城镇和村庄布局，科学确定村庄分类，加快推进有条件有需求的村庄编制村庄规划，严格规范村庄撤并。开展传统村落集中连片保护利用示范，健全传统村落监测评估、警示退出、撤并事前审查等机制。保护特色民族村寨。实施“拯救老屋行动”。推动村庄小型建设项目简易审批，规范项目管理，提高资金绩效。总结推广村民自治组织、农村集体经济组织、农民群众参与乡村建设项目的有效做法。明晰乡村建设项目产权，以县域为单位组织编制村庄公共基础设施管护责任清单。

第二，接续实施农村人居环境整治提升五年行动。从农民实际需求出发推进农村改厕，具备条件的地方可推广水冲卫生厕所，统筹做好供水保障和污水处理；不具备条件的可建设卫生旱厕。巩固户厕问题摸排整改成果。分区分类推进农村生活污水治理，优先治理人口集中村庄，不适宜集中处理的推进小型化生态化治理和污水资源化利用。加快推进农村黑臭水体治理。推进生活垃圾源头分类减量，加强村庄有机废弃物综合处置利用设施建设，推进就地利用处理。深入实施村庄清洁行动和绿化美化行动。

江西省上犹县水土保持工程建设以奖代补试点项目“农村生活污水生物净化工程”。
2020 年 9 月作者摄

第三，扎实开展重点领域农村基础设施建设。有序推进乡镇通三级及以上等级公路、较大人口规模自然村（组）通硬化路，实施农村公路安全生命防护工程和危桥改造。扎实开展农村公路管理养护体制改革试点。稳步推进农村公路路况自动化检测。推进农村供水工程建设改造，配套完善净化消毒设施设备。深入实施农村电网巩固提升工程。推进农村光伏、生物质能等清洁能源建设。实施农房质量安全提升工程，继续实施农村危房改造和抗震改造，完善农村房屋建设标准规范。加强对用作经营的农村自建房安全隐患整治。

第四，大力推进数字乡村建设。推进智慧农业发展，促进信息技术与农机农艺融合应用。加强农民数字素养与技能培训。以数字技术赋能乡村公共服务，推动“互联网＋政务服务”向乡村延伸覆盖。着眼解决实际问题，拓展农业农村大数据应用场景。加快推动数字乡村标准化建设，研究制定发展评价指标体系，持续开展数字乡村试点。加强农村信息基础设施建设。

第五，加强基本公共服务县域统筹。加快推进以县城为重要载体的城镇化建设。加强普惠性、基础性、兜底性民生建设，推动基本公共服务供给由注重机构行政区域覆盖向注重常住人口服务覆盖转变。实施新一轮学前教育行动计划，多渠道加快农村普惠性学前教育资源建设，办好特殊教育。扎实推进城乡学校共同体建设。深入推进紧密型县域医疗卫生共同体建设，实施医保按总额付费，加强监督考核，实现结余留用、合理超支分担。推动农村基层定点医疗机构医保信息化建设，强化智能监控全覆盖，加强医疗保障基金监管。落实对特殊困难群体参加城乡居民基本医保的分类资助政策。有条件的地方可提供村卫生室运行经费补助，分类落实村医养老保障、医保等社会保障待遇。提升县级敬老院失能照护能力和乡镇敬老院集中供养水平，鼓励在有条件的村庄开展日间照料、老年食堂等服务。加强乡镇便民服务和社会工作服务，实施村级综合服务设施提升工程。健全分层分类的社会救助体系，切实保障困难农民群众基本生活。健全基层党员、干部关爱联系制度，经常探访空巢老人、留守儿童、残疾人。完善未成年人关爱保护工作网络。

党的十八大以来，各地区各部门认真贯彻中共中央、国务院决策部署，把

长者饭堂。2020 年 12 月作者摄于海南省海口市

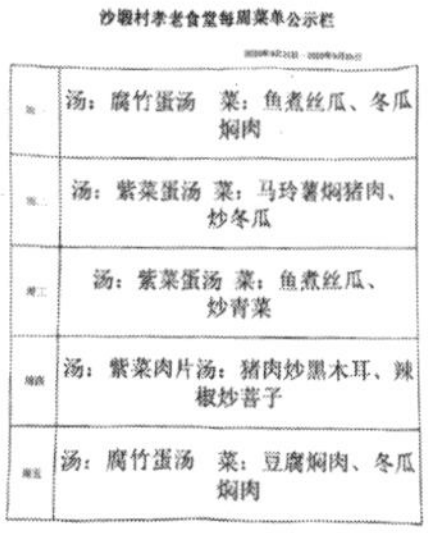

沙墩村孝老食堂每周菜单公示栏

[illegible]	汤：腐竹蛋汤　菜：鱼煮丝瓜、冬瓜焖肉
[illegible]	汤：紫菜蛋汤　菜：马玲薯焖猪肉、炒冬瓜
[illegible]	汤：紫菜蛋汤　菜：鱼煮丝瓜、炒青菜
[illegible]	汤：紫菜肉片汤：猪肉炒黑木耳、辣椒炒苦子
[illegible]	汤：腐竹蛋汤　菜：豆腐焖肉、冬瓜焖肉

孝老食堂菜单公示制度，村孝老食堂由理事会管理。2020 年 9 月作者摄于江西省上犹县

公共基础设施建设重点放在农村，持续改善农村生产生活条件，乡村面貌发生巨大变化。十年来，中国累计新建改建农村公路约 253 万公里，解决了 1040 个乡镇、10.5 万个建制村通硬化路的难题；农村公路总里程由 2011 年底的 356.4 万公里，增加到 2021 年底的 446.6 万公里，净增 90 多万公里。① “四好农村路”带来乡村巨变，“交通 + 电商”融合发展，“山货进城、城货下乡”，加速了城乡间的人流、物流、资金流，为促进广大农民脱贫致富奔小康发挥了重要作用。同时，中国农村基础设施和公共服务体系还不健全，部分领域还存在一些突出短板和薄弱环节，与农民群众日益增长的美好生活需要还有差距。为扎实推进乡村建设行动，进一步提升乡村宜居宜业水平，中共中央办公厅、国务院办公厅于 2022 年 5 月印发《乡村建设行动实施方案》。《方案》明确乡村建设是实施乡村振兴战略的重要任务，也是国家现代化建设的重要内容。《方案》指出，坚持农业农村优先发展，把乡村建设摆在社会主义现代化建设的重要位置，顺应农民群众对美好生活的向往，以普惠性、基础性、兜底性民生建设为重点，强化规划引领，统筹资源要素，动员各方力量，加强农村基础设施和公共服务体系建设，建立自下而上、村民自治、农民参与的实施机制，既尽力而为又量力

① 《从交通大国迈向交通强国（中国这十年·系列主题新闻发布）》，《人民日报》，2022 年 6 月 11 日，第 4 版。

而行，求好不求快，干一件成一件，努力让农村具备更好生活条件，建设宜居宜业美丽乡村。《方案》明确了加强乡村规划建设管理、实施农村道路畅通工程、强化农村防汛抗旱和供水保障、实施乡村清洁能源建设工程、实施农产品仓储保鲜冷链物流设施建设工程、实施数字乡村建设发展工程、实施村级综合服务设施提升工程、实施农房质量安全提升工程、实施农村人居环境整治提升五年行动、实施农村基本公共服务提升行动、加强农村基层组织建设、深入推进农村精神文明建设等 12 个方面的重点任务。

六、全面推进

在实施乡村振兴战略的实践基础上和脱贫攻坚即将全面胜利之际，党的十九届五中全会在研究制定国民经济和社会发展第十四个五年规划和 2035 年远景目标时，擘画全面推进乡村振兴蓝图。这次全会审议通过的《中共中央关于制定国民经济和社会发展第十四个五年规划和 2035 年远景目标的建议》第七部分“优先发展农业农村，全面推进乡村振兴”，明确坚持把解决好“三农”问题作为全党工作重中之重，走中国特色社会主义乡村振兴道路，全面实施乡村振兴战略，强化以工补农、以城带乡，推动形成工农互促、城乡互补、协调发展、共同繁荣的新型工农城乡关系，加快农业农村现代化。这个建议还明确了提高农业质量效益和竞争力、实施乡村建设行动、深化农村改革、实现巩固拓展脱贫攻坚成果同乡村振兴有效衔接 4 个方面的规划。

习近平在 2020 年底召开的中央农村工作会议上强调，脱贫攻坚取得胜利后，我们的使命就是全面推进乡村振兴，这是“三农”工作重心的历史性转移。领导干部要胸怀党和国家工作大局。在向第二个百年奋斗目标迈进的历史关口，巩固拓展脱贫攻坚成果，全面推进乡村振兴，加快农业农村现代化，是需要全党高度重视的一个关系大局的重大问题。全党务必充分认识新发展阶段做好“三农”工作的重要性和紧迫性，坚持把解决好“三农”问题作为全党工作重中之重，举全党全社会之力推动乡村振兴，促进农业高质高效、乡村宜居宜业、农民富裕富足。这几年，乡村振兴已经动起来了，各地进行了积极探索，也见到了一些成效，现在到了全面推开的时候了。全面实施乡村振兴战略的深度、广度、难度都不亚于脱贫攻坚，必须加强顶层设计，以更有力的举措、汇聚更强大的力量来推进。一是要加快发展乡村产业，顺应产业发展规律，立足当地特色资源，推动乡村产业发展壮大，优化产业布局，完善利益联结机制，让农民更多分享产业增值收益。二是要加强社会主义精神文明建设，加强农村思想道德建设，弘扬和践行社会主义核心价值观，普及科学知识，推进农村移风易俗，推动形成文明乡风、良好家风、淳朴民风。三是要加强农村生态文明建设，保持战略定力，以钉钉子精神推进农业面源污染防治，加强土壤污染、地下水超采、水土流失等治理和修复。四是要深化农村改革，加快推进农村重点领域和关键环节改革，激发农村资源要素活力，完善农业支持保护制度，尊重基层和群众创造，推动改革不断取得新突破。五是要实施乡村建设行动，继续把公共基础设施建设的重点放在农村，在推进城乡基本公共服务均等化上持续发力，注重加强普惠性、兜底性、基础性民生建设。要接续推进农村人居环境整治提升行动，重点抓好改厕和污水、垃圾处理。要合理确定村庄布局分类，注重保护传统村落和乡村特色风貌，加强分类指导。六是要推动城乡融合发展见实效，健全城乡融合发展体制机制，促进农业转移人口市民化。要把县域作为城乡融合发展的重要切入点，赋予县级更多资源整合使用的自主权，强化县城综合服务能力。七是要加强和改进乡村治理，加快构建党组织领导的乡村治理体系，深入推进平安乡村建设，创新乡村治理方式，提高乡村善治水平。①

2021 年中央一号文件对全面推进乡村振兴作出部署，提出坚持农业现代化与农村现代化一体设计、一并推进，坚持创新驱动发展，以推动高质量发展为主题，统筹发展和安全，落实加快构建新发展格局要求，巩固和完善农村基本经营制度，深入推进农业供给侧结构性改革，把乡村建设摆在社会主义现代化建设的重要位置，全面推进乡村产业、人才、文化、生态、组织振兴，充分

---

① 习近平:《坚持把解决好“三农”问题作为全党工作重中之重，举全党全社会之力推动乡村振兴》,《求是》2022 年第 7 期。

发挥农业产品供给、生态屏障、文化传承等功能，走中国特色社会主义乡村振兴道路，加快农业农村现代化，加快形成工农互促、城乡互补、协调发展、共同繁荣的新型工农城乡关系，促进农业高质高效、乡村宜居宜业、农民富裕富足，为全面建设社会主义现代化国家开好局、起好步提供有力支撑。文件明确了健全乡村振兴考核落实机制的措施，包括各省（自治区、直辖市）党委和政府每年向党中央、国务院报告实施乡村振兴战略进展情况；对市县党政领导班子和领导干部开展乡村振兴实绩考核，纳入党政领导班子和领导干部综合考核评价内容，加强考核结果应用，注重提拔使用乡村振兴实绩突出的市县党政领导干部；对考核排名落后、履职不力的市县党委和政府主要负责同志进行约谈，建立常态化约谈机制；将巩固拓展脱贫攻坚成果纳入乡村振兴考核；强化乡村振兴督查，创新完善督查方式，及时发现和解决存在的问题，推动政策举措落实落地；持续纠治形式主义、官僚主义，将减轻村级组织不合理负担纳入中央基层减负督查重点内容；坚持实事求是、依法行政，把握好农村各项工作的时度效；加强乡村振兴宣传工作，在全社会营造共同推进乡村振兴的浓厚氛围。

两个中央文件的发布与一个国家机构的成立，即2020年底中共中央、国务院印发《关于实现巩固拓展脱贫攻坚成果同乡村振兴有效衔接的意见》和2021年中央一号文件，2021年2月国家乡村振兴局正式挂牌，标志着“三农”工作重心实现历史性转移，“三农”发展步入全面推进乡村振兴的新阶段。

新时代中国全面推进乡村振兴，破解城乡发展不平衡和农村发展不充分问题，致力于促进农业高质高效、乡村宜居宜业、农民富裕富足和农业全面升级、农村全面进步、农民全面发展，表现在诸多方面。其中，一个重要标志是乡村发展内生能力和聚集力增强，打破资金、劳动力、人才等资源单一流向工业和城市现象，形成城乡资源双向流动格局。除工商资本下乡、多种人才下乡返乡外，农民也开始选择就近就业创业。自国家统计局发布年度《农民工监测调查报告》起的12年间，全国农民工总量（国家统计局统计的“农民工”，指户籍在农村且年内在本地从事非农产业或外出从业6个月及以上的劳动者）由2010年的2.42亿人增至2021年的2.93亿人，但增幅放缓。特别是留在自己乡镇的农民工有较多增加，到 2021 年达 1.21 亿人，在农民工总量中的占比由 2012 年的 37.79% 提高到 41.29%；外出农民工虽然仍为主流，2021 年为 1.72 亿人，但其在农民工总量中的占比则由 2012 年的 62.21% 下降至 2021 年的 58.71%（见图 5-1）。20 世纪 90 年代"孔雀东南飞"的民工潮退却，2016 年到 2021 年，以京津冀、江浙沪、珠三角为代表的东部地区吸纳了过半的农民工，其总量从 15960 万人减少到 15438 万人，占比也由 56.65% 降至 52.78%。[①]

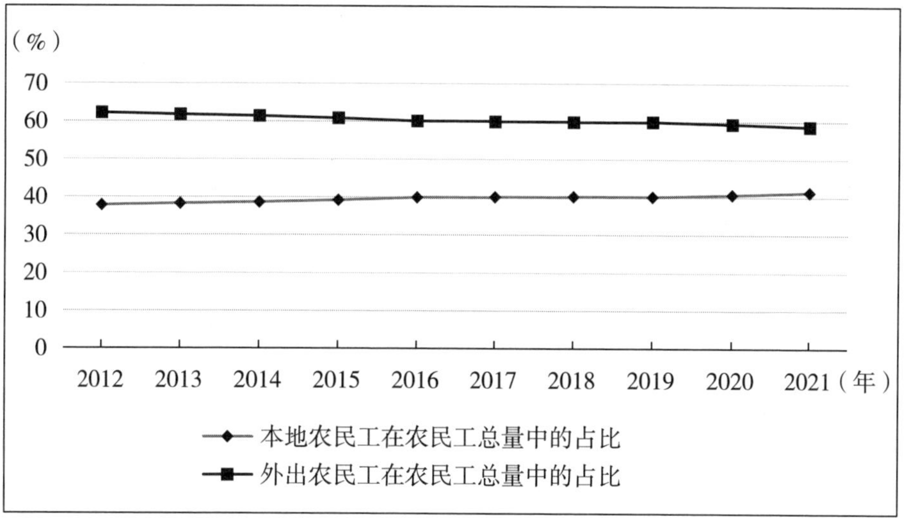

图 5-1　2012—2021 年农民工占比

① 吴林静：《1866 个县城和 2.93 亿农民工，何去何从？》，每经网，http://www.nbd.com.cn/articles/2022-05-07/2267060.html。

第六章

经营制度

党的二十大提出，巩固和完善农村基本经营制度，发展新型农村集体经济，发展新型农业经营主体和社会化服务，发展农业适度规模经营。[①]

新时代中国明确践行共享发展理念、走共同富裕之路、推动组织振兴[②]，这就明确了农村经营制度变革的方向。党的十八大提出，坚持和完善农村基本经营制度，依法维护农民土地承包经营权、宅基地使用权、集体收益分配权，壮大集体经济实力，发展农民专业合作和股份合作，培育新型经营主体，发展多种形式规模经营，构建集约化、专业化、组织化、社会化相结合的新型农业经营体系。党的十八大以来，中国从“大国小农”国情和历史发展基础出发，加快构建政策体系培育新型农业经营主体，对坚持和完善农村基本经营制度、推进农村集体经济改革发展、构建新型农业经营体系作出了重大安排，对农村承包地进行确权登记颁证，完成农村集体土地“三权分置”改革，统筹推进赋予农民集体资产股份权能的产权制度改革与社区集体经济实行股份合作制改革，探索通过资源变资产、资金变股金、农民变股东改革增强集体经济发展活力和实力，促进农民专业合作社规范化提升，培育家庭农场，推进小农户和现代农业发展有机衔接。农村经营主体的创新发展，激发农村生产要素潜能，进一步解放和发展了农村社会生产力。

一、确权颁证

开展农村承包地确权登记颁证，是党的十八大后实施的旨在保障农民土地承包经营权的新举措。

农村承包地确权登记颁证是从2014年开始试点的。2013年中央一号文件对农村土地确权登记颁证工作作出部署。文件提出，健全农村土地承包经营权登记制度，强化对农村耕地、林地等各类土地承包经营权的物权保护；用5年

---

① 《人民日报》，2022年10月26日，第3版。

② 习近平：《论“三农”工作》，中央文献出版社2022年版，第269页。

时间基本完成农村土地承包经营权确权登记颁证工作，妥善解决农户承包地块面积不准、四至不清等问题；加快包括农村宅基地在内的农村集体土地所有权和建设用地使用权地籍调查，尽快完成确权登记颁证工作；农村土地确权登记颁证工作经费纳入地方财政预算，中央财政予以补助；各级党委和政府要高度重视，有关部门要密切配合，确保按时完成农村土地确权登记颁证工作；深化集体林权制度改革，提高林权证发证率和到户率；推进国有林场改革试点，探索国有林区改革；加快推进牧区草原承包工作，启动牧区草原承包经营权确权登记颁证试点。2014 年中央一号文件进一步要求，抓紧抓实农村土地承包经营权确权登记颁证工作，充分依靠农民群众自主协商解决工作中遇到的矛盾和问题，可以确权确地，也可以确权确股不确地；2015 年基本完成草原确权承包和基本草原划定工作。到 2014 年底，全国有 1988 个县、1.3 万个乡镇、19.5 万个村开展了土地承包经营权确权登记颁证工作。

2015 年起扩大土地承包经营权确权登记颁证工作整省推进试点范围。2015 年中央一号文件明确，对土地等资源性资产，重点是抓紧抓实土地承包经营权确权登记颁证工作，扩大整省推进试点范围，总体上要确地到户，从严掌握确权确股不确地的范围。2016 年中央一号文件提出继续扩大农村承包地确权登记颁证整省推进试点，到 2020 年基本完成土地等农村集体资源性资产确权登记颁证。

在农村承包地确权登记颁证过程中，农业农村部健全技术标准，规范工作流程，明确权属调查、审核公示、完善合同、颁发证书等“九步工作法”，统一工作规程。利用卫星遥感、无人机航拍等技术，开展调查方法试验，制定调查规程，既保证确权精准又有效降低成本。先后制定 1 项国家标准、4 项行业标准和 10 个规范性文件，组织各地培训技术骨干数百万人次。强化质检验收，制定成果检查验收办法，指导各地分期分批开展县市验收，严格把好确权质量关。

农业农村部推动农村承包地确权登记颁证成果应用，印发数据库建设技术指南，明确各级土地承包信息平台建设总体思路和具体要求。全国信息应用平台实现数据汇总、业务管理、成果应用、信息共享等功能。农业农村部还指导各地利用信息平台，方便农民和新型主体查询，精准发放财政补贴，并配合人民银行开展土地经营权抵押贷款，让农民群众得到实实在在的好处。

截至 2020 年 11 月全国农村承包地确权登记颁证工作总结暨表彰电视电话会议召开，全国农村承包地确权登记颁证工作基本完成。农村承包地确权登记颁证工作历时 5 年，在全国 2838 个县（市、区）、3.4 万个乡镇、55 万多个行政村基本完成承包地确权登记颁证工作，将 15 亿亩承包地确权给 2 亿农户。①

农村承包地确权登记颁证促进了农村改革。山东省是首批整省推进试点单位，先行先试，利用 3 年时间率先基本完成农村承包地确权登记颁证工作。山东省以确权数据为基础，全省划定粮食生产功能区和重要农产品生产保护区 5600 万亩。承包地确权登记颁证促进了农村土地“三权分置”和农业适度规模经营发展。到 2019 年底，全省农村土地流转率达到 42.3%，比 2012 年提高 29.7 个百分点；家庭农场达 7.88 万家，农民合作社达 21.46 万家。黑龙江省通过土地确权登记，全省完善家庭承包合同 426 万余份，解决历史遗留问题 5500 余件，调处矛盾纠纷 7600 多件。同时，黑龙江省强化确权登记成果应用，增强发展活力：建成省级农村产权交易中心，73 个县、区全部建立农村产权交易市场，累计交易额 2.6 亿元；依托确权数据，与金融机构合作，为农民提供低成本、便捷化的信用贷款，累计发放贷款近 200 亿元；土地流转面积超过 1.3 亿亩，占耕地面积的 54%。② 到 2020 年，通过积极推进土地托管、代耕代种、生产服务外包等规模经营方式，全国农村承包耕地流转达到 5.55 亿亩。③

全国农村承包地确权登记颁证工作总结暨表彰电视电话会议，传达学习了习近平重要指示。习近平强调，开展农村承包地确权登记颁证工作，确定了对土地承包经营权的物权保护，让农民吃上长效“定心丸”，巩固和完善了农村基本经营制度。新时代推进农村土地制度改革，要坚持把依法维护农民权益作为出发点和落脚点，坚持农村土地农民集体所有制不动摇，坚持家庭承包经营基础性地位不动摇。要运用农村承包地确权登记颁证成果，扎实推进第二轮土

---

① 《农村承包地确权登记颁证工作基本完成》，《经济日报》，2020 年 11 月 3 日，第 6 版。

② 《农村承包地确权登记颁证工作基本完成》，《经济日报》，2020 年 11 月 3 日，第 6 版。

③ 国家发展和改革委员会：《关于 2020 年国民经济和社会发展计划执行情况与 2021 年国民经济和社会发展计划草案的报告》，《人民日报》，2021 年 3 月 14 日，第 2 版。

地承包到期后再延长 30 年工作，保持农村土地承包关系稳定并长久不变。[①]

在农村承包地确权登记颁证试点的基础上，宅基地确权登记工作也逐步展开。2016 年中央一号文件提出加快推进房地一体的农村集体建设用地和宅基地使用权确权登记颁证。2019 年中央一号文件提出，加快推进宅基地使用权确权登记颁证工作，力争 2020 年基本完成。

开展第二轮土地承包到期后再延长 30 年试点。党的十九大报告提出，保持土地承包关系稳定并长久不变，第二轮土地承包到期后再延长 30 年。2018 年中央一号文件提出，衔接落实好第二轮土地承包到期后再延长 30 年的政策，让农民吃上长效“定心丸”。2020 年中央一号文件提出，开展第二轮土地承包到期后再延长 30 年试点，在试点基础上研究制定延包的具体办法。2021 年中央一号文件提出，有序开展第二轮土地承包到期后再延长 30 年试点，保持农村土地承包关系稳定并长久不变，健全土地经营权流转服务体系。

党的二十大提出，保障进城落户农民合法土地权益，鼓励依法自愿有偿转让。[②]

二、三权分置

改革开放初期，党中央尊重农民创造精神，把家庭承包经营引入集体经济，对农村集体经济实行家庭联产承包责任制，将土地所有权和承包经营权分设，所有权归集体，承包经营权归农户，这一改革极大地调动了农民的积极性，激活了农村经济[③]。

党的十八大后，在深化农村土地制度改革中，顺应农民保留土地承包权、流转土地经营权的意愿，将土地承包经营权分为承包权和经营权，实行所有权、承包权、经营权分置。党的十七届三中全会后，农村土地加速流转，所流转的

① 习近平:《论“三农”工作》，中央文献出版社 2022 年版，第 303 页。
② 《人民日报》，2022 年 10 月 26 日，第 3 版。
③ 参见郑有贵:《家庭承包经营激活农村经济》,《中国党政干部论坛》2021 年第 3 期。

仅仅是农户对承包集体土地的经营权，而非承包经营权一同流转。对这一实践，应当在理论上加以厘清。2013 年 7 月，习近平在湖北考察改革发展工作时强调，深化农村改革，完善农村基本经营制度，要好好研究农村土地所有权、承包权、经营权三者之间的关系。[①]这就提出了从实践和理论上厘清土地承包权和经营权分置的问题。党的十八届三中全会提出，赋予农民对承包地占有、使用、收益、流转及承包经营权抵押、担保权能，允许农民以承包经营权入股发展农业产业化经营。2014 年中央一号文件提出，在落实农村土地集体所有权的基础上，稳定农户承包权、放活土地经营权，允许承包土地的经营权向金融机构抵押融资。这就在中央一号文件中首次将承包经营权拆分表述为承包权、经营权，进而分置了农村土地集体所有权、承包权、经营权三权。2016 年中央一号文件进一步提出，稳定农村土地承包关系，落实集体所有权，稳定农户承包权，放活土地经营权，完善“三权分置”办法。

2016 年 10 月，中共中央办公厅、国务院办公厅印发的《关于完善农村土地所有权承包权经营权分置办法的意见》，对“三权分置”改革进行了全面部署。《意见》提出，围绕正确处理农民和土地关系这一改革主线，科学界定“三权”内涵、权利边界及相互关系，逐步建立规范高效的“三权”运行机制，不断健全归属清晰、权能完整、流转顺畅、保护严格的农村土地产权制度，优化土地资源配置，培育新型经营主体，促进适度规模经营发展，进一步巩固和完善农村基本经营制度，为发展现代农业、增加农民收入、建设社会主义新农村提供坚实保障。《意见》要求完善“三权分置”办法，不断探索农村土地集体所有制的有效实现形式，落实集体所有权，稳定农户承包权，放活土地经营权，充分发挥“三权”的各自功能和整体效用，形成层次分明、结构合理、平等保护的格局。《意见》强调守住政策底线，即坚持和完善农村基本经营制度，坚持农村土地集体所有，坚持家庭经营基础性地位，坚持稳定土地承包关系，不能把农村土地集体所有制改垮了，不能把耕地改少了，不能把粮食生产能力改弱了，不能把农民利益损害了。《意见》要求逐步完善“三权”关系，并明确指出，

---

① 《人民日报》，2013 年 7 月 24 日，第 1 版。

农村土地集体所有权是土地承包权的前提，农户享有承包经营权是集体所有的具体实现形式，在土地流转中，农户承包经营权派生出土地经营权；支持在实践中积极探索农民集体依法依规行使集体所有权、监督承包农户和经营主体规范利用土地等的具体方式；鼓励在理论上深入研究农民集体和承包农户在承包土地上、承包农户和经营主体在土地流转中的权利边界及相互权利关系等问题；通过实践探索和理论创新，逐步完善“三权”关系，为实施“三权分置”提供有力支撑。

党的十九大报告提出，巩固和完善农村基本经营制度，深化农村土地制度改革，完善承包地“三权分置”制度。

此后的中央一号文件进一步要求完善落实集体所有权、稳定农户承包权、放活土地经营权的法律法规和政策体系。2018 年中央一号文件提出，在依法保护集体土地所有权和农户承包权前提下，平等保护土地经营权。农村承包土地经营权可以依法向金融机构融资担保、入股从事农业产业化经营。2019 年中央一号文件提出，完善落实集体所有权、稳定农户承包权、放活土地经营权的法律法规和政策体系。2020 年中央一号文件提出，以探索宅基地所有权、资格权、使用权“三权分置”为重点，进一步深化农村宅基地制度改革试点。

2020 年 10 月，习近平指出，要根据实践发展要求，丰富集体所有权、农户承包权、土地经营权的有效实现形式，促进农村土地资源优化配置，积极培育新型农业经营主体，发展壮大农业社会化服务组织，鼓励和支持广大小农户走同现代农业相结合的发展之路，使农村基本经营制度始终充满活力，不断为促进乡村全面振兴、实现农业农村现代化创造有利条件。[①]

“三权分置”是继实行家庭承包经营制度后农村改革又一重大制度创新，是农村基本经营制度的自我完善。“三权分置”在更好地维护农民集体、承包农户权益的同时，也维护了经营主体的权益，为促进多种形式适度规模经营的发展，进而推动现代农业发展提供了制度保障。

---

① 习近平:《论“三农”工作》，中央文献出版社 2022 年版，第 303—304 页。

三、股份合作

进入新时代，农村社区集体产权制度改革以发展股份合作等多种形式的合作与联合为导向，旨在建立起符合市场经济要求的集体经济运行新机制。2013年中央一号文件提出，鼓励具备条件的地方推进农村集体产权股份合作制改革。党的十八届三中全会提出，保障农民集体经济组织成员权利，积极发展农民股份合作，赋予农民对集体资产股份占有、收益、有偿退出及抵押、担保、继承权。根据2014年1月中央全面深化改革领导小组第一次会议审议通过的《中央有关部门贯彻落实党的十八届三中全会〈决定〉重要举措分工方案》，农业部、中央农办、国家林业局会同有关部门研究起草《积极发展农民股份合作赋予农民对集体资产股份权能改革试点方案》，同年9月29日经中央全面深化改革领导小组第五次会议审议通过后印发，成为党的十八大以来第一个涉农重大改革试点方案。习近平在中央全面深化改革领导小组第五次会议上强调，积极发展农民股份合作、赋予集体资产股份权能改革试点的目标方向，是要探索赋予农民更多财产权利，明晰产权归属，完善各项权能，激活农村各类生产要素潜能，建立符合市场经济要求的农村集体经济运营新机制。搞好这项改革，一项重要基础工作是保障农民集体经济组织成员权利。要探索集体所有制有效实现形式，发展壮大集体经济。试点过程中，要防止侵吞农民利益，试点各项工作应严格限制在集体经济组织内部。我国农村情况千差万别，集体经济发展很不平衡，要搞好制度设计，有针对性地布局试点。① 2015年中央一号文件提出，对经营性资产，重点是明晰产权归属，将资产折股量化到本集体经济组织成员，发展多种形式的股份合作；开展赋予农民对集体资产股份权能改革试点。

在总结农村社区集体经济改革发展实践经验基础上，中共中央、国务院于2016年12月印发《关于稳步推进农村集体产权制度改革的意见》，对稳步推进农村集体产权制度改革作出总体安排。《意见》指出，农村集体产权制度改革是

① 《习近平关于“三农”工作论述摘编》，中央文献出版社2019年版，第143—144页。

巩固社会主义公有制、完善农村基本经营制度的必然要求。农村集体经济是集体成员利用集体所有的资源要素，通过合作与联合实现共同发展的一种经济形态，是社会主义公有制经济的重要形式。《意见》提出，农村集体产权制度改革以明晰农村集体产权归属、维护农村集体经济组织成员权利为目的，以推进集体经营性资产改革为重点任务，以发展股份合作等多种形式的合作与联合为导向，坚持农村土地集体所有，坚持家庭承包经营基础性地位，探索集体经济新的实现形式和运行机制，不断解放和发展农村社会生产力，促进农业发展、农民富裕、农村繁荣，为推进城乡协调发展、巩固党在农村的执政基础提供重要支撑和保障。《意见》指出，适应城乡一体化发展新趋势，分类推进农村集体产权制度改革，在继续按照党中央、国务院已有部署抓好集体土地等资源性资产确权登记颁证，建立健全集体公益设施等非经营性资产统一运行管护机制的基础上，针对一些地方集体经营性资产归属不明、经营收益不清、分配不公开、成员的集体收益分配权缺乏保障等突出问题，着力推进经营性资产确权到户和股份合作制改革，对于切实维护农民合法权益，增加农民财产性收入，让广大农民分享改革发展成果，如期实现全面建成小康社会目标具有重大现实意义。《意见》明确了有序推进经营性资产股份合作制改革的思路和措施：将农村集体经营性资产以股份或者份额形式量化到本集体成员，作为其参加集体收益分配的基本依据。改革主要在有经营性资产的村镇，特别是城中村、城郊村和经济发达村开展。已经开展这项改革的村镇，要总结经验，健全制度，让农民有更多获得感；没有开展这项改革的村镇，可根据群众意愿和要求，由县级以上地方政府作出安排，先进行试点，再由点及面展开，力争用 5 年左右时间基本完成改革。农村集体经营性资产的股份合作制改革，不同于工商企业的股份制改造，要体现成员集体所有和特有的社区性，只能在农村集体经济组织内部进行。股权设置应以成员股为主，是否设置集体股由本集体经济组织成员民主讨论决定。股权管理提倡实行不随人口增减变动而调整的方式。改革后农村集体经济组织要完善治理机制，制定组织章程，涉及成员利益的重大事项实行民主决策，防止少数人操控。

2019 年中央一号文件提出，坚持农村土地集体所有、不搞私有化，坚持农地农用、防止非农化，坚持保障农民土地权益、不得以退出承包地和宅基地作为农民进城落户条件，进一步深化农村土地制度改革。

2020 年中央一号文件提出，全面推开农村集体产权制度改革试点，有序开展集体成员身份确认、集体资产折股量化、股份合作制改革、集体经济组织登记赋码等工作。

2021 年中央一号文件提出，2021 年基本完成农村集体产权制度改革阶段性任务，发展壮大新型农村集体经济。继续深化农村集体林权制度改革。2021 年 4 月，中央农村工作领导小组办公室、农业农村部、中央组织部、国家发展改革委、财政部、自然资源部、中国人民银行、税务总局、国家档案局、全国妇联联合印发《关于扎实做好当前重点工作如期完成农村集体产权制度改革阶段性任务的通知》，就确保如期完成各项试点任务，扎实做好科学把握进度规范推进改革、加强农村集体资产管理、加快农村集体经济组织成员证书发放、扎实做好农村集体经济组织登记赋码工作、切实维护农村妇女合法权益、因地制宜发展新型农村集体经济、落实好农村集体经济组织税费政策、加强农村集体产权制度改革档案管理、积极做好农村集体产权制度改革总结和表彰等工作作出安排。2022 年中央一号文件要求巩固提升农村集体产权制度改革成果，探索建立农村集体资产监督管理服务体系。

在农村集体产权改革中，既保障农民权益，又保障集体资产保值增值。一方面，通过农村集体产权制度改革，有效保障农民在农村社区集体经济组织中的权利。在集体资产量化到成员之前，农民在社区集体经济组织中的权益不明晰，表现在集体经营性资产归属不明、经营收益不清、分配不公开、成员的集体收益分配权缺乏保障等方面。2015 年中央一号文件提出，开展赋予农民对集体资产股份权能改革试点，试点过程中要防止侵蚀农民利益，试点各项工作应严格限制在本集体经济组织内部。2016 年中央一号文件提出，探索将财政资金投入农业农村形成的经营性资产，通过股权量化到户，让集体组织成员长期分享资产收益。2017 年 12 月，农业部、财政部、国土资源部等 9 部门联合印发《关于全面开展农村集体资产清产核资工作的通知》，上线运行全国农村集体资产清产核资管理系统，清产核资工作有序开展。2020 年 4 月《国务院关于农村集体产权制度改革情况的报告》显示，2018 年以来，中央财政累计安排转移支付 6 亿元，支持开展农村集体资产清产核资工作。省、市、县三级财政共安排农村集体产权制度改革专项经费 57.45 亿元[①]，其中省级安排经费 12.45 亿元、地市级安排经费 8.05 亿元、县级安排经费 36.95 亿元。在实践中，各地加强农村集体“三资”管理，农村集体“三资”管理的制度化、规范化、信息化加快推进，农村集体财务预决算、收入管理、开支审批、资产台账和资源登记等制度进一步健全，农村集体资产承包、租赁、处置和资源开发利用按民主程序决策。

以共享发展理念为指引，农村集体产权制度改革稳步推进。2015 年，经国务院同意，确定在全国 29 个县（市、区）先行开展试点工作。2017—2021 年，农业农村部与 16 个联席会议成员单位，先后部署 5 批试点，覆盖全国所有涉农县（市、区）。其中，2017 年分两批选择 129 个县开展了农村集体产权制度改革试点，一些省份也自行选择部分县和村进行了试点。到 2018 年，建立健全进城落户农民土地承包权、宅基地使用权、集体收益分配权维护和自愿有偿退出机制，在 3 个省、50 个地市、150 个县启动第三批农村集体产权制度改革试点，全国有超过 15 万个农村集体组织完成改革，共确认集体成员 2 亿多人。[②]2020 年 8 月农业农村部在山西太原召开全国深化农村集体产权制度改革工作会议，全国先后组织开展5批农村集体产权制度改革试点，共有28个省份、89个地市、442 个县整建制开展试点；全国有 43.8 万个村即占 74.5%的村完成农村集体产权制度改革，70.1%的村领到了登记证书。各地扎实开展成员身份确认，妥善处理政府指导和农民主体、尊重历史和兼顾现实的关系，明确政策底线，规范工作程序。各试点地区按照广覆盖、包容性原则，指导农村集体经济组织在法治前提下，通过民主协商方式制定本集体成员身份确认的具体标准，解决各种特殊情形和难点问题。多数地方结合当地实际，将经营资产折股量化到集体成

---

① 韩长赋:《国务院关于农村集体产权制度改革情况的报告》，中国人大网，http://www.npc.gov.cn/npc/c30834/202005/434c7d313d4a47a1b3e9edfbacc8dc45.shtml.

② 国家发展和改革委员会:《关于 2018 年国民经济和社会发展计划执行情况与 2019 年国民经济和社会发展计划草案的报告》,《人民日报》，2019 年 3 月 18 日，第 4 版。

员，有的地方还探索将未承包到户的土地资源按份额进行明确，逐步建立健全集体经济组织。到此次会议，全国共确认集体成员6亿多人。河北、湖南、陕西等11个省份90%以上的村完成集体产权制度改革。2019年全国村集体经营收益超过5万元以上的村占到48.2%，比2016年提高了23.2个百分点；集体成员累计分红超过3800亿元，是2016年的3.6倍。[①]

中央明确到2021年基本完成农村集体产权制度改革的阶段性任务如期完成。一是明晰农村产权归属，全面完成农村集体资产清产核资，清查核实农村集体资产7.7万亿元，集体土地等资源65.5亿亩。村村有了一本“明白账”，有效防止了集体资产被平调、侵占。二是全面确认农村集体经济组织成员身份，共确认集体成员9亿人。[②]三是稳步推进经营性资产股份合作制改革。多数地方对农村集体经营性资产折股量化到成员形成的股权，实行不随人口增减变动而调整的方式，一些地方则探索实行“量化到人、确权到户、户内共享、长久不变”的股权模式。把经营性资产以份额或股份形式折股量化到每一位成员，农村集体经济组织改造成为股份合作社，形成归属清晰、权能完整、流转顺畅、保护严格的中国特色集体产权制度，既建立起符合社会主义市场经济要求的集体经济运行新机制，又将有效维护农村集体经济组织成员权益、促进集体经济发展、促进农村全面发展统一于一体，为走乡村善治之路和共同富裕之路提供了组织保障。

四、“三变”改革

赋予农民集体资产股份权能和社区集体经济实行股份合作制改革的推进，拓展了农村社区集体经济有效实现形式的探索，其中之一是推广资源变资产、

① 《超七成村完成农村集体产权制度改革》，《人民日报》，2020年8月23日，第2版。《43.8万个村完成集体产权制度改革》，《经济日报》，2020年8月22日，第5版。

② 《中央一号文件发布 农村集体产权制度改革阶段性任务基本完成》，农业农村部网，http://www.zcggs.moa.gov.cn/gdxw/202203/t20220309_6391121.htm.

资金变股金、农民变股东改革。

"三变"改革是贵州省六盘水市对实践做法的总结概括。六盘水市为喀斯特地貌，所辖 4 个区（县）中有 3 个国家级贫困县、1 个省级贫困县。农户规模小，发展现代农业中面临农村土地流转集中难、企业与农户合作难等问题；农村集体经济薄弱，2013 年全市"空壳村"548 个，在 1017 个行政村中的占比为 53.8%。2014 年 10 月，六盘水市水城县成为农业部批准的农村土地承包经营权确权登记颁证整县推进试点县，2016 年《六盘水市农村产权交易服务平台组建方案》出台，在水城县建立起农村产权交易中心，为农村"三变"改革提供了条件。在这种情况下，一些经营主体从解决农村土地流转集中难、企业与农户合作难，以及多种扶贫开发财政支持渠道和使用分散化难以更好发挥效益问题出发，整合农村闲置、零散的资源、资产、资金入股村集体，由村集体经营，或由村集体与市场经营主体进行合作开展经营活动。资源变资产，就是将村集体的土地、林地、草地、水域等自然资源和房屋、建设用地等使用权，作为可经营性资产经评估折价，通过合同、协议等方式投资入股到经营主体，按股获得股权收益。资金变股金，就是在不改变资金使用性质和用途前提下，把各级财政投入到农村的诸类资金（补贴类、救济类、应急类资金除外），集中投入到各类农业经营主体或效益好的经营项目中，量化为村集体及村民的股金，让村集体及村民享有股份权利。农民变股东，就是鼓励农民以土地承包经营权或个人的资产、资金、技术等入股到经营主体，成为股东并参与分红。2015 年，六盘水市总结这些做法，将其概括为"三变"改革，在全市试点推广。2016 年，贵州省也选择 21 个区县开展"三变"改革试点。到 2019 年，六盘水市"三变"改革覆盖 65 个乡镇、31 个社区（街道）、872 个行政村、31 个省级农业园区，约有 50.1 万农户成为股东、带动 165.3 万农民受益。①

2017 年中央一号文件明确在全国推广"三变"改革，提出从实际出发探索发展集体经济有效途径，鼓励地方开展资源变资产、资金变股金、农民变股东等改革。2018 年中央一号文件进一步提出，推动资源变资产、资金变股金、农

① 参见姜长云、芦千文：《贵州六盘水乡村"三变"改革实践经验及后续完善建议》，《西部论坛》2018 年第 5 期。

民变股东，探索农村集体经济新的实现形式和运行机制。2019 年中央一号文件提出，总结推广资源变资产、资金变股金、农民变股东经验。

各地因地制宜实施“三变”改革，激活了主体、激活了要素、激活了市场，也成为增强集体经济发展活力和实力的有效路径之一。

贫困地区实行“三变”改革。图为陕西省丹凤县竹林关村实行“三变”改革发展村股份合作经济合作社。2020 年 10 月作者摄

五、规范合作

党的十八大以来，农民专业合作社进一步发展，呈现出服务功能多元化和社与社联合等新特征。2017 年 5 月，中共中央办公厅、国务院办公厅印发《关于加快构建政策体系培育新型农业经营主体的意见》，对各类经营主体从财政税收、基础设施建设、金融信贷、保险、市场营销、人才培养等方面进行扶持，引导其不断提升规模经营水平、完善利益分享机制，更好发挥带动农民进入市场、增加收入、建设现代农业的引领作用。新时代中国促进农业经营主体的一个重点是，按照积极发展、逐步规范、强化扶持、提升素质的要求促进农民专

业合作社发展，切实提高引领带动能力和市场竞争能力。

促进农民专业合作社规范运行。2013 年起推进示范社建设。这年中央一号文件提出，实行部门联合评定示范社机制，分级建立示范社名录，把示范社作为政策扶持重点。2015 年中央一号文件提出，引导农民专业合作社拓宽服务领域，促进规范发展，实行年度报告公示制度，深入推进示范社创建行动。2019 年中央农村工作领导小组办公室等 11 个部门、单位联合印发《关于印发〈开展农民专业合作社"空壳社"专项清理工作方案〉的通知》，9 月 4 日中央农村工作领导小组办公室等 11 个部门、单位又联合印发《关于开展农民合作社规范提升行动的若干意见》，9 月 6 日农业农村部办公厅印发《关于开展 2019 年农民合作社质量提升整县推进试点工作的通知》，促进了农民合作社的规范运行和质量提升。

加强合作社能力建设。2013 年中央一号文件明确，安排部分财政投资项目直接投向符合条件的合作社，引导国家补助项目形成的资产移交合作社管护，指导合作社建立健全项目资产管护机制；增加农民合作社发展资金，支持合作社改善生产经营条件、增强发展能力；逐步扩大农村土地整理、农业综合开发、农田水利建设、农技推广等涉农项目由合作社承担的规模；对示范社建设鲜活农产品仓储物流设施、兴办农产品加工业给予补助；在信用评定基础上对示范社开展联合授信，有条件的地方予以贷款贴息，规范合作社开展信用合作；完善合作社税收优惠政策，把合作社纳入国民经济统计并作为单独纳税主体列入税务登记，做好合作社发票领用等工作；创新适合合作社生产经营特点的保险产品和服务；建立合作社带头人人才库和培训基地，广泛开展合作社带头人、经营管理人员和辅导员培训，引导高校毕业生到合作社工作；落实设施农用地政策，合作社生产设施用地和附属设施用地按农用地管理。2014 年中央一号文件提出，允许财政项目资金直接投向符合条件的合作社，允许财政补助形成的资产转交合作社持有和管护，有关部门要建立规范透明的管理制度；落实和完善相关税收优惠政策，支持农民合作社发展农产品加工流通。2020 年中央一号文件提出，国家支持农民合作社建设产地分拣包装、冷藏保鲜、仓储运输、初加工等设施，对其在农村建设的保鲜仓储设施用电实行农业生产用电价格。

联合社提升服务能力。图为烟台市龙之泉农业农民专业合作社联合社产品。
2021 年 7 月作者摄

引导合作社联合。2013 年中央一号文件提出，引导农民合作社以产品和产业为纽带开展合作与联合，积极探索合作社联社登记管理办法。2014 年中央一号文件提出，推进财政支持农民合作社创新试点，引导发展农民专业合作社联合社。2018 年中共中央、国务院印发的《乡村振兴战略规划（2018—2022 年）》提出，鼓励发展农民专业合作社联合社。国务院于 2021 年 11 月印发的《“十四五”推进农业农村现代化规划》提出，支持农民合作社联合社加快发展。

中国农民合作社法律进一步完善。2017 年 12 月 27 日，十二届全国人大常委会第三十一次会议审议通过《中华人民共和国农民专业合作社法（修订）》。这次修订拓展了农民专业合作社的内涵：一是从适应农民专业合作社由单一生产经营向多种经营和服务综合化方向发展转变出发，在第二条取消了“同类”的限制，扩大了法律调整范围；二是从适应农村民间工艺及制品、休闲农业和乡村旅游资源开发经营等新兴服务类型发展态势出发，在第三条以列举的方式扩大农民专业合作社的服务类型。2019 年中央一号文件提出，继续深化供销合作社综合改革，制定供销合作社条例。2021 年 4 月，国务院第 131 次常务会议通过《中华人民共和国市场主体登记管理条例》，自 2022 年 3 月 1 日起施行。这个条例把农民专业合作社（联合社）及其分支机构作为一类调整对象，从登记事项、登记规范、监督管理、法律责任等方面进行了规范，使农民专业合作社法第七条“国家保障农民专业合作社享有与其他市场主体平等的法律地位”落到了实处。

党的十八大以来，农民合作组织呈多元化态势。2013 年中央一号文件首次使用了“农民合作社”概念，提出大力支持发展多种形式的新型农民合作组织，鼓励农民兴办专业合作和股份合作等多元化、多类型合作社。2018 年中共中央、国务院印发的《乡村振兴战略规划（2018—2022 年）》提出，鼓励行业协会或龙头企业与合作社、家庭农场、普通农户等组织共同营销，开展农产品产销推介和品牌运作，让农户更多分享产业链增值收益。在实践中，农机合作社、土地股份合作社、扶贫合作社、劳务合作社、资金互助合作社等涌现出来，合作社联合社稳步发展，服务功能也日益多元化。到 2021 年 11 月，全国依法登记农民合作社超过 221.9 万家，辐射带动近一半农户。组建联合社 1.4 万家，社均带动 17 家单体合作社。全国县级及以上示范社达 16.8 万家。全国脱贫地区培育发展农民合作社 72 万家，吸纳带动脱贫户 630 万户。种粮合作社 48.3 万家。31.3 万家农民合作社面向小农户提供专业化社会服务。农民合作社为农户成员提供的经营服务总值超过 8800 亿元，成员人均享受合作社统购统销服务额 1.4 万元。合作社产业链条逐步延长，超过一半的农民合作社实行产加销一体化经营，9.3 万家农民合作社创办公司实体发展加工、流通、销售，10.8 万家农民合作社取得注册商标打造品牌，5.5 万家合作社通过农产品质量认证。农民合作社从事新产业新业态的发展势头强劲，5.4 万家农民合作社开展电子商务，1.6 万家农民合作社进军休闲农业和乡村旅游。农民合作社经营收入超过 5880 亿元，比 2020 年增长 0.3%，可分配盈余 832.6 亿元，在按交易量（额）返还基础上，平均为每个成员二次盈余返还 1326 元。[①]

---

① 农业农村部农村合作经济指导司：《突出抓好农民合作社和家庭农场发展 加快培育新型农业经营主体》，《中国农民合作社》2022 年第 1 期。

六、家庭农场

家庭农场以家庭成员为主要劳动力，以家庭为基本经营单元，从事农业规模化、标准化、集约化生产经营，是现代农业的主要经营方式。[①] 2013 年中央一号文件是首次提发展家庭农场的中央文件。党的十八大以来，中共中央、国务院基于“大国小农”的国情农情，在促进小农户开展合作与联合提高组织化程度的同时，注重惠农政策的公平性和普惠性，防止排挤小规模农户和人为垒大户，支持小规模农户经营能力和自我发展能力的提升，推动有长期稳定务农意愿的普通农户适度扩大经营规模发展成为家庭农场等经营主体。

在促进家庭农场发展方面，中国采取了积极措施。2013 年中央一号文件提出，坚持依法自愿有偿原则，引导农村土地承包经营权有序流转，鼓励和支持承包土地向专业大户、家庭农场、农民合作社流转，发展多种形式的适度规模经营。结合农田基本建设，鼓励农民采取互利互换方式，解决承包地块细碎化问题。继续增加农业补贴资金规模，新增补贴向主产区和优势产区集中，向专业大户、家庭农场、农民合作社等新型生产经营主体倾斜。2014 年中央一号文件明确，按照自愿原则开展家庭农场登记。2019 年中央一号文件提出支持发展适合家庭农场经营的农产品初加工，建立健全支持家庭农场发展的政策体系和管理制度。2020 年中央一号文件明确，国家支持家庭农场、农民合作社、供销合作社、邮政快递企业、产业化龙头企业建设产地分拣包装、冷藏保鲜、仓储运输、初加工等设施，对其在农村建设的保鲜仓储设施用电实行农业生产用电价格。符合条件的家庭农场等新型农业经营主体可按规定享受现行小微企业相关贷款税收减免政策。2021 年中央一号文件提出，突出抓好家庭农场和农民合作社两类经营主体，鼓励发展多种形式适度规模经营。2022 年中央一号文件明确，支持家庭农场、农民合作社、农业产业化龙头企业多种粮、种好粮。

实施专项家庭农场培育计划。2019 年中央一号文件提出，启动家庭农场培育计划。2019 年 2 月，中共中央办公厅、国务院办公厅印发的《关于促进小农

① 中央农村工作领导小组办公室等 11 个部门和单位联合印发的《关于实施家庭农场培育计划的指导意见》。

户和现代农业发展有机衔接的意见》提出启动家庭农场培育计划，并明确了具体措施，包括采取优先承租流转土地、提供贴息贷款、加强技术服务等方式，鼓励有长期稳定务农意愿的小农户稳步扩大规模，培育一批规模适度、生产集约、管理先进、效益明显的农户家庭农场；鼓励各地通过发放良技良艺良法应用补贴、支持农户家庭农场优先承担涉农建设项目等方式，引导农户家庭农场采用先进科技和生产力手段；指导农户家庭农场开展标准化生产，建立可追溯生产记录，加强记账管理，提升经营管理水平；完善名录管理、示范创建、职业培训等扶持政策，促进农户家庭农场健康发展。根据中央部署，经国务院同意，中央农村工作领导小组办公室、农业农村部、国家发展和改革委员会、财政部、自然资源部、商务部、人民银行、市场监管总局、银保监会、全国供销合作总社、国家林草局 11 部门和单位于 2019 年 8 月联合印发《关于实施家庭农场培育计划的指导意见》，明确了加快培育发展家庭农场的措施。《意见》分析指出，各地区各部门按照党中央、国务院决策部署，积极引导扶持农林牧渔等各类家庭农场发展，取得了初步成效，但家庭农场仍处于起步发展阶段，发展质量不高、带动能力不强，还面临政策体系不健全、管理制度不规范、服务体系不完善等问题。为加快培育发展家庭农场，发挥好其在乡村振兴中的重要作用，《意见》就实施家庭农场培育计划提出，以开展家庭农场示范创建为抓手，以建立健全指导服务机制为支撑，以完善政策支持体系为保障，实施家庭农场培育计划，按照“发展一批、规范一批、提升一批、推介一批”的思路，加快培育出一大批规模适度、生产集约、管理先进、效益明显的家庭农场。《意见》明确了坚持农户主体、坚持规模适度、坚持市场导向、坚持因地制宜、坚持示范引领等基本原则，明确了完善登记和名录管理制度、强化示范创建引领、建立健全政策支持体系、健全保障措施 4 个方面的 21 条措施。2021 年中央一号文件将实施家庭农场培育计划作为推进现代农业经营体系建设的重要方面，提出把农业规模经营户培育成有活力的家庭农场。国务院于 2021 年 11 月印发的《“十四五”推进农业农村现代化规划》提出，创建 300 个左右家庭农场示范县和 1500 个左右示范家庭农场；完善家庭农场名录制度。

家庭农场稳步发展，经营水平逐步提高。2021 年，修订家庭农场统计调查制度，健全全国家庭农场名录管理制度。到2021年11月，纳入全国家庭农场名录系统的家庭农场超过390万个，经营土地达4.7亿亩；种粮家庭农场达到161.7万家；全国县级及以上示范家庭农场超过11万个；4.5万个家庭农场取得注册商标打造品牌，9.1万个家庭农场通过农产品质量认证。近8万个家庭农场从事农业生产服务。越来越多的家庭农场在发展种养业的基础上，探索一二三产业融合发展。①

七、有机衔接

“大国小农”是中国的国情农情。中国户均耕地规模仅相当于欧盟的1/40、美国的1/400。这样的资源禀赋决定了中国不可能各地都像欧美那样搞大规模农业、大机械作业。解决小规模农户生产经营面临的困难，把小规模农户引入现代农业发展大格局是必须破解的命题。

党的十九大报告提出实现小农户和现代农业发展有机衔接的要求。2018年中央一号文件提出，统筹兼顾培育新型农业经营主体和扶持小农户，采取有针对性的措施，把小农生产引入现代农业发展轨道。2018年和2019年的中央一号文件都明确了促进小农户和现代农业发展有机衔接的措施。

经过实践探索，中国形成了全面促进小农户和现代农业发展有机衔接的方案。2018年9月，中央全面深化改革委员会第四次会议审议通过《关于促进小农户和现代农业发展有机衔接的意见》。之后，中共中央办公厅、国务院办公厅印发了此意见。《意见》分析指出，发展多种形式适度规模经营，培育新型农业经营主体，是增加农民收入、提高农业竞争力的有效途径，是建设现代农业的前进方向和必由之路。但也要看到，我国人多地少，各地农业资源禀赋条件差异很大，很多丘陵山区地块零散，不是短时间内能全面实行规模化经营，也不是所有地方都能实现集中连片规模经营。当前和今后很长一个时期，小农户

① 农业农村部农村合作经济指导司:《突出抓好农民合作社和家庭农场发展 加快培育新型农业经营主体》,《中国农民合作社》2022年第1期。

家庭经营将是我国农业的主要经营方式。因此，必须正确处理好发展适度规模经营和扶持小农户的关系。既要把准发展适度规模经营是农业现代化必由之路的前进方向，发挥其在现代农业建设中的引领作用，也要认清小农户家庭经营很长一段时间内是我国农业基本经营形态的国情农情，在鼓励发展多种形式适度规模经营的同时，完善针对小农户的扶持政策，加强面向小农户的社会化服务，把小农户引入现代农业发展轨道。《意见》明确的指导思想是，坚持小农户家庭经营为基础与多种形式适度规模经营为引领相协调，坚持农业生产经营规模宜大则大、宜小则小，充分发挥小农户在乡村振兴中的作用，按照服务小农户、提高小农户、富裕小农户的要求，加快构建扶持小农户发展的政策体系，加强农业社会化服务，提高小农户生产经营能力，提升小农户组织化程度，改善小农户生产设施条件，拓宽小农户增收空间，维护小农户合法权益，促进传统小农户向现代小农户转变，让小农户共享改革发展成果，实现小农户与现代农业发展有机衔接，加快推进农业农村现代化。《意见》明确了 6 个方面的措施：在提升小农户发展能力方面，明确了启动家庭农场培育计划、实施小农户能力提升工程、加强小农户科技装备应用、改善小农户生产基础设施的措施；在提高小农户组织化程度方面，明确了引导小农户开展合作与联合、创新合作社组织小农户机制、发挥龙头企业对小农户带动作用的措施；在拓展小农户增收空间方面，明确了支持小农户发展特色优质农产品、带动小农户发展新产业新业态、鼓励小农户创业就业的措施；在健全面向小农户的社会化服务体系方面，明确了发展农业生产性服务业、加快推进农业生产托管服务、推进面向小农户产销服务、实施“互联网 + 小农户”计划、提升小城镇服务小农户功能的措施；在完善小农户扶持政策方面，明确了稳定完善小农户土地政策、强化小农户支持政策、健全针对小农户补贴机制、提升金融服务小农户水平、拓宽小农户农业保险覆盖面的措施；在保障措施方面，明确了加强组织领导、强化统筹协调、注重宣传指导的措施。

随着农村一二三产业融合发展的推进，中国从实际出发，在促进小农户融入产业链方面采取了积极措施。2020 年中央一号文件进一步提出，重点培育家庭农场、农民合作社等新型农业经营主体，培育农业产业化联合体，通过订单农业、入股分红、托管服务等方式，将小农户融入农业产业链。国务院于2021年11月印发的《“十四五”推进农业农村现代化规划》提出，鼓励发展农业产业化龙头企业牵头、家庭农场和农民合作社跟进、广大小农户参与的农业产业化联合体。

实践中，很多农户在不流转土地承包经营权的前提下，将农业生产中的耕、种、防、收等环节的作业委托给社会化服务组织完成，生产托管服务在农业领域蓬勃兴起。到2020年底，全国各类服务组织总量超过90万个，全国农业生产托管服务面积超过16亿亩次，其中粮食作物生产托管服务超过9亿亩次，服务带动小农户7000余万户，约占全国小农户的1/3[①]，在破解“谁来种地、怎么种好地”问题、保障国家粮食安全和重要农产品有效供给、推动农业节本增效和农民增产增收、带动小农户进入现代农业发展轨道等方面发挥着积极作用。

① 孙莹:《“中国农业生产托管万里行——走进福建”正式启动》,《农民日报》，2021年3月27日，第4版。

第七章

产业融合

党的二十大强调，扎实推动乡村产业振兴。[①]

新时代中国工农关系发生的重大变革是，促进农村一二三产业融合发展，休闲农业、乡村旅游、农村电商等农村新产业新业态持续发育发展，农业功能拓展，形成农村经济发展的新动能。这是在农村发展工业和产业一体化经营发展基础上，乡村产业发展路径的新拓展。乡村振兴，产业兴旺是基础。在工业化、城镇化进程中，实现乡村产业兴旺，必须在一二三产业的关系上着手。产业链低端和价值链低端的初级农产品生产与产业链高端和价值链高端的第二、第三产业发展分离，是“三农”发展难以摆脱受弱质性困扰的关键因素所在。针对工业化、城镇化进程中“三农”发展受弱质性困扰的问题，党的十八大以来，在保障农民主体地位的前提下，推动现代服务业同现代农业深度融合，通过产业链、价值链、产权统一的联结，创新性地探索形成能够共享发展成果的农村一二三产业融合发展之路，推进农业供给侧结构性改革，促进农业多种功能拓展，逐步拓展“三农”发展空间，农业向着高质高效方向发展。

一、乘数效应

中国农业从与第二、第三产业分割到一体化经营发展，再到融合发展，有其历史逻辑。

每个发展时期都有要解决的主要问题。新中国成立后到改革开放前，在工业化落后于世界的情况下，如何将农业国发展为工业国，是中国共产党面临的历史性命题。为了破解这一重大命题，中国从全局和战略的高度，集中力量发展国家工业化这个国家战略意义上的大事。在工业化原始积累过程中，为了实现追赶发展，需要将农业剩余转化为工业积累，这也是工农城乡关系“两个趋向”论断中的第一趋向。从有利于农业向工业提供原料、剩余、购买技术设备

① 《人民日报》，2022 年 10 月 26 日，第 3 版。

所需外汇等出发，通过计划经济体制，把工业集中在城市和工矿区，实行农业与第二、第三产业分割，农村只能拾遗补缺发展“五小工业”。这种产业分割实现了顺利实施国家工业化战略的预期目标，同时也限制了在农村实现农业与第二、第三产业的一体化联结，农民增收的空间也被锁定在主要发展农业上。

改革开放和社会主义现代化建设新时期，在建立起独立的比较完整的工业体系和国民经济体系后，加快农业农村发展成为中国共产党面临的重大问题。独立的比较完整的工业体系和国民经济体系建立起来后，加之国际上在长期冷战后和平发展成为主题，中国可以从国际上获得工业发展资本，进而从农业获取剩余的急迫性缓释，这些都是在农村推进以赋权放活为内核的改革的条件，其中以市场为取向的改革促进农业种养加、贸工农一体化经营的产业链联结（概称农业产业化经营）逐步展开。

进入新时代，从全面建成小康社会和全面建设社会主义现代化国家的全局和战略高度出发，基于新一轮科技革命和产业变革的深入发展，中国共产党明确了促进农村一二三产业融合发展的变革方向，以发挥乘数效应。农民由初级农产品生产到延伸产业链，可以获得更多的收益。随着新一轮科技革命和产业变革深入发展，也随着人民生活水平提高对生态、乡村文化消费需求的增加，农村一二三产业融合发展有了强劲动力和可能。促进农村一二三产业融合发展，发挥乘数效应，农民可以通过获得增值收益实现富裕富足。中国共产党科学把握这一发展趋势，2015 年中央一号文件提出，增加农民收入，必须延长农业产业链、提高农业附加值。党的十八届五中全会审议通过的《中共中央关于制定国民经济和社会发展第十三个五年规划的建议》提出，推动一二三产业融合发展。2016 年中央一号文件提出，推进农村产业融合，促进农民收入持续较快增长。大力推进农民奔小康，必须充分发挥农村的独特优势，深度挖掘农业的多种功能，培育壮大农村新产业、新业态，推动产业融合发展成为农民增收的重要支撑，让农村成为可以大有作为的广阔天地。《中华人民共和国国民经济和社会发展第十三个五年规划纲要》提出，推进农业产业链和价值链建设，建立多形式利益联结机制，培育融合主体、创新融合方式，拓宽农民增收渠道，更多分享增值收益；拓展农业多种功能，推进农业与旅游休闲、教育文化、健康养生等深度融合，发展观光农业、体验农业、创意农业等新业态。2016 年底，习近平在中央经济工作会议上对农村一二三产业融合发展作出理论升华，指出要向开发农业多种功能要潜力，发挥三次产业融合发展的乘数效应，抓好农村电商、休闲农业、乡村旅游等新产业、新业态。[①] 促进农村一二三产业融合发展被写入党的十九大报告。

二、产业融合

党的十八大以来，中国对促进农村一二三产业融合发展，进而形成农村产业发展新格局作出政策安排。2015 年中央一号文件提出推进农村一二三产业融合发展的措施，要求立足资源优势，以市场需求为导向，大力发展特色种养业、农产品加工业、农村服务业，扶持发展一村一品、一乡（县）一业，壮大县域经济，带动农民就业致富。2015 年 4 月 30 日，习近平在主持中共中央政治局第二十二次集体学习时强调，要加快建立现代农业产业体系，延伸农业产业链、价值链，促进一二三产业交叉融合。[②] 2015 年 12 月 30 日，国务院办公厅印发《关于推进农村一二三产业融合发展的指导意见》，就推进农村一二三产业融合发展作出系统部署。《意见》指出，用工业理念发展农业，以市场需求为导向，以完善利益联结机制为核心，以制度、技术和商业模式创新为动力，以新型城镇化为依托，推进农业供给侧结构性改革，着力构建农业与二三产业交叉融合的现代产业体系，形成城乡一体化的农村发展新格局。《意见》要求坚持因地制宜，分类指导，探索不同地区、不同产业融合模式；坚持尊重农民意愿，强化利益联结，保障农民获得合理的产业链增值收益；坚持市场导向，充分发挥市场配置资源的决定性作用，更好发挥政府作用，营造良好市场环境，加快培育市场主体；坚持改革创新，打破要素"瓶颈"制约和体制机制障碍，激发融合发展活力；坚持农业现代化与新型城镇化相衔接，与新农村建设协调推进，引

① 习近平：《论坚持全面深化改革》，中央文献出版社 2018 年版，第 304 页。

② 习近平：《论"三农"工作》，中央文献出版社 2022 年版，第 158 页。

导农村产业集聚发展。

《意见》提出农村产业融合发展要以多类型方式进行，并明确了相应的政策措施。其中包括：

一是着力推进新型城镇化。将农村产业融合发展与新型城镇化建设有机结合，引导农村第二、第三产业向县城、重点乡镇及产业园区等集中。加强规划引导和市场开发，培育农产品加工、商贸物流等专业特色小城镇。强化产业支撑，实施差别化落户政策，努力实现城镇基本公共服务常住人口全覆盖，稳定吸纳农业转移人口。

二是加快农业结构调整。以农牧结合、农林结合、循环发展为导向，调整优化农业种植养殖结构，加快发展绿色农业。建设现代饲草料产业体系，推广优质饲草料种植，促进粮食、经济作物、饲草料三元种植结构协调发展。大力发展种养结合循环农业，合理布局规模化养殖场。加强海洋牧场建设。积极发展林下经济，推进农林复合经营。推广适合精深加工、休闲采摘的作物新品种。加强农业标准体系建设，严格生产全过程管理。

三是延伸农业产业链。发展农业生产性服务业，鼓励开展代耕代种代收、大田托管、统防统治、烘干储藏等市场化和专业化服务。完善农产品产地初加工补助政策，扩大实施区域和品种范围，初加工用电享受农用电政策。加强政策引导，支持农产品深加工发展，促进其向优势产区和关键物流节点集中，加快消化粮棉油库存。支持农村特色加工业发展。加快农产品冷链物流体系建设，支持优势产区产地批发市场建设，推进市场流通体系与储运加工布局有机衔接。在各省（区、市）年度建设用地指标中单列一定比例，专门用于新型农业经营主体进行农产品加工、仓储物流、产地批发市场等辅助设施建设。健全农产品产地营销体系，推广农超、农企等形式的产销对接，鼓励在城市社区设立鲜活农产品直销网点。

四是拓展农业多种功能。加强统筹规划，推进农业与旅游、教育、文化、健康养老等产业深度融合。积极发展多种形式的农家乐，提升管理水平和服务质量。建设一批具有历史、地域、民族特点的特色旅游村镇和乡村旅游示范村，有序发展新型乡村旅游休闲产品。鼓励有条件的地区发展智慧乡村游，提高在线营销能力。加强农村传统文化保护，合理开发农业文化遗产，大力推进农耕文化教育进校园，统筹利用现有资源建设农业教育和社会实践基地，引导公众特别是中小学生参与农业科普和农事体验。

五是大力发展农业新型业态。实施“互联网 + 现代农业”行动，推进现代信息技术应用于农业生产、经营、管理和服务，鼓励对大田种植、畜禽养殖、渔业生产等进行物联网改造。采用大数据、云计算等技术，改进监测统计、分析预警、信息发布等手段，健全农业信息监测预警体系。大力发展农产品电子商务，完善配送及综合服务网络。推动科技、人文等元素融入农业，发展农田艺术景观、阳台农艺等创意农业。鼓励在大城市郊区发展工厂化、立体化等高科技农业，提高本地鲜活农产品供应保障能力。鼓励发展农业生产租赁业务，积极探索农产品个性化定制服务、会展农业、农业众筹等新型业态。

六是引导产业集聚发展。加强农村产业融合发展与城乡规划、土地利用总体规划有效衔接，完善县域产业空间布局和功能定位。通过农村闲置宅基地整理、土地整治等新增的耕地和建设用地，优先用于农村产业融合发展。创建农业产业化示范基地和现代农业示范区，完善配套服务体系，形成农产品集散中心、物流配送中心和展销中心。扶持发展一乡（县）一业、一村一品，加快培育乡村手工艺品和农村土特产品品牌，推进农产品品牌建设。依托国家农业科技园区、农业科研院校和“星创天地”，培育农业科技创新应用企业集群。

《意见》还明确要培育多元化农村产业融合主体、建立多形式利益联结机制、完善多渠道农村产业融合服务、健全农村产业融合推进机制 4 个方面的具体措施。

为了健全农村产业融合推进机制，中国实施农村产业融合发展试点示范工程。国务院办公厅印发的《意见》提出，围绕产业融合模式、主体培育、政策创新和投融资机制，开展农村产业融合发展试点示范，积极探索和总结成功的做法，形成可复制、可推广的经验，促进农村产业融合加快发展。2016 年 4 月 15 日，为贯彻落实 2016 年中央一号文件和《意见》，国家发展改革委、工业和信息化部、财政部、国土资源部、农业部、商务部、国家旅游局印发《关于印发农村产业融合发展试点示范方案的通知》，决定在全国范围内组织实施农村产业融合发展“百县千乡万村”试点示范工程。该通知明确县级试点示范的主要任务是：优化县域空间发展布局，推进产城融合发展；探索多种产业融合形式，构建现代农业产业体系；培育多元化产业融合主体，激发产业融合活力；健全产业链利益联结机制，让农民更多分享产业增值收益；创新产业融合投融资机制，拓宽资金渠道；加强基础设施建设，完善产业融合服务。

创建国家农村产业融合发展示范园。2017 年中央一号文件要求支持建设一批农村产业融合发展示范园。为此，2017 年 8 月 1 日，国家发展改革委等 7 部委发出《关于印发国家农村产业融合发展示范园创建工作方案的通知》，就创建国家农村产业融合发展示范园工作作出具体安排。《方案》明确，国家农村产业融合发展示范园创建工作以深入推进农业供给侧结构性改革、加快培育农村发展新动能为主线，以完善利益联结机制为核心，以要素集聚和模式创新为动力，以农村产业融合发展示范园建设为抓手，着力打造农村产业融合发展的示范样板和平台载体，充分发挥示范引领作用，带动农村一二三产业融合发展，促进农业增效、农民增收、农村繁荣。《方案》明确的示范任务是：探索多种产业融合模式，构建现代农业产业体系；培育多元化产业融合主体，激发产业融合发展活力；健全利益联结机制，让农民更多分享产业增值收益；创新体制机制，破解产业融合发展“瓶颈”约束。在创建类型上，《方案》提出，各地要结合本地区实际，充分挖掘地域特色，围绕农业内部融合、产业链延伸、功能拓展、新技术渗透、产城融合、多业态复合等 6 种类型，有针对性地创建农村产业融合发展示范园。2018 年 10 月，国家发展改革委等 7 部门印发《国家农村产业融合发展示范园认定管理办法（试行）》。国家发展改革委等 7 部门已分三批确定了 316 个国家农村产业融合发展示范园单位，其中 2019 年 2 月首批为 100 个，2020 年 9 月第二批为 100 个，2021 年 3 月第三批为 116 个。在创造过程中，示范园区道路、电力通信、垃圾污水处理、冷链物流、检验检测等基础设施条件逐步完备，农产品加工、休闲旅游、生态康养等新产业新业态蓬勃发展，产业支撑能力和就业吸纳能力增强，成为以点带面促进农村产业融合发展的先行样板和示范载体。

在整体设计，以及实施试点示范工程、示范园和科技示范园区建设的基础上，中国持续推进农村一二三产业融合发展体系的构建。2018年中央一号文件明确了相应思路和措施，包括大力开发农业多种功能，延长产业链、提升价值链、完善利益链，通过保底分红、股份合作、利润返还等多种形式，让农民合理分享全产业链增值收益；实施农产品加工业提升行动，鼓励企业兼并重组，淘汰落后产能，支持主产区农产品就地加工转化增值；重点解决农产品销售中的突出问题，加强农产品产后分级、包装、营销，建设现代化农产品冷链仓储物流体系，打造农产品销售公共服务平台，支持供销、邮政及各类企业把服务网点延伸到乡村，健全农产品产销稳定衔接机制，大力建设具有广泛性的促进农村电子商务发展的基础设施，鼓励支持各类市场主体创新发展基于互联网的新型农业产业模式，深入实施电子商务进农村综合示范，加快推进农村流通现代化；实施休闲农业和乡村旅游精品工程，建设一批设施完备、功能多样的休闲观光园区、森林人家、康养基地、乡村民宿、特色小镇；对利用闲置农房发展民宿、养老等项目，研究出台消防、特种行业经营等领域便利市场准入、加强事中事后监管的管理办法；发展乡村共享经济、创意农业、特色文化产业。2019年中央一号文件明确了“发展壮大乡村产业，拓宽农民增收渠道”的措施。2020年中央一号文件明确了发展富民乡村产业的措施，包括支持各地立足资源优势打造各具特色的农业全产业链，建立健全农民分享产业链增值收益机制，形成有竞争力的产业集群，推动农村一二三产业融合发展；加快建设国家、省、市、县现代农业产业园，支持农村产业融合发展示范园建设，办好农村“双创”基地。2021年中央一号文件提出推进农村一二三产业融合发展示范园和科技示范园区建设。2021年11月，国务院印发的《“十四五”推进农业农村现代化规划》提出，坚持立农为农，把带动农民就业增收作为乡村产业发展的基本导向，加快农村一二三产业融合发展，把产业链主体留在县域，把就业机会和产业链增值收益留给农民。《规划》就优化乡村休闲旅游业作出规划：依托田园风光、绿水青山、村落建筑、乡土文化、民俗风情等资源优势，建设一批休闲农业重点县、休闲农业精品园区和乡村旅游重点村镇；推动农业与旅游、教育、康养等产业融合，发展田园养生、研学科普、农耕体验、休闲垂钓、民宿康养等休闲农业新业态。[①] 2022年中央一号文件明确了持续推进农村一二三产业融合发展的措施，包括鼓励各地拓展农业多种功能、挖掘乡村多元价值，重点发展农产品加工、乡村休闲旅游、农村电商等产业；支持农业大县聚焦农产品加工业，引导企业到产地发展粮油加工、食品制造；推进现代农业产业园和农业产业强镇建设，培育优势特色产业集群，继续支持创建一批国家农村产业融合发展示范园；实施乡村休闲旅游提升计划；支持农民直接经营或参与经营的乡村民宿、农家乐特色村（点）发展；将符合要求的乡村休闲旅游项目纳入科普基地和中小学学农劳动实践基地范围；实施“数商兴农”工程，推进电子商务进乡村；促进农副产品直播带货规范健康发展；开展农业品种培优、品质提升、品牌打造和标准化生产提升行动，推进食用农产品承诺达标合格证制度，完善全产业链质量安全追溯体系；加快落实保障和规范农村一二三产业融合发展用地政策。2022年中共中央办公厅、国务院办公厅印发的《关于推进以县城为重要载体的城镇化建设的意见》提出，推动位于农产品主产区内的县城集聚发展农村二三产业，延长农业产业链条，做优做强农产品加工业和农业生产性服务业，更多吸纳县域内农业转移人口，为有效服务“三农”、保障粮食安全提供支撑；以“粮头食尾”“农头工尾”为抓手，培育农产品加工业集群，发展农资供应、技术集成、仓储物流、农产品营销等农业生产性服务业；根据文化旅游资源禀赋，培育文化体验、休闲度假、特色民宿、养生养老等产业。党的二十大提出，推动现代服务业同现代农业深度融合。[②]

党的十八大以来，农村一二三产业融合发展深入推进，乡村产业加快发展。农产品产加销一体化进程明显加快，跨界配置农业和现代产业要素，促进产业深度交叉融合，形成“农业+”多业态发展态势。融合主体大量涌现，融合业态多元呈现，发展综合种养等循环型农业；发展中央厨房、直供直销等延伸型农业；“农业+”文化、教育、旅游、康养、信息等产业快速发展，农村电商、休闲观光农业、乡村旅游等新业态蓬勃发展，农业农村多种功能得以更充分发

① 《国务院印发“十四五”推进农业农村现代化规划》，《农村工作通讯》2022年第4期。

② 《人民日报》，2022年10月26日，第3版。

挥。融合载体丰富多样，建设了国家现代农业产业园、国家农业科技园、农产品加工园，创建农村产业融合示范园、农业产业强镇。2020 年全国农业总产值 10.7 万亿元，农产品加工业营业收入 23.2 万亿元，其中食品加工业营业收入 12 万亿元，占比超过 50%。休闲农业、农林牧渔专业及辅助性活动、农村电商等营业收入超 3 万亿元。[①] 2021 年，全国规模以上农产品加工业营业收入超过 17.7 万亿元、增速超过 10%，乡村休闲旅游业营业收入恢复性增长、比上年增加 1000 亿元左右。[②] 由产业链联结的农业产业化经营，向农村一二三产业融合发展，这一发展方式演进，拓展了农业发展空间，促进了农业弱质性问题的破解，促进了农业发展能力、农民增收能力的提升，促进了农业朝着高质高效方向发展。

产业融合发展促进脱贫致富和乡村振兴。
2020 年 10 月作者摄于陕西省丹凤县毛坪村

---

① 王壹:《拓展农业多种功能　提升乡村多元价值——农业农村部乡村产业发展司负责人就〈关于拓展农业多种功能　促进乡村产业高质量发展的指导意见〉答记者问》,《农民日报》，2021 年 11 月 20 日，第 4 版。

② 毛晓雅、刘菁:《2021 年农业农村经济实现“十四五”良好开局》,《农民日报》，2022 年 1 月 21 日，第 1 版。

三、农旅融合

农旅融合是农村一二三产业融合发展中农民参与度最深、受益最直接的。进入新时代，党中央高度重视发展乡村旅游和休闲农业。2013 年中央一号文件提出发展乡村旅游和休闲农业。2015 年中央一号文件提出，积极开发农业多种功能，挖掘乡村生态休闲、旅游观光、文化教育价值；扶持建设一批具有历史、地域、民族特点的特色景观旅游村镇，打造形式多样、特色鲜明的乡村旅游休闲产品；加大对乡村旅游休闲基础设施建设的投入，增强线上线下营销能力，提高管理水平和服务质量；研究制定促进乡村旅游休闲发展的用地、财政、金融等扶持政策，落实税收优惠政策；实施乡村旅游扶贫工程。

2016 年中央一号文件，第一次以单条的篇幅，明确“大力发展休闲农业和乡村旅游”的措施。文件提出，依托农村绿水青山、田园风光、乡土文化等资源，大力发展休闲度假、旅游观光、养生养老、创意农业、农耕体验、乡村手工艺等，使之成为繁荣农村、富裕农民的新兴支柱产业；强化规划引导，采取以奖代补、先建后补、财政贴息、设立产业投资基金等方式扶持休闲农业与乡村旅游业发展，着力改善休闲旅游重点村进村道路、宽带、停车场、厕所、垃圾污水处理等基础服务设施；积极扶持农民发展休闲旅游业合作社；引导和支持社会资本开发农民参与度高、受益面广的休闲旅游项目；加强乡村生态环境和文化遗存保护，发展具有历史记忆、地域特点、民族风情的特色小镇，建设一村一品、一村一景、一村一韵的魅力村庄和宜游宜养的森林景区；依据各地具体条件，有规划地开发休闲农庄、乡村酒店、特色民宿、自驾露营、户外运动等乡村休闲度假产品；实施休闲农业和乡村旅游提升工程、振兴中国传统手工艺计划；开展农业文化遗产普查与保护；支持有条件的地方通过盘活农村闲置房屋、集体建设用地、“四荒地”、可用林场和水面等资产资源发展休闲农业和乡村旅游；将休闲农业和乡村旅游项目建设用地纳入土地利用总体规划和年度计划合理安排。

习近平从规律性和时代高度对发展农旅融合发展作出论述。习近平继在2016 年底召开的中央经济工作会议上提出发挥农村三次产业融合发展乘数效应后[1]，在2017年底召开的中央农村工作会议上指出，随着时代发展，乡村价值要重新审视。现如今，乡村不再是单一从事农业的地方，还有重要的生态涵养功能，令人向往的休闲观光功能，独具魅力的文化体验功能。“暧暧远人村，依依墟里烟。狗吠深巷中，鸡鸣桑树颠。”乡村越来越成为人们养生养老、创新创业、生活居住的新空间。人们向往田园风光、诗意山水、乡土文化、民俗风情、农家美食，追求与自然和谐相处的乡村慢生活成为一种时尚。“竹篱茅舍风光好，高楼大厦总不如。”田园变公园，农房变客房，劳作变体验，乡村优美环境、绿水青山、良好生态成为稀缺资源，乡村的经济价值、生态价值、社会价值、文化价值日益凸显。适应城乡居民需求新变化，休闲农业乡村旅游蓬勃兴起，农村一二三产业融合发展模式不断丰富创新，为农村创新创业开辟了新天地，为农民就业增收打开了新空间。要抓农村新产业新业态，推动农产品加工业优化升级，把现代信息技术引入农业产加销各个环节，发展乡村休闲旅游、文化体验、养生养老、农村电商等，鼓励在乡村地区兴办环境友好型企业，实现乡村经济多元化。[2]在这次会议上，习近平进一步指出，我们必须处理好经济发展和生态环境保护的关系，把该减的减下来、该退的退出来、该治理的治理到位。农村生态环境好了，土地上就会长出金元宝，生态就会变成摇钱树，田园风光、湖光山色、秀美乡村就可以成为聚宝盆，生态农业、养生养老、森林康养、乡村旅游就会红火起来。像浙江安吉等地，美丽经济已成为亮丽的名片，同欧洲的乡村相比毫不逊色。[3] 2021年3月5日，习近平在参加十三届全国人大四次会议内蒙古代表团审议时指出，要发展优势特色产业，发展适度规模经营，促进农牧业产业化、品牌化，并同发展文化旅游、乡村旅游结合起来，增加农牧民收入。[4] 2021年4月25日，习近平到广西壮族自治区全州县才湾镇毛竹山村考察。该村近年来积极发展葡萄种植业，有力促进了农民增收。习近平强调，全面推进乡村振兴，要立足特色资源，坚持科技兴农，因地制宜发展乡

① 习近平:《论坚持全面深化改革》，中央文献出版社2018年版，第304页。
② 《十九大以来重要文献选编》(上)，中央文献出版社2019年版，第148页。
③ 《十九大以来重要文献选编》(上)，中央文献出版社2019年版，第149页。
④ 《人民日报》，2021年3月6日，第1版。

村旅游、休闲农业等新产业新业态，贯通产加销，融合农文旅，推动乡村产业发展壮大，让农民更多分享产业增值收益。[①]

发展田园旅居康养业。图为第五届全国文明村镇的四川省攀枝花市盐边县昔格达村。2021 年 3 月作者摄

2017 年中央一号文件进一步明确了大力发展乡村休闲旅游产业的措施，包括充分发挥乡村各类物质与非物质资源富集的独特优势，利用“旅游 +”“生态 +”等模式，推进农业、林业与旅游、教育、文化、康养等产业深度融合；丰富乡村旅游业态和产品，打造各类主题乡村旅游目的地和精品线路，发展富有乡村特色的民宿和养生养老基地；鼓励农村集体经济组织创办乡村旅游合作社，或与社会资本联办乡村旅游企业；多渠道筹集建设资金，大力改善休闲农业、乡村旅游、森林康养公共服务设施条件，在重点村优先实现宽带全覆盖；完善休闲农业、乡村旅游行业标准，建立健全食品安全、消防安全、环境保护等监

① 《人民日报》，2021 年 4 月 28 日，第 1 版。

管规范；支持传统村落保护，维护少数民族特色村寨整体风貌，有条件的地区实行连片保护和适度开发。

随着休闲农业和乡村旅游的发展，国家及时采取措施，推动休闲农业和乡村旅游质量提升。2018 年 10 月，国家发展改革委、财政部等 13 个部门联合印发《促进乡村旅游发展提质升级行动方案（2018 年—2020 年）》。《方案》分析指出，持续推动乡村旅游发展仍面临较多制约，突出表现在部分地区乡村旅游外部连接景区道路、停车场等基础设施建设滞后，垃圾和污水等农村人居环境整治历史欠账多，乡村民宿、农家乐等产品和服务标准不完善，社会资本参与乡村旅游建设意愿不强、融资难度较大。从进一步促进乡村旅游发展提质扩容，发挥乡村旅游对促进消费、改善民生、推动高质量发展的重要带动作用出发，《方案》提出要形成促进乡村旅游发展提质扩容的合力，并明确了 5 个方面共 18 条具体措施。一是在补齐乡村旅游道路和停车设施建设短板方面，推进全国乡村旅游道路建设，支持乡村旅游停车设施改造提升，加大对乡村旅游基础设施建设的用地支持，加大对贫困地区旅游基础设施建设项目推进力度。二是在推进垃圾和污水治理等农村人居环境整治方面，建立垃圾和污水处理农户付费制度，大力推进乡村旅游垃圾资源化利用与无害化处理，梯次推进农村生活污水处理，持续推进厕所革命。三是在建立健全住宿餐饮等乡村旅游产品和服务标准方面，规范民宿、农家乐等乡村旅游服务标准，完善乡村旅游基础设施的服务配套标准，健全标准强化乡村旅游市场监管。四是在鼓励引导社会资本参与乡村旅游发展建设方面，创新社会资本参与方式，规范农户、村集体等参与乡村旅游服务设施建设。五是在加大对乡村旅游发展的配套政策支持方面，因地制宜推进乡村旅游特色发展，加大对乡村旅游债券融资支持力度，探索建立乡村旅游产业投资基金，加大对乡村旅游贷款支持力度，加强乡村旅游人才培养引进力度。

2018 年 11 月 15 日，从实施乡村旅游精品工程、培育农村发展新动能、促进乡村旅游可持续发展出发，文化和旅游部等 17 部门印发《关于促进乡村旅游可持续发展的指导意见》。《意见》明确了基本原则：一是生态优先，绿色发展。践行绿水青山就是金山银山的理念，注重开发与保护并举，统筹考虑资源环境承载能力和发展潜力，加强对乡村生态环境和乡村特色风貌的保护，强化有序开发、合理布局，避免急功近利、盲目发展。二是因地制宜，特色发展。根据区域特点和资源禀赋，以市场为导向，因地制宜，科学规划，积极开发特色化、差异化、多样化的乡村旅游产品，防止大拆大建、千村一面和城市化翻版、简单化复制，避免低水平同质化竞争。三是以农为本，多元发展。坚持以农民为受益主体，以农业农村为基本依托，尊重农民意愿，注重农民的全过程参与，调动农民积极性与创造性，加大政府的支持和引导力度，吸引更多的社会资本和经营主体投入乡村旅游的发展，释放乡村旅游发展活力。四是丰富内涵，品质发展。挖掘乡村传统文化和乡俗风情，加强乡村文物保护利用和文化遗产保护传承，吸收现代文明优秀成果，在保护传承基础上创造性转化、创新性发展，提升农村农民精神面貌，丰富乡村旅游的人文内涵，推动乡村旅游精品化、品牌化发展。五是共建共享，融合发展。整合资源，部门联动，统筹推进，加快乡村旅游与农业、教育、科技、体育、健康、养老、文化创意、文物保护等领域深度融合，培育乡村旅游新产品新业态新模式，推进农村一二三产业融合发展，实现农业增效、农民增收、农村增美。《意见》明确了具体措施。在“加强规划引领，优化区域布局”方面，优化乡村旅游区域整体布局，促进乡村旅游区域协同发展，制定乡村旅游发展规划。在“完善基础设施，提升公共服务”方面，提升乡村旅游基础设施，完善乡村旅游公共服务体系。在“丰富文化内涵，提升产品品质”方面，突出乡村旅游文化特色，丰富乡村旅游产品类型，提高乡村旅游服务管理水平。在“创建旅游品牌，加大市场营销”方面，培育构建乡村旅游品牌体系，创新乡村旅游营销模式。在“注重农民受益，助力脱贫攻坚”方面，探索推广发展模式，完善利益联结机制。在“整合资金资源，强化要素保障”方面，完善财政投入机制，加强用地保障，加强金融支持，加强人才队伍建设。

2021 年 11 月 12 日，国务院印发的《“十四五”推进农业农村现代化规划》对优化乡村休闲旅游业作出规划：依托田园风光、绿水青山、村落建筑、乡土文化、民俗风情等资源优势，建设一批休闲农业重点县、休闲农业精品园区和乡村旅游重点村镇；推动农业与旅游、教育、康养等产业融合，发展田园养生、研学科普、农耕体验、休闲垂钓、民宿康养等休闲农业新业态。[①]

四、供给结构

经过不懈努力，中国农业农村发展不断迈上新台阶，在农业转方式、调结构、促改革等方面进行了积极探索，为新时代中国进一步推进农业转型升级奠定了一定基础，但农产品供求结构失衡、要素配置不合理、资源环境压力大、农民收入持续增长乏力等问题仍很突出，增加产量与提升品质、成本攀升与价格低迷、库存高企与销售不畅、小生产与大市场、国内外价格倒挂等矛盾亟待破解。[②]在中国经济由高速增长阶段转向高质量发展阶段的情况下，推进农业高质量发展既是内在需求，也是根本出路，农业供给侧结构性改革成为应对农业主要矛盾由总量不足转变为结构性矛盾的必然选择。

2015 年 11 月，习近平在中央财经领导小组第十一次会议上提出供给侧结构性改革。同年 12 月召开的中央农村工作会议研究农业供给侧结构性改革。2016 年中央一号文件提出，推进农业供给侧结构性改革，加快转变农业发展方式，保持农业稳定发展和农民持续增收，走产出高效、产品安全、资源节约、环境友好的农业现代化道路。文件还提出，用发展新理念破解“三农”新难题，并提出推进农业供给侧结构性改革的目标和路径。对于如何优化农业生产结构和区域布局，文件明确提出“在确保谷物基本自给、口粮绝对安全的前提下，基本形成与市场需求相适应、与资源禀赋相匹配的现代农业生产结构和区域布局，提高农业综合效益”。文件第一部分“持续夯实现代农业基础，提高农业质量效益和竞争力”提出，要大力推进农业现代化，必须着力强化物质装备和技术支撑，着力构建现代农业产业体系、生产体系、经营体系，实施藏粮于

---

① 《国务院关于印发“十四五”推进农业农村现代化规划的通知》，http://www.gov.cn/zhengce/content/2022-02/11/content_5673082.htm.

② 《中共中央 国务院关于深入推进农业供给侧结构性改革 加快培育农业农村发展新动能的若干意见》，《人民日报》，2017 年 2 月 6 日，第 1 版。

地、藏粮于技战略，推动粮经饲统筹，农林牧渔结合，种养加一体，一二三产业融合发展，让农业成为充满希望的朝阳产业。2016 年 3 月 8 日，习近平在参加十二届全国人大四次会议湖南代表团审议时指出，推进农业供给侧结构性改革，提高农业综合效益和竞争力，是当前和今后一个时期我国农业政策改革和完善的主要方向。[①] 2016 年 10 月 20 日，国务院印发的《全国农业现代化规划（2016—2020 年）》强调，以推进农业供给侧结构性改革为主线，以多种形式适度规模经营为引领，加快转变农业发展方式，构建现代农业产业体系、生产体系、经营体系。

2016 年 12 月召开的中央经济工作会议上，习近平指出，深入推进农业供给侧结构性改革。这是供给侧结构性改革的重要一环。要适应农业由总量不足转变为结构性矛盾的阶段性变化，创新体制机制，推进科技进步，优化农业产业体系、生产体系、经营体系，加快实现农业向提质增效、可持续发展转变。[②] 这次会议明确把“农业供给侧结构性改革”作为下一年度的工作重点，也把此前强调的“着力加强农业供给侧结构性改革”的表述，转变为“深入推进农业供给侧结构性改革”。同月，习近平在中央政治局常委会上讲话指出，要坚持新发展理念，把推进农业供给侧结构性改革作为农业农村工作的主线，培育农业农村发展新动能，提高农业综合效益和竞争力。[③] 2017年中央一号文件以“关于深入推进农业供给侧结构性改革　加快培育农业农村发展新动能的若干意见”为主题，明确以推进农业供给侧结构性改革为主线。文件提出，推进农业供给侧结构性改革，要在确保国家粮食安全的基础上，紧紧围绕市场需求变化，以增加农民收入、保障有效供给为主要目标，以提高农业供给质量为主攻方向，以体制改革和机制创新为根本途径，优化农业产业体系、生产体系、经营体系，提高土地产出率、资源利用率、劳动生产率，促进农业农村发展由过度依赖资源消耗、主要满足量的需求，向追求绿色生态可持续、更加注重满足质的需求转变。文件还指出，推进农业供给侧结构性改革是一个长期过程，处理好政府

① 《习近平关于“三农”工作论述摘编》，中央文献出版社 2019 年版，第 93 页。

② 习近平：《论坚持全面深化改革》，中央文献出版社 2018 年版，第 304 页。

③ 《习近平关于“三农”工作论述摘编》，中央文献出版社 2019 年版，第 95 页。

发展特色产业促进乡村振兴。石刻为 2018 年 4 月习近平视察施茶村的讲话。2020 年 12 月作者摄

和市场关系、协调好各方面利益，面临许多重大考验。必须直面困难和挑战，坚定不移推进改革，勇于承受改革阵痛，尽力降低改革成本，积极防范改革风险，确保粮食生产能力不降低、农民增收势头不逆转、农村稳定不出问题。文件围绕“优化产品产业结构，着力推进农业提质增效”和“壮大新产业新业态，拓展农业产业链价值链”等提出了措施。2019 年中央一号文件强调围绕“巩固、增强、提升、畅通”深化农业供给侧结构性改革。

党的十八大以来，中国在农业供给侧结构性改革进程中，着力构建现代农业产业体系、生产体系、经营体系，优化产业结构，推进一二三产业融合发展，提高农业质量效益和全要素生产率，农村新产业、新业态蓬勃发展。自 2017 年创建特色农产品优势区起，出台《特色农产品优势区建设规划纲要》，制定了《中国特色农产品优势区创建认定标准》。在品牌建设上，出台品牌培育计划，实施品牌提升行动。2021 年 5 月 19 日国务院新闻办公室举办的政策例行吹风会介绍，全国获得绿色、有机和地理标识农产品约 5.5 万个。

五、新型业态

面对中国农村互联网基础设施薄弱的短板，习近平高度重视推动农业数字化发展。2016 年 4 月 19 日，习近平在网络安全和信息化工作座谈会上指出，要适应人民期待和需求，加快信息化服务普及，降低应用成本，为老百姓提供用得上、用得起、用得好的信息服务，让亿万人民在共享互联网发展成果上有更多获得感。相比于城市，农村互联网基础设施建设是我们的短板。要加大投入力度，加快农村互联网建设步伐，扩大光纤网、宽带网在农村的有效覆盖。可以做好信息化和工业化深度融合这篇大文章，发展智能制造，带动更多人创新创业；可以瞄准农业现代化主攻方向，提高农业生产智能化、经营网络化水平，帮助广大农民增加收入；可以发挥互联网优势，实施"互联网 + 教育""互联网 + 医疗""互联网 + 文化"等，促进基本公共服务均等化；可以发挥互联网在助推脱贫攻坚中的作用，推进精准扶贫、精准脱贫，让更多困难群众用上互联网，让农产品通过互联网走出乡村，让山沟里的孩子也能接受优质教育；可以加快推进电子政务，鼓励各级政府部门打破信息壁垒、提升服务效率，让百姓少跑腿、信息多跑路，解决办事难、办事慢、办事繁的问题，等等。[①] 2018 年 4 月 20 日，习近平在全国网络安全和信息化工作会议上指出，网信事业代表着新的生产力和新的发展方向，应该在践行新发展理念上先行一步，围绕建设现代化经济体系、实现高质量发展，加快信息化发展，整体带动和提升新型工业化、城镇化、农业现代化发展。要发展数字经济，加快推动数字产业化，依靠信息技术创新驱动，不断催生新产业新业态新模式，用新动能推动新发展。要推动产业数字化，利用互联网新技术新应用对传统产业进行全方位、全角度、全链条的改造，提高全要素生产率，释放数字对经济发展的放大、叠加、倍增作用。要推动互联网、大数据、人工智能和实体经济深度融合，加快制造业、农业、服务业数字化、网络化、智能化。[②] 2020 年 4 月 20 日，习近平在陕西省商洛市柞水县小岭镇金米村考察时指出，电商作为新兴业态，既可以推销农副产品、帮助群众脱贫致富，又可以推动乡村振兴，是大有可为的。2020 年 6 月 10 日，习近平在宁夏考察时指出，要发挥创新驱动作用，推动产业向高端化、绿色化、智能化、融合化方向发展。要加快建立现代农业产业体系、生产体系、

① 习近平：《在网络安全和信息化工作座谈会上的讲话》，《人民日报》，2016 年 4 月 26 日，第 2 版。

② 《人民日报》，2018 年 4 月 21 日，第 1 版。

经营体系，让宁夏更多特色农产品走向市场。2021 年 10 月 18 日，习近平主持十九届中央政治局第三十四次集体学习时指出，发展数字经济是把握新一轮科技革命和产业变革新机遇的战略选择。要推动数字经济和实体经济融合发展，把握数字化、网络化、智能化方向，推动制造业、服务业、农业等产业数字化，利用互联网新技术对传统产业进行全方位、全链条的改造，提高全要素生产率，发挥数字技术对经济发展的放大、叠加、倍增作用。①

2017 年中央一号文件第三部分“壮大新产业新业态，拓展农业产业链价值链”中，明确了推进农村电商发展的措施，包括促进新型农业经营主体、加工流通企业与电商企业全面对接融合，推动线上线下互动发展；加快建立健全适应农产品电商发展的标准体系；支持农产品电商平台和乡村电商服务站点建设；推动商贸、供销、邮政、电商互联互通，加强从村到乡镇的物流体系建设，实施快递下乡工程；深入实施电子商务进农村综合示范；鼓励地方规范发展电商产业园，聚集品牌推广、物流集散、人才培养、技术支持、质量安全等功能服务；全面实施信息进村入户工程，开展整省推进示范；完善全国农产品流通骨干网络，加快构建公益性农产品市场体系，加强农产品产地预冷等冷链物流基础设施网络建设，完善鲜活农产品直供直销体系；推进“互联网 +”现代农业行动。

2019 年中央一号文件提出实施数字乡村战略，明确要求：深入推进“互联网 + 农业”，扩大农业物联网示范应用；推进重要农产品全产业链大数据建设，加强国家数字农业农村系统建设；继续开展电子商务进农村综合示范，实施“互联网 +”农产品出村进城工程；全面推进信息进村入户，依托“互联网 +”推动公共服务向农村延伸。

2019 年 4 月，中共中央、国务院印发的《关于建立健全城乡融合发展体制机制和政策体系的意见》就建立新产业新业态培育机制作出规定：构建农村一二三产业融合发展体系，依托“互联网 +”和“双创”推动农业生产经营模式转变，健全乡村旅游、休闲农业、民宿经济、农耕文化体验、健康养老等新业态培育机制，探索农产品个性化定制服务、会展农业和农业众筹等新模式，完

① 《人民日报》，2021 年 10 月 20 日，第 1 版。

善农村电子商务支持政策，实现城乡生产与消费多层次对接；适应居民消费升级趋势，制定便利市场准入、加强事中事后监管政策，制定相关标准，引导乡村新产业改善服务环境、提升品质；在年度新增建设用地计划指标中安排一定比例支持乡村新产业新业态发展，探索实行混合用地等方式。

2019年5月，中共中央办公厅、国务院办公厅印发《数字乡村发展战略纲要》。《纲要》对数字乡村进行了界定，即数字乡村是伴随网络化、信息化和数字化在农业农村经济社会发展中的应用，以及农民现代信息技能的提高而内生的农业农村现代化发展和转型进程，既是乡村振兴的战略方向，也是建设数字中国的重要内容。《纲要》提出，立足新时代国情农情，要将数字乡村作为数字中国建设的重要方面，加快信息化发展，整体带动和提升农业农村现代化发展。进一步解放和发展数字化生产力，注重构建以知识更新、技术创新、数据驱动为一体的乡村经济发展政策体系，注重建立层级更高、结构更优、可持续性更好的乡村现代化经济体系，注重建立灵敏高效的现代乡村社会治理体系，开启城乡融合发展和现代化建设新局面。《纲要》明确了重点任务：一是加快乡村信息基础设施建设，大幅提升乡村网络设施水平，完善信息终端和服务供给，加快乡村基础设施数字化转型。二是发展农村数字经济，夯实数字农业基础，推进农业数字化转型，创新农村流通服务体系，积极发展乡村新业态。三是强化农业农村科技创新供给，推动农业装备智能化，优化农业科技信息服务。四是建设智慧绿色乡村，推广农业绿色生产方式，提升乡村生态保护信息化水平，倡导乡村绿色生活方式。五是繁荣发展乡村网络文化，加强农村网络文化阵地建设，加强乡村网络文化引导。六是推进乡村治理能力现代化，推动“互联网+党建”，提升乡村治理能力。七是深化信息惠民服务，深入推动乡村教育信息化，完善民生保障信息服务。八是激发乡村振兴内生动力，支持新型农业经营主体和服务主体发展，大力培育新型职业农民，激活农村要素资源。九是推动网络扶贫向纵深发展，助力打赢脱贫攻坚战，巩固和提升网络扶贫成效。十是统筹推动城乡信息化融合发展，统筹发展数字乡村与智慧城市，分类推进数字乡村建设，加强信息资源整合共享与利用。2020年，中央网信办、农业农村部等7部门印发《关于开展国家数字乡村试点工作的通知》，就开展国家数字乡村试点工作作出安排。

2019 年 5 月，财政部办公厅、商务部办公厅印发《关于推动农商互联完善农产品供应链的通知》，提出重点支持 15 个省（区、市）加强产后商品化处理设施建设、发展农产品冷链物流、提升供应链末端惠民服务能力、提升标准化和品牌化水平。

2020 年中央一号文件提出，有效开发农村市场，扩大电子商务进农村覆盖面，支持供销合作社、邮政快递企业等延伸乡村物流服务网络，加强村级电商服务站点建设，推动农产品进城、工业品下乡双向流通。

新时代中国数字乡村建设快速推进，“互联网 +”农产品出村进城、电子商务进农村综合示范、电商扶贫、数字乡村建设等工作深入推进。在新中国成立 70 周年之际，全国 51.2 万个行政村全面实现“村村通宽带”，农村互联网普及率达 57.6%，较十年前提升了 33.9 个百分点。数字乡村发展极大地激发了农村的创新活力。随着大数据、物联网、云计算、移动互联网等新的信息技术在农

电商扶农助农。
2020 年 9 月作者摄于江西省上犹县

业农村的广泛应用，促进现代产业要素跨界配置，设施农业、农产品电商快速发展。中国农村电商保持高速发展态势，农村网络零售市场规模和农产品上行规模不断扩大。第三次全国农业普查结果显示，全国 25.1% 的村发展了电子商务配送站点。① 在新冠肺炎疫情期间，农村电商凭借线上化、非接触、供需快速匹配、产销高效衔接等优势，在县域稳产保供、复工复产和民生保障等方面的作用凸显，涌现出直播带货、社区团购等新业态新模式。2020 年，全国农村网络零售额 1.79 万亿元，同比增长 8.9%；全国农产品网络零售额 4158.9 亿元，同比增长 26.2%。② 例如，在十年前，江苏省连云港市东海县的地区生产总值只有 277 亿元；通过大力发展“水晶 + 跨境电商直播”等新业态新模式，2021 年全县仅电商网络零售额就突破了 280 亿元。东海县兴西村村民们这期间通过网络直播售货收入翻了几倍。这个村的变化是党的十八大以来中国农村互联网建设促进乡村振兴的缩影。③

---

① 《辉煌 70 年》编写组：《辉煌 70 年——新中国经济社会发展成就（1949—2019）》，中国统计出版社 2019 年版，第 91—92 页。

② 王壹：《拓展农业多种功能 提升乡村多元价值——农业农村部乡村产业发展司负责人就〈关于拓展农业多种功能 促进乡村产业高质量发展的指导意见〉答记者问》，《农民日报》，2021 年 11 月 20 日，第 4 版。

③ 《让亿万人民共享互联网发展成果》，央视网，新闻联播，https://tv.cctv.com/2022/03/27/VIDEk3dGhEbnSZschS9zh4Zg220327.shtml?spm=C31267.PXDaChrrDGdt.EbD5Beq0unIQ.5.

第八章

城乡融合

党的二十大强调，坚持城乡融合发展，畅通城乡要素流动。[①]

新时代中国城乡关系发生的重大变革是，促进城乡融合发展。这是破除城乡二元结构的新路径，是对马克思主义促进城乡协调发展理论的原创性贡献。习近平在2017年底召开的中央农村工作会议上指出，重塑城乡关系，走城乡融合发展之路。[②]在2020年底召开的中央农村工作会议上，习近平进一步强调，振兴乡村，不能就乡村论乡村，还是要强化以工补农、以城带乡，加快形成工农互促、城乡互补、协调发展、共同繁荣的新型工农城乡关系。今后15年是破除城乡二元结构、健全城乡融合发展体制机制的窗口期。要从规划编制、要素配置等方面提出更加明确的要求，强化统筹谋划和顶层设计。[③]党的十八大以来，在促进城乡一体化发展实践基础上，探索促进城乡融合发展和推进形成新型工农城乡关系，这是继实行以城市发展辐射带动乡村、打破城乡二元结构后的一种新型工农城乡关系，突破了城市与农村相对独立并行的发展格局。中国在促进城乡融合发展进程中，“三农”发展空间拓展，形成了乡村人口数量庞大下破解“三农”难题的新路径。

一、新型关系

在工业化、城镇化进程中，世界各国都面临如何处理好工农关系、城乡关系的重大课题。在工业化、城镇化进程中，城乡经济社会二元结构是一个普遍存在的阶段性问题。发展经济学认为发展中国家普遍存在城市偏向政策，构建了多种二元结构转换的理论模式和政策主张。[④]

马克思主义鲜明地提出要消灭工农差别、城乡差别。中国共产党推进马克

---

① 《人民日报》，2022年10月26日，第3版。

② 《十九大以来重要文献选编》（上），中央文献出版社2019年版，第142页。

③ 习近平：《论“三农”工作》，中央文献出版社2022年版，第16页。

④ 参见郑有贵：《目标与路径：中国共产党“三农”理论与实践60年》，湖南人民出版社2009年版，第5—10页。

思主义中国化，对工农城乡关系进行了艰苦卓绝的探索。中国共产党面临工业化、城镇化进程中的城乡二元结构，基于农民维度、中华民族复兴维度、现代化维度、生产力维度、国际维度，并将这五个维度统筹起来，从每一个历史时期面临的主要问题和实际出发，处理全局与局部、长远与当期的发展关系，探索走出了工农城乡互促互补的发展之路。新中国成立起至改革开放前后，在当时的历史条件和国际环境下，中国自力更生，依靠农业农村支持，在一穷二白的基础上推进工业化，建立起包括服务农业在内的独立的比较完整的工业体系和国民经济体系。改革开放后，中国又依靠农村劳动力、土地、资金等要素，快速推进工业化、城镇化，广大农民为此作出了巨大贡献。在这个过程中，农业发展和农村建设也取得了显著成就，为中国改革开放和社会主义现代化建设奠定了坚实基础。中国农业发展、农民增收、农村和谐进步，特别是几亿农民工在城乡之间长时间、大范围有序有效转移，不仅没有带来社会动荡，而且成为经济社会发展的重要支撑。这些都表明，中国共产党对工农城乡关系的把握是顺应历史发展要求的，也是富有成效的。

党的十八大后，明确了构建新型工农城乡关系的方向。党的十八大提出，加快完善城乡发展一体化体制机制，着力在城乡规划、基础设施、公共服务等方面推进一体化，促进城乡要素平等交换和公共资源均衡配置，形成以工促农、以城带乡、工农互惠、城乡一体的新型工农城乡关系。[①] 随着实践和认识的发展，对新型工农城乡关系进行了新的概括。《中华人民共和国国民经济和社会发展第十三个五年规划纲要》提出，推动新型城镇化和新农村建设协调发展，提升县域经济支撑辐射能力，促进公共资源在城乡间均衡配置，拓展农村广阔发展空间，形成城乡共同发展新格局。党的十九届五中全会提出，走中国特色社会主义乡村振兴道路，全面实施乡村振兴战略，强化以工补农、以城带乡，推动形成工农互促、城乡互补、协调发展、共同繁荣的新型工农城乡关系，加快农业农村现代化。这一经完善后的新型工农城乡关系被写入《中华人民共和国国民经济和社会发展第十四个五年规划和 2035 年远景目标纲要》。其中，将路

---

① 《十八大以来重要文献选编》（上），中央文献出版社 2014 年版，第 19 页。

径层面的“全面融合”改为目标性的“协调发展”，使新型工农城乡关系的目标更全面。

构建新型工农城乡关系，是在工农城乡关系的历史关头下提出的。中国农业农村尽管实现了快速发展，但同快速推进的工业化、城镇化相比，“一条腿长、一条腿短”问题比较突出。2018 年 9 月 21 日习近平在主持十九届中央政治局第八次集体学习时强调，在现代化进程中，如何处理好工农关系、城乡关系，在一定程度上决定着现代化的成败。[①]从解决中国发展最大的不平衡是城乡发展不平衡、最大的不充分是农村发展不充分的问题出发，党的十八大以来，中国下决心调整工农关系、城乡关系。“党的十九大提出实施乡村振兴战略，就是为了从全局和战略高度来把握和处理工农关系、城乡关系。”[②]

构建新型工农城乡关系，是在揭示城乡“两个规律”下，基于社会主义的本质要求提出的。2018 年 9 月 21 日习近平在主持十九届中央政治局第八次集体学习时，揭示了城乡“两个规律”，即：在现代化进程中，城的比重上升，乡的比重下降，是客观规律，但在我国拥有近 14 亿人口的国情下，不管工业化、城镇化进展到哪一步，农业都要发展，乡村都不会消亡，城乡将长期共生并存，这也是客观规律。即便我国城镇化率达到 70%，农村仍将有 4 亿多人口。如果在现代化进程中把农村 4 亿多人落下，到头来“一边是繁荣的城市、一边是凋敝的农村”，这不符合我们党的执政宗旨，也不符合社会主义的本质要求。这样的现代化是不可能取得成功的！ 40 年前，我们通过农村改革拉开了改革开放大幕。40 年后的今天，我们应该通过振兴乡村，开启城乡融合发展和现代化建设新局面。[③]

构建新型工农城乡关系，是在“四个自信”下提出的。习近平分析指出，从世界各国现代化历史来看，有的国家没有处理好工农关系、城乡关系，农业发展跟不上，农村发展跟不上，农产品供应不足，不能有效吸纳农村劳动力，大量失业农民涌向城市贫民窟，乡村和乡村经济走向凋敝，工业化和城镇化走

① 习近平：《把乡村振兴战略作为新时代“三农”工作总抓手》，《求是》2019 年第 11 期。
② 习近平：《论“三农”工作》，中央文献出版社 2022 年版，第 275 页。
③ 习近平：《把乡村振兴战略作为新时代“三农”工作总抓手》，《求是》2019 年第 11 期。

入困境，甚至造成社会动荡，最终陷入“中等收入陷阱”。这里面更深层次的问题是领导体制和国家治理体制问题。我国作为中国共产党领导的社会主义国家，应该有能力、有条件处理好工农关系、城乡关系，顺利推进我国社会主义现代化进程。[①]

二、全面融合

党的十九大报告提出“建立健全城乡融合发展体制机制和政策体系”，这就在城乡一体化实践基础上，在党的代表大会文件中使用了城乡融合发展概念。习近平在2017年底召开的中央农村工作会议上指出，必须重塑城乡关系，走城乡融合发展之路，推动形成工农互促、城乡互补、全面融合、共同繁荣的新型工农城乡关系。[②]这就在探索中国式现代化道路及构建新型工农城乡关系进程中，明确了以城乡全面融合推进农业农村现代化的新路径。

明确城乡产业融合发展方向，是在把工业和农业、城市和乡村作为一个整体统筹谋划下提出的。2015年4月30日，习近平在主持十八届中央政治局第二十二次集体学习时指出，推进城乡发展一体化要坚持从国情出发，从我国城乡发展不平衡不协调和二元结构的现实出发，从我国的自然禀赋、历史文化传统、制度体制出发，既要遵循普遍规律又不能墨守成规，既要借鉴国际先进经验又不能照抄照搬。要把工业和农业、城市和乡村作为一个整体统筹谋划，促进城乡在规划布局、要素配置、产业发展、公共服务、生态保护等方面相互融合和共同发展。着力点是通过建立城乡融合的体制机制，形成以工促农、以城带乡、工农互惠、城乡一体的新型工农城乡关系，目标是逐步实现城乡居民基本权益平等化、城乡公共服务均等化、城乡居民收入均衡化、城乡要素配置合理化，以及城乡产业发展融合化。[③]

---

① 习近平：《把乡村振兴战略作为新时代“三农”工作总抓手》，《求是》2019年第11期。
② 《十九大以来重要文献选编》（上），中央文献出版社2019年版，第142页。
③ 习近平：《论“三农”工作》，中央文献出版社2022年版，第157页。

明确走城乡融合发展之路，是基于城镇和乡村是互促互进、共生共存的认识下提出的。习近平在2017年底召开的中央农村工作会议上指出，我们一定要认识到，城镇和乡村是互促互进、共生共存的。能否处理好城乡关系，关乎社会主义现代化建设全局。城镇化是城乡协调发展的过程，不能以农业萎缩、乡村凋敝为代价。近年来，我们在统筹城乡发展方面作出了很大努力，取得了重大进展。但是，城乡要素合理流动机制还存在缺陷，无论进城还是下乡，渠道都还没有完全打通，要素还存在不平等交换。[①]

明确走城乡融合发展之路，旨在重塑城乡关系，促进城乡融合发展，以破解工业化、城镇化进程中"三农"发展受弱质性困扰而发生农村边缘化、空心化现象。针对"三农"发展受弱质性困扰导致农村资源向外流的问题，2018年中央一号文件提出，让农业成为有奔头的产业，让农民成为有吸引力的职业，让农村成为安居乐业的美丽家园。2019年中央一号文件提出，优先满足"三农"发展要素配置，坚决破除妨碍城乡要素自由流动、平等交换的体制机制壁垒，改变农村要素单向流出格局，推动资源要素向农村流动。显然，实施乡村振兴战略下的资源配置是不同于城乡二元结构下农村资源单向外流的态势。这正是党的十九大报告提出"建立健全城乡融合发展体制机制和政策体系"的原因所在。

走城乡融合发展之路，是基于实现乡村全面振兴目标提出的。2018年9月21日，习近平在主持十九届中央政治局第八次集体学习时指出，要把乡村振兴战略这篇大文章做好，必须走城乡融合发展之路。我们一开始就没有提城市化，而是提城镇化，目的就是促进城乡融合。要向改革要动力，加快建立健全城乡融合发展体制机制和政策体系。[②]

全面启动国家城乡融合发展试验区。2019年4月中共中央、国务院印发的《关于建立健全城乡融合发展体制机制和政策体系的意见》提出，选择有一定基础的市县两级设立国家城乡融合发展试验区，支持制度改革和政策安排率先落地，先行先试、观照全局，及时总结提炼可复制的典型经验并加以宣传推广。

① 《十九大以来重要文献选编》（上），中央文献出版社2019年版，第142页。

② 习近平：《把乡村振兴战略作为新时代"三农"工作总抓手》，《求是》2019年第11期。

2019年12月，国家发展改革委等18个部门和单位印发《关于开展国家城乡融合发展试验区工作的通知》，要求吉林省、江苏省、浙江省、福建省、江西省、山东省、河南省、广东省、重庆市、四川省、陕西省有关部门和单位贯彻城镇化工作暨城乡融合发展工作部际联席会议第一次会议审议通过的《国家城乡融合发展试验区改革方案》。《方案》提出，试验区要从11个方面深入探索、先行先试，包括建立城乡有序流动的人口迁徙制度，建立进城落户农民依法自愿有偿转让退出农村权益制度，建立农村集体经营性建设用地入市制度，完善农村产权抵押担保权能，建立科技成果入乡转化机制，搭建城中村改造合作平台，搭建城乡产业协同发展平台，建立生态产品价值实现机制，建立城乡基础设施一体化发展体制机制，建立城乡基本公共服务均等化发展体制机制，健全农民持续增收体制机制。《方案》确定的11个国家城乡融合发展试验区是浙江嘉湖片区、福建福州东部片区、广东广清接合片区、江苏宁锡常接合片区、山东济青局部片区、河南许昌、江西鹰潭、四川成都西部片区、重庆西部片区、陕西西咸接合片区、吉林长吉接合片区。

走城乡融合发展之路，消弭城乡之间的发展鸿沟，促进资源要素平等交换、基础设施互联互通、基本公共服务均等化发展，城乡在“各美其美、美美与共”中迈向和谐统一，向着形成工农互促、城乡互补、协调发展、共同繁荣的新型工农城乡关系方向发展。

三、县内融合

党的十八届五中全会审议通过的《中共中央关于制定国民经济和社会发展第十三个五年规划的建议》提出，发展特色县域经济，加快培育中小城市和特色小城镇，促进农产品精深加工和农村服务业发展，拓展农民增收渠道，完善农民收入增长支持政策体系，增强农村发展内生动力。《中华人民共和国国民经济和社会发展第十三个五年规划纲要》提出，因地制宜发展特色鲜明、产城融合、充满魅力的小城镇；培育发展充满活力、特色化、专业化的县域经济，提升承接城市功能转移和辐射带动乡村发展能力；引导农村二三产业向县城、重点乡镇及产业园区集中。

2019年4月中共中央、国务院印发的《关于建立健全城乡融合发展体制机制和政策体系的意见》提出，健全城乡统筹规划制度。科学编制市县发展规划，强化城乡一体设计，统筹安排市县农田保护、生态涵养、城镇建设、村落分布等空间布局，统筹推进产业发展和基础设施、公共服务等建设，更好发挥规划对市县发展的指导约束作用。按照“多规合一”要求编制市县空间规划，实现土地利用规划、城乡规划等有机融合，确保“三区三线”在市县层面精准落地。加快培育乡村规划设计、项目建设运营等方面人才。综合考虑村庄演变规律、集聚特点和现状分布，鼓励有条件的地区因地制宜编制村庄规划。

2020年4月10日，习近平在中央财经委员会第七次会议上指出，我国现有1881个县市，农民到县城买房子、向县城集聚的现象很普遍，要选择一批条件好的县城重点发展，加强政策引导，使之成为扩大内需的重要支撑点。①

推进县域内城乡融合发展。2020年11月14日，习近平在全面推动长江经济带发展座谈会上指出，要推进以人为核心的新型城镇化，处理好中心城市和区域发展的关系，推进以县城为重要载体的城镇化建设，促进城乡融合发展。②习近平在2020年底召开的中央农村工作会议上强调，要把县域作为城乡融合发展的重要切入点，推进空间布局、产业发展、基础设施等县域统筹，把城乡关系摆布好处理好，一体设计、一并推进。要强化基础设施和公共事业县乡村统筹，加快形成县乡村功能衔接互补的建管格局，推动公共资源在县域内实现优化配置。要赋予县级更多资源整合使用的自主权，强化县城综合服务能力，把乡镇建设成为服务农民的区域中心。③ 2021年中央一号文件明确了加快县域内城乡融合发展的措施。文件提出，推进以人为核心的新型城镇化，促进大中小城市和小城镇协调发展；把县域作为城乡融合发展的重要切入点，强化统筹谋

① 习近平：《国家中长期经济社会发展战略若干重大问题》，《求是》2020年第21期。

② 《人民日报》，2020年11月16日，第1版。

③ 习近平：《坚持把解决好“三农”问题作为全党工作重中之重，举全党全社会之力推动乡村振兴》，《求是》2022年第7期。

划和顶层设计，破除城乡分割的体制弊端，加快打通城乡要素平等交换、双向流动的制度性通道；统筹县域产业、基础设施、公共服务、基本农田、生态保护、城镇开发、村落分布等空间布局，强化县城综合服务能力，把乡镇建设成为服务农民的区域中心，实现县乡村功能衔接互补；壮大县域经济，承接适宜产业转移，培育支柱产业；加快小城镇发展，完善基础设施和公共服务，发挥小城镇连接城市、服务乡村作用；推进以县城为重要载体的城镇化建设，有条件的地区按照小城市标准建设县城；积极推进扩权强镇，规划建设一批重点镇；开展乡村全域土地综合整治试点；推动在县域就业的农民工就地市民化，增加适应进城农民刚性需求的住房供给；鼓励地方建设返乡入乡创业园和孵化实训基地。

小城镇基础设施和公共服务水平提升。图为四川广汉市小汉镇一角，农民进镇后快乐生活。2021 年 10 月作者摄

推进以县城为重要载体的城镇化建设，为城乡融合发展提供关键支撑。县城位于“城尾乡头”。2021 年底，中国城镇常住人口为 9.1 亿人。其中，1472 个县的县城常住人口为 1.6 亿人左右，394 个县级市的城区常住人口为 0.9 亿人左右，县城及县级市城区人口占全国城镇常住人口的近 30%，县及县级市数量

占县级行政区划数量的约65%。现阶段县城投资消费与城市差距大，人均市政公用设施固定资产投资仅为地级及以上城市城区的约1/2，人均消费支出仅为地级及以上城市城区的约2/3。[①]促进城乡融合，构建新型工农城乡关系，推进以县城为重要载体的城镇化建设是关键支撑。《中华人民共和国国民经济和社会发展第十四个五年规划和2035年远景目标纲要》对"推进以县城为重要载体的城镇化建设"作出规划，提出要加快县城补短板强弱项，推进公共服务、环境卫生、市政公用、产业配套等设施提级扩能，增强综合承载能力和治理能力。2022年中央一号文件提出，加快推进以县城为重要载体的城镇化建设。之后，中共中央办公厅、国务院办公厅印发《关于推进以县城为重要载体的城镇化建设的意见》，就推进以县城为重要载体的城镇化建设，促进城乡融合进行部署。《意见》提出，坚持以人为核心推进新型城镇化，尊重县城发展规律，统筹县城生产、生活、生态、安全需要，因地制宜补齐县城短板弱项，促进县城产业配套设施提质增效、市政公用设施提档升级、公共服务设施提标扩面、环境基础设施提级扩能，增强县城综合承载能力，提升县城发展质量，更好地满足农民到县城就业安家需求和县城居民生产生活需要，为实施扩大内需战略、协同推进新型城镇化和乡村振兴提供有力支撑。以县域为基本单元推进城乡融合发展，发挥县城连接城市、服务乡村作用，增强对乡村的辐射带动能力，促进县城基础设施和公共服务向乡村延伸覆盖，强化县城与邻近城市发展的衔接配合。在全国范围内基本建成各具特色、富有活力、宜居宜业的现代化县城，与邻近大中城市的发展差距显著缩小，促进城镇体系完善、支撑城乡融合发展作用进一步彰显。《意见》就"科学把握功能定位，分类引导县城发展方向"进行了部署，明确了5个类型县城的发展路径，分别是：加快发展大城市周边县城，支持位于城市群和都市圈范围内的县城融入邻近大城市建设，发展成为与邻近大城市通勤便捷、功能互补、产业配套的卫星县城；积极培育专业功能县城，支持具有资源、交通等优势的县城发挥专业特长，发展成为先进制造、商贸流通、文化旅游等专业功能县城，支持边境县城完善基础设施；合理发展农产品主产

① 《推进以县城为重要载体的城镇化建设——访国家发展改革委规划司有关负责人》，人民网，http://politics.people.com.cn/n1/2022/0507/c1001-32416249.html.

区县城，为有效服务“三农”、保障粮食安全提供支撑；有序发展重点生态功能区县城，为保护修复生态环境、筑牢生态安全屏障提供支撑；引导人口流失县城转型发展，促进人口和公共服务资源适度集中，加强民生保障和救助扶助。

四、体制保障

党的十八届三中全会基于“全面深化改革的总目标是完善和发展中国特色社会主义制度，推进国家治理体系和治理能力现代化”，对“健全城乡发展一体化体制机制”作出部署。这次全会审议通过的《中共中央关于全面深化改革若干重大问题的决定》分析指出，城乡二元结构是制约城乡发展一体化的主要障碍。必须健全体制机制，形成以工促农、以城带乡、工农互惠、城乡一体的新型工农城乡关系，让广大农民平等参与现代化进程、共同分享现代化成果。党的十八届五中全会审议通过的《中共中央关于制定国民经济和社会发展第十三个五年规划的建议》提出，健全城乡发展一体化体制机制，推进城乡要素平等交换、合理配置和基本公共服务均等化。

党的十九大作出“建立健全城乡融合发展体制机制和政策体系”的重大决策。2018 年中央一号文件提出，坚决破除体制机制弊端，使市场在资源配置中起决定性作用，更好发挥政府作用，推动城乡要素自由流动、平等交换，推动新型工业化、信息化、城镇化、农业现代化同步发展，加快形成工农互促、城乡互补、全面融合、共同繁荣的新型工农城乡关系。文件第九部分“推进体制机制创新，强化乡村振兴制度性供给”提出，实施乡村振兴战略，必须把制度建设贯穿其中；要以完善产权制度和要素市场化配置为重点，激活主体、激活要素、激活市场，着力增强改革的系统性、整体性、协同性。2018 年 9 月 21 日，习近平主持十九届中央政治局第八次集体学习时指出，要向改革要动力，加快建立健全城乡融合发展体制机制和政策体系。要健全多元投入保障机制，增加对农业农村基础设施建设投入，加快城乡基础设施互联互通，推动人才、土地、资本等要素在城乡间双向流动。要建立健全城乡基本公共服务均等化的体制机制，推动公共服务向农村延伸、社会事业向农村覆盖。要深化户籍制度改革，强化常住人口基本公共服务，维护进城落户农民的土地承包权、宅基地使用权、集体收益分配权，加快农业转移人口市民化。①

根据党的十九大的部署，中共中央、国务院于2019年4月印发《关于建立健全城乡融合发展体制机制和政策体系的意见》，就重塑新型城乡关系，走城乡融合发展之路，促进乡村振兴和农业农村现代化，作出了全面系统部署。《意见》分析指出，改革开放特别是党的十八大以来，我国在统筹城乡发展、推进新型城镇化方面取得了显著进展，但城乡要素流动不顺畅、公共资源配置不合理等问题依然突出，影响城乡融合发展的体制机制障碍尚未根本消除。《意见》明确以协调推进乡村振兴战略和新型城镇化战略为抓手，以缩小城乡发展差距和居民生活水平差距为目标，以完善产权制度和要素市场化配置为重点，坚决破除体制机制弊端，促进城乡要素自由流动、平等交换和公共资源合理配置，加快形成工农互促、城乡互补、全面融合、共同繁荣的新型工农城乡关系。

《意见》明确的基本原则包括：一是坚持遵循规律、把握方向。顺应城镇化大趋势，牢牢把握城乡融合发展正确方向，树立城乡一盘棋理念，突出以工促农、以城带乡，构建促进城乡规划布局、要素配置、产业发展、基础设施、公共服务、生态保护等相互融合和协同发展的体制机制。二是坚持整体谋划、重点突破。围绕乡村全面振兴和社会主义现代化国家建设目标，强化统筹谋划和顶层设计，增强改革的系统性、整体性、协同性，着力破除户籍、土地、资本、公共服务等方面的体制机制弊端，为城乡融合发展提供全方位制度供给。三是坚持因地制宜、循序渐进。充分考虑不同地区城乡融合发展阶段和乡村差异性，稳妥把握改革时序、节奏和步骤，尊重基层首创精神，充分发挥地方积极性，分类施策、梯次推进，试点先行、久久为功，形成符合实际、各具特色的改革路径和城乡融合发展模式。四是坚持守住底线、防范风险。正确处理改革发展稳定关系，在推进体制机制破旧立新过程中，守住土地所有制性质不改变、耕地红线不突破、农民利益不受损底线，守住生态保护红线，守住乡村文化根脉，

① 习近平：《把乡村振兴战略作为新时代“三农”工作总抓手》，《求是》2019年第11期。

高度重视和有效防范各类政治经济社会风险。五是坚持农民主体、共享发展。发挥农民在乡村振兴中的主体作用，充分尊重农民意愿，切实保护农民权益，调动亿万农民积极性、主动性、创造性。

《意见》明确的主要目标是：到 2022 年，城乡融合发展体制机制初步建立。城乡要素自由流动制度性通道基本打通，城市落户限制逐步消除，城乡统一建设用地市场基本建成，金融服务乡村振兴的能力明显提升，农村产权保护交易制度框架基本形成，基本公共服务均等化水平稳步提高，乡村治理体系不断健全，经济发达地区、都市圈和城市郊区在体制机制改革上率先取得突破。到 2035 年，城乡融合发展体制机制更加完善。城镇化进入成熟期，城乡发展差距和居民生活水平差距显著缩小。城乡有序流动的人口迁徙制度基本建立，城乡统一建设用地市场全面形成，城乡普惠金融服务体系全面建成，基本公共服务均等化基本实现，乡村治理体系更加完善，农业农村现代化基本实现。到 21 世纪中叶，城乡融合发展体制机制成熟定型。城乡全面融合，乡村全面振兴，全体人民共同富裕基本实现。

《意见》明确了 6 个方面的具体措施。一是建立健全有利于城乡要素合理配置的体制机制，提出坚决破除妨碍城乡要素自由流动和平等交换的体制机制壁垒，促进各类要素更多向乡村流动，在乡村形成人才、土地、资金、产业、信息汇聚的良性循环，为乡村振兴注入新动能。二是建立健全有利于城乡基本公共服务普惠共享的体制机制，提出推动公共服务向农村延伸、社会事业向农村覆盖，健全全民覆盖、普惠共享、城乡一体的基本公共服务体系，推进城乡基本公共服务标准统一、制度并轨。三是建立健全有利于城乡基础设施一体化发展的体制机制，提出把公共基础设施建设重点放在乡村，坚持先建机制、后建工程，加快推动乡村基础设施提档升级，实现城乡基础设施统一规划、统一建设、统一管护。四是建立健全有利于乡村经济多元化发展的体制机制，提出围绕发展现代农业、培育新产业新业态，完善农企利益紧密联结机制，实现乡村经济多元化和农业全产业链发展。五是建立健全有利于农民收入持续增长的体制机制，提出拓宽农民增收渠道，促进农民收入持续增长，持续缩小城乡居民生活水平差距。六是组织保障，提出各地区各部门要统一思想，深刻认识建立健全城乡融合发展体制机制的重要意义，顺应经济社会发展规律，根据城乡关系发展特征，把握节奏、持续用力、久久为功，确保各项改革任务扎实有序推进。

《中华人民共和国国民经济和社会发展第十四个五年规划和2035年远景目标纲要》，用专章明确“健全城乡融合发展体制机制”，提出建立健全城乡要素平等交换、双向流动政策体系，促进要素更多向乡村流动，增强农业农村发展活力。

五、公共服务

党的十八届五中全会审议通过的《中共中央关于制定国民经济和社会发展第十三个五年规划的建议》提出，促进城乡公共资源均衡配置，健全农村基础设施投入长效机制，把社会事业发展重点放在农村和接纳农业转移人口较多的城镇，推动城镇公共服务向农村延伸；提高社会主义新农村建设水平，开展农村人居环境整治行动，加大传统村落民居和历史文化名村名镇保护力度，建设美丽宜居乡村。《中华人民共和国国民经济和社会发展第十三个五年规划纲要》提出，逐步实现城乡基本公共服务制度并轨、标准统一。

2019年4月，中共中央、国务院印发的《关于建立健全城乡融合发展体制机制和政策体系的意见》提出，建立健全有利于城乡基本公共服务普惠共享的体制机制。推动公共服务向农村延伸、社会事业向农村覆盖，健全全民覆盖、普惠共享、城乡一体的基本公共服务体系，推进城乡基本公共服务标准统一、制度并轨。

一是建立城乡教育资源均衡配置机制。优先发展农村教育事业，建立以城带乡、整体推进、城乡一体、均衡发展的义务教育发展机制。鼓励省级政府建立统筹规划、统一选拔的乡村教师补充机制，为乡村学校输送优秀高校毕业生。推动教师资源向乡村倾斜，通过稳步提高待遇等措施增强乡村教师岗位吸引力。实行义务教育学校教师“县管校聘”，推行县域内校长教师交流轮岗和城乡教育联合体模式。完善教育信息化发展机制，推动优质教育资源城乡共享。多渠道增加乡村普惠性学前教育资源，推行城乡义务教育学校标准化建设，加强寄宿制学校建设。

二是健全乡村医疗卫生服务体系。建立和完善相关政策制度，增加基层医务人员岗位吸引力，加强乡村医疗卫生人才队伍建设。改善乡镇卫生院和村卫生室条件，因地制宜建立完善医疗废物收集转运体系，提高慢性病、职业病、地方病和重大传染病防治能力，加强精神卫生工作，倡导优生优育。健全网络化服务运行机制，鼓励县医院与乡镇卫生院建立县域医院共同体，鼓励城市大医院与县医院建立对口帮扶、巡回医疗和远程医疗机制。全面建立分级诊疗制度，实行差别化医保支付政策。因地制宜建立完善全民健身服务体系。

三是健全城乡公共文化服务体系。统筹城乡公共文化设施布局、服务提供、队伍建设，推动文化资源重点向乡村倾斜，提高服务的覆盖面和适用性。推行公共文化服务参与式管理模式，建立城乡居民评价与反馈机制，引导居民参与公共文化服务项目规划、建设、管理和监督，推动服务项目与居民需求有效对接。支持乡村民间文化团体开展符合乡村特点的文化活动。推动公共文化服务社会化发展，鼓励社会力量参与。建立文化结对帮扶机制，推动文化工作者和志愿者等投身乡村文化建设。划定乡村建设的历史文化保护线，保护好农业遗迹、文物古迹、民族村寨、传统村落、传统建筑和灌溉工程遗产，推动非物质文化遗产活态传承。发挥风俗习惯、村规民约等优秀传统文化基因的重要作用。

四是完善城乡统一的社会保险制度。完善统一的城乡居民基本医疗保险、大病保险和基本养老保险制度。巩固医保全国异地就医联网直接结算。建立完善城乡居民基本养老保险待遇确定和基础养老金正常调整机制。做好社会保险关系转移接续工作，建立以国家政务服务平台为统一入口的社会保险公共服务平台。构建多层次农村养老保障体系，创新多元化照料服务模式。

五是统筹城乡社会救助体系。做好城乡社会救助兜底工作，织密兜牢困难群众基本生活安全网。推进低保制度城乡统筹，健全低保标准动态调整机制，确保动态管理下应保尽保。全面实施特困人员救助供养制度，提高托底保障能力和服务质量。做好困难农民重特大疾病救助工作。健全农村留守儿童和妇女、老年人关爱服务体系。健全困境儿童保障工作体系，完善残疾人福利制度和服务体系。改革人身损害赔偿制度，统一城乡居民赔偿标准。

2022年中央一号文件明确了加强基本公共服务县域统筹的措施，包括加强普惠性、基础性、兜底性民生建设，推动基本公共服务供给由注重机构行政区域覆盖向注重常住人口服务覆盖转变；实施新一轮学前教育行动计划，多渠道加快农村普惠性学前教育资源建设，办好特殊教育；扎实推进城乡学校共同体建设；深入推进紧密型县域医疗卫生共同体建设，实施医保按总额付费，加强监督考核，实现结余留用、合理超支分担；推动农村基层定点医疗机构医保信息化建设，强化智能监控全覆盖，加强医疗保障基金监管；落实对特殊困难群体参加城乡居民基本医保的分类资助政策；有条件的地方可提供村卫生室运行经费补助，分类落实村医养老保障、医保等社会保障待遇；提升县级敬老院失能照护能力和乡镇敬老院集中供养水平，鼓励在有条件的村庄开展日间照料、老年食堂等服务；加强乡镇便民服务和社会工作服务，实施村级综合服务设施提升工程；健全分层分类的社会救助体系，切实保障困难农民群众基本生活；健全基层党员、干部关爱联系制度，经常探访空巢老人、留守儿童、残疾人；完善未成年人关爱保护工作网络；以数字技术赋能乡村公共服务，推动“互联网+政务服务”向乡村延伸覆盖。

党的十八大以来，中国城乡基本公共服务均等化大力推进，促进公共教育、医疗、卫生、社会保障等资源向农村倾斜，城乡居民基本医疗和养老制度开始并轨，农民工劳动保障权益以及农民工进城后子女教育等方面基本实现了有制度可循。2017年到2021年，义务教育年龄段农民随迁儿童的在校率由98.7%提高到99.6%。住房方面，从2016年到2018年3年间，购买住房的进城农民工比例由17.8%增加至19%，提高了1.2个百分点。[①] 持续加大农村基础设施建设投入力度，推动农村公路、交通物流、水利、能源、信息网络等基础设施提档升级，与城市互联互通。2021年，农村地区互联网普及率达57.6%。仅电子商务进农村综合示范县，2018—2019年新增475个，到2019年累计达1180个，

① 吴林静：《1866个县城和2.93亿农民工，何去何从？》，每经网，http://www.nbd.com.cn/articles/2022-05-07/2267060.html.

国家级贫困县实现全覆盖。[1]

六、人为核心

一度时期内，“土地城镇化”快于人口城镇化，建设用地粗放低效。一些城市“摊大饼”式扩张，过分追求宽马路、大广场，新城新区、开发区和工业园区占地过大，建成区人口密度偏低。1996—2012年，全国建设用地年均增加724万亩，其中城镇建设用地年均增加357万亩；2010—2012年，全国建设用地年均增加953万亩，其中城镇建设用地年均增加515万亩。2000—2011年，城镇建成区面积增长76.4%，远高于城镇人口50.5%的增长速度；农村人口减少1.33亿人，农村居民点用地却增加了3045万亩。[2]

党的十八大以来，中国明确了推进以人为核心的新型城镇化的发展方向。习近平在2013年12月召开的中央城镇化工作会议上强调，“现代化的本质是人的现代化”。明确提出了城镇化的基本原则，其中第一条是：“以人为本。推进以人为核心的城镇化，提高城镇人口素质和居民生活质量，把促进有能力在城镇稳定就业和生活的常住人口有序实现市民化作为首要任务。”“推进农业转移人口市民化。解决好人的问题是推进新型城镇化的关键，城镇化最基本的趋势是农村富余劳动力和农村人口向城镇转移。从目前我国城镇化发展要求来看，主要任务是解决已经转移到城镇就业的农业转移人口落户问题，努力提高农民工融入城镇的素质和能力。”“要稳步提高户籍人口城镇化水平。”[3] 2015年12月18日，习近平指出，推进城镇化要回归到推动更多人口融入城镇这个本源上来，促进有能力在城镇稳定就业和生活的农业转移人口举家进城落户，这既可以增加和稳定劳动供给、减轻人工成本上涨压力，又可以扩大房地产等消

① 参见规划实施协调推进机制办公室：《乡村振兴战略规划实施报告（2018—2019）》，中国农业出版社2020年版，第20页。

② 《中共中央国务院印发〈国家新型城镇化规划（2014—2020年）〉》，《国务院公报》2014年第9号。

③ 《十八大以来重要文献选编》（上），中央文献出版社2014年版，第291—294页。

费。这也是缩小城乡差距、改变城乡二元结构、推进农业现代化的根本之策。[①]习近平在2020年底召开的中央农村工作会议上强调，农民进城务工是个大趋势，要把该打开的“城门”打开，促进农业转移人口市民化。农民进城要符合客观规律，保持历史耐心，不要大呼隆推进，更不要受不正确的政绩观所驱动。[②]

2014年中央一号文件提出，加快推动农业转移人口市民化。积极推进户籍制度改革，建立城乡统一的户口登记制度，促进有能力在城镇合法稳定就业和生活的常住人口有序实现市民化。全面实行流动人口居住证制度，逐步推进居住证持有人享有与居住地居民相同的基本公共服务，保障农民工同工同酬。鼓励各地从实际出发制定相关政策，解决好辖区内农业转移人口在本地城镇的落户问题。

2014年3月中共中央、国务院印发实施的《国家新型城镇化规划（2014—2020年）》分析指出，现行城乡分割的户籍管理、土地管理、社会保障制度，以及财税金融、行政管理等制度，固化着已经形成的城乡利益失衡格局，制约着农业转移人口市民化，阻碍着城乡发展一体化。《规划》提出，紧紧围绕全面提高城镇化质量，加快转变城镇化发展方式，以人的城镇化为核心，有序推进农业转移人口市民化；以城市群为主体形态，推动大中小城市和小城镇协调发展；以综合承载能力为支撑，提升城市可持续发展水平；以体制机制创新为保障，通过改革释放城镇化发展潜力，走以人为本、四化同步、优化布局、生态文明、文化传承的中国特色新型城镇化道路。

党的十八届五中全会审议通过的《中共中央关于制定国民经济和社会发展第十三个五年规划的建议》提出，推进以人为核心的新型城镇化。提高城市规划、建设、管理水平。深化户籍制度改革，促进有能力在城镇稳定就业和生活的农业转移人口举家进城落户，并与城镇居民有同等权利和义务。实施居住证制度，努力实现基本公共服务常住人口全覆盖。健全财政转移支付同农业转移

---

① 《习近平关于“三农”工作论述摘编》，中央文献出版社2019年版，第36页。

② 习近平：《坚持把解决好“三农”问题作为全党工作重中之重，举全党全社会之力推动乡村振兴》，《求是》2022年第7期。

人口市民化挂钩机制，建立城镇建设用地增加规模同吸纳农业转移人口落户数量挂钩机制。维护进城落户农民土地承包权、宅基地使用权、集体收益分配权，支持引导其依法自愿有偿转让上述权益。

产城融合发展。图为湖南省长沙铜官镇发展陶瓷产业促进城镇发展。
2019 年 9 月作者摄

2016 年 9 月，国务院办公厅印发《关于推动 1 亿非户籍人口在城市落户方案的通知》，明确“十三五”期间，城乡区域间户籍迁移壁垒加速破除，配套政策体系进一步健全，户籍人口城镇化率年均提高 1 个百分点以上，年均转户 1300 万人以上，到 2020 年全国户籍人口城镇化率提高到 45%。

2019 年 4 月中共中央、国务院印发的《关于建立健全城乡融合发展体制机制和政策体系的意见》提出，健全农业转移人口市民化机制。有力有序有效深化户籍制度改革，放开放宽除个别超大城市外的城市落户限制。加快实现城镇基本公共服务常住人口全覆盖。以城市群为主体形态促进大中小城市和小城镇协调发展，增强中小城市人口承载力和吸引力。建立健全由政府、企业、个人共同参与的农业转移人口市民化成本分担机制，全面落实支持农业转移人口市民化的财政政策、城镇建设用地增加规模与吸纳农业转移人口落户数量挂钩政策，以及中央预算内投资安排向吸纳农业转移人口落户数量较多的城镇倾斜政策。提升城市包容性，推动农民工特别是新生代农民工融入城市。

党的十九届五中全会审议通过的《中共中央关于制定国民经济和社会发展第十四个五年规划和2035年远景目标的建议》提出，推进以人为核心的新型城镇化。实施城市更新行动，推进城市生态修复、功能完善工程，统筹城市规划、建设、管理，合理确定城市规模、人口密度、空间结构，促进大中小城市和小城镇协调发展。深化户籍制度改革，完善财政转移支付和城镇新增建设用地规模与农业转移人口市民化挂钩政策，强化基本公共服务保障，加快农业转移人口市民化。

2021年中央一号文件进一步强调，推进以人为核心的新型城镇化，促进大中小城市和小城镇协调发展。

2022年中共中央办公厅、国务院办公厅印发《关于推进以县城为重要载体的城镇化建设的意见》明确了健全农业转移人口市民化机制的措施：全面落实取消县城落户限制政策，确保稳定就业生活的外来人口与本地农业转移人口落户一视同仁；确保新落户人口与县城居民享有同等公共服务，保障农民工等非户籍常住人口均等享有教育、医疗、住房保障等基本公共服务；以新生代农民工为重点推动社会保险参保扩面，全面落实企业为农民工缴纳职工养老、医疗、工伤、失业、生育等社会保险费的责任，合理引导灵活就业农民工按规定参加职工基本医疗保险和城镇职工基本养老保险；依法保障进城落户农民的农村土地承包权、宅基地使用权、集体收益分配权，支持其依法自愿有偿转让上述权益；建立健全省以下财政转移支付与农业转移人口市民化挂钩机制，重点支持吸纳农业转移人口落户多的县城；建立健全省以下城镇建设用地增加规模与吸纳农业转移人口落户数量挂钩机制，专项安排与进城落户人口数量相适应的新增建设用地计划指标。

党的二十大进一步强调，深入实施新型城镇化战略，推进以人为核心的新型城镇化，加快农业转移人口市民化。[①]

户籍制度改革的政策框架基本构建完成，以人为核心的新型城镇化扎实深入推进。2020 年，户籍制度改革深入推进，城区常住人口 300 万人以下城市基本取消落户限制，实现户口性质城乡统一。县城补短板强弱项工作稳步推进，国家新型城镇化综合试点顺利收官，一批有效经验在全国复制推广。特色小镇逐步走上规范健康发展轨道。[②] 2021 年坚持走中国特色新型城镇化道路，进一步完善新型城镇化战略。城市落户限制有序放开放宽，城镇基本公共服务覆盖未落户常住人口工作持续推进，农业转移人口技能素质持续提升。县城补短板强弱项工作加快推进，120 个县城建设示范地区带动作用有效发挥，边境地区城镇功能持续强化，特色小镇规范健康发展有序推进。[③] 到 2020 年底，全国有 1.1 亿流动人口领到居住证，1.2 亿农业转移人口落户城镇，户籍人口城镇化率由 2012 年的 35% 提高到 45.4%[④]，比国务院办公厅印发的《推动 1 亿非户籍人口在城市落户方案》明确的 45% 高 0.4 个百分点。2012—2021 年，1.8 亿左右的农村人口进城成为城镇的常住人口，全国常住人口城镇化率由 53.1% 提高到 64.7%[⑤]。

七、返乡下乡

中国自改革开放起，随着工业化和城镇化的发展，农村劳动力大量流向城市，农村人才缺乏问题长期存在。

党的十八大以来，中央对就业政策进行完善，着力健全农业劳动力转移就

① 《人民日报》，2022 年 10 月 26 日，第 3 版。

② 国家发展和改革委员会:《关于 2020 年国民经济和社会发展计划执行情况与 2021 年国民经济和社会发展计划草案的报告》,《人民日报》，2021 年 3 月 14 日，第 2 版。

③ 国家发展和改革委员会 :《关于 2021 年国民经济和社会发展计划执行情况与 2022 年国民经济和社会发展计划草案的报告》,《人民日报》，2022 年 3 月 14 日，第 3 版。

④《公安部：截至 2020 年底我国户籍人口城镇化率达到 45.4%》，https://www.163.com/dy/article/G9M5TPBA0514CDBK.html 国家统计局、国务院第七次全国人口普查领导小组办公室 :《第七次全国人口普查公报（第七号）》，http://www.gov.cn/xinwen/2021-05/11/content_5605791.htm.

⑤ 国家发展和改革委员会 :《关于 2021 年国民经济和社会发展计划执行情况与 2022 年国民经济和社会发展计划草案的报告》,《人民日报》，2022 年 3 月 14 日，第 3 版。

业和农村创业体制，在继续促进农村劳动力转移就业的同时，基于农村人才缺乏的状况，大力培养农村实用人才和支持乡村创业创新。2016年中央一号文件提出，引导有志投身现代农业建设的农村青年、返乡农民工、农技推广人员、农村大中专毕业生和退役军人等加入职业农民队伍；总结各地经验，建立健全职业农民扶持制度，相关政策向符合条件的职业农民倾斜。2016年12月，习近平指出，支持各类人才到农村创业。[①] 2017年中央一号文件提出，支持进城农民工返乡创业，带动现代农业和农村新产业新业态发展；鼓励高校毕业生、企业主、农业科技人员、留学归国人员等各类人才回乡下乡创业创新，将现代科技、生产方式和经营模式引入农村；整合落实支持农村创业创新的市场准入、财政税收、金融服务、用地用电、创业培训、社会保障等方面优惠政策；鼓励各地建立返乡创业园、创业孵化基地、创客服务平台，开设开放式服务窗口，提供一站式服务；鼓励农户和返乡下乡人员通过订单农业、股份合作、入园创业就业等多种方式，参与建设，分享收益。习近平在2017年底召开的中央农村工作会议上指出：乡村振兴要靠人才、靠资源。如果乡村人才、土地、资金等要素一直单向流向城市，长期处于“失血”“贫血”状态，振兴就是一句空话。要着力抓好招才引智，促进各路人才“上山下乡”投身乡村振兴。[②] 2018年中央一号文件对农民就业提出了远景规划：到2020年，农村对人才吸引力逐步增强；到2035年，农民就业质量显著提高。2019年中央一号文件第一次对促进农村劳动力转移就业和支持乡村创新创业分别进行了专门规定。关于支持乡村创新创业，文件提出：鼓励外出农民工、高校毕业生、退伍军人、城市各类人才返乡下乡创新创业，支持建立多种形式的创业支撑服务平台，完善乡村创新创业支持服务体系；落实好减税降费政策，鼓励地方设立乡村就业创业引导基金，加快解决用地、信贷等困难；加强创新创业孵化平台建设，支持创建一批返乡创业园，支持发展小微企业。2019年4月中共中央、国务院印发《关于建立健全城乡融合发展体制机制和政策体系的意见》，明确了建立城市人才入乡激励机制的措施，包括制定财政、金融、社会保障等激励政策，吸引各类人才返乡入乡创

① 习近平：《论坚持全面深化改革》，中央文献出版社2018年版，第304页。
② 《十九大以来重要文献选编》（上），中央文献出版社2019年版，第142页。

业；鼓励原籍普通高校和职业院校毕业生、外出农民工及经商人员回乡创业兴业；推进大学生村官与选调生工作衔接，鼓励引导高校毕业生到村任职、扎根基层、发挥作用；建立选派第一书记工作长效机制；建立城乡人才合作交流机制，探索通过岗编适度分离等多种方式，推进城市教科文卫体等工作人员定期服务乡村；推动职称评定、工资待遇等向乡村教师、医生倾斜，优化乡村教师、医生中高级岗位结构比例；引导规划、建筑、园林等设计人员入乡；允许农村集体经济组织探索人才加入机制，吸引人才、留住人才。习近平在2020年底召开的中央农村工作会议上强调，要吸引各类人才在乡村振兴中建功立业。[①] 2021年中央一号文件提出，鼓励地方建设返乡入乡创业园和孵化实训基地。2021年11月2日，国务院常务会议审议通过“十四五”推进农业农村现代化规划。会议指出，支持大中专毕业生、科技人员、工商业主等返乡入乡在乡创业。[②]

宁夏西吉县闽宁返乡农民工创业园区。
2017年9月作者摄

① 习近平：《坚持把解决好“三农”问题作为全党工作重中之重，举全党全社会之力推动乡村振兴》，《求是》2022年第7期。

② 《人民日报》，2021年11月4日，第1版。

党的十八大以来，与20世纪80年代初农民纷纷“洗脚上田”创业不同，随着乡村振兴战略的实施，随着城乡融合发展体制和政策体系的建立健全，农民工、大中专毕业生、退役军人、科技人员等到乡村创新创业，农村劳动力由单一流出转变为城乡双向流动格局。同时，还有大批“田秀才”“土专家”“乡创客”等本乡创新创业人员活跃在乡村。这一历史性转变，缘于农业农村现代化建设和美丽乡村建设顺利推进，农村发展环境改善，农村一二三产业、城乡朝融合方向发展，使农业农村发展空间日益拓展、发展能力日益提升，进而增强了农业农村聚集力。这些都标志着中国破解农业农村发展受弱质性困扰问题实现新突破。

第九章

美丽乡村

党的二十大提出，统筹乡村基础设施和公共服务布局，建设宜居宜业和美乡村。①

新时代中国开启了以美丽乡村为现代化强国重要目标和标志的历史性转型。向美丽乡村转型是在绿色发展理念、绿水青山就是金山银山的理念指引下，从促进乡村宜居宜业，进而把中国建成富强民主文明和谐美丽的社会主义现代化强国的战略目标展开的。习近平在2017年底召开的中央农村工作会议上指出，到2050年把我国建设成为富强民主文明和谐美丽的社会主义现代化强国，必须让美丽乡村成为现代化强国的标志、美丽中国的底色。②党的十八大以来，中国基于已成为全球制造业第一大国、世界第二大经济体、进入上中等收入国家行列，在中国式现代化进程中，贯彻绿水青山就是金山银山的理念，站在人与自然和谐共生的高度谋发展，协同推进人民富裕、国家强盛、中国美丽，坚定不移走以生态优先、绿色发展为导向的高质量发展新路子，着力推进美丽乡村建设和乡村功能拓展，乡村文化淡出现象得到扭转，传统农耕文化与现代农业融合发展，提升了乡村资源价值，适应了人民生活水平提高后对生态和乡村文化消费的需求，拓展了农村发展内涵和空间，增强了乡村全面振兴和农业农村现代化的动能。

一、农村必美

美丽乡村建设是中国式现代化目标内涵由“富强民主文明和谐”向“富强民主文明和谐美丽”丰富演进的实践基础。2003年6月，时任浙江省委书记习近平作出“千村示范、万村整治”工程的决策，决定用5年时间，全面整治1万个村，并把其中1000个左右的村建设成为全面小康示范村，由此开启美丽乡村建设的浙江篇章。2003年至2007年的5年间，浙江省对10303个建制村进

① 《人民日报》，2022年10月26日，第3版。

② 习近平：《论“三农”工作》，中央文献出版社2022年版，第238页。

行了整治，并把其中的 1181 个建制村建设成“全面小康建设示范村”。[①] 2010 年，浙江省制定实施《美丽乡村建设行动计划（2011—2015 年）》。该计划提出，以促进人与自然和谐相处、提升农民生活品质为核心，围绕科学规划布局美、村容整洁环境美、创业增收生活美、乡村文明身心美的目标要求，以深化提升“千村示范、万村整治”工程建设为载体，着力推进农村生态人居体系、农村生产环境体系、农村生态经济体系和农村生态文化体系建设，形成有利于农村生态环境保护和可持续发展的农村产业结构、农民生产方式和农村消费模式，努力建设一批全国一流的宜居、宜业、宜游美丽乡村，促进生态文明和惠及人民的小康社会建设。这被简称为“四美、三宜”美丽乡村。这一行动计划深受欢迎，到 2011 年 10 月初，浙江有 2 万多个村庄开展环境整治，占全省村庄的 60% 以上，村庄面貌焕然一新，有全国环境优美乡镇 238 个、国家级生态县 6 个。在村庄环境变好的同时，生态农业、特色农业也迅速崛起。杭州桐庐阳山畈村的农民深有体会地说，“过去桃子论筐卖，后来论斤卖。”“现在我们的桃子论个卖，十块钱一个，供不应求。”“环境宜人，游客自来”，宜居、宜业、宜游的“四美、三宜”乡村，迎来农家旅游的迅速发展。[②]

党的十八大报告提出“努力建设美丽中国，实现中华民族永续发展”，美丽乡村建设迅即成为中国农村改革发展的新目标。2013 年中央一号文件在“推进农村生态文明建设”部分提出，加强农村生态建设、环境保护和综合整治，努力建设美丽乡村。搞好农村垃圾、污水处理和土壤环境治理，实施乡村清洁工程，加快农村河道、水环境综合整治。发展乡村旅游和休闲农业。创建生态文明示范县和示范村镇。开展宜居村镇建设综合技术集成示范。2013 年起，财政部率先启动美丽乡村建设试点，在全国范围内拉开了美丽乡村建设序幕。各地紧紧围绕建设美、经营美、传承美“三美同步”规划，着力推进生产、生活、生态“三生同步”建设，推动美丽乡村建设提档升级。

在 2013 年底召开的中央农村工作会议上，习近平指出，中国要美，农村必

① 徐燕飞整理:《浙江保护历史文化古村落大事记》,《经济日报》，2016 年 6 月 16 日，第 12 版。

② 《浙江制定“美丽乡村建设行动计划”统筹城乡发展》，中国政府网，http://www.gov.cn/jrzg/2011-10/04/content_1962638.htm.

须美。[1] 2015年中央一号文件对“中国要美，农村必须美”作出进一步部署，明确了“要强化规划引领作用，加快提升农村基础设施水平，推进城乡基本公共服务均等化，让农村成为农民安居乐业的美丽家园”的农村发展目标。文件明确了全面推进农村人居环境整治的措施，包括完善县域村镇体系规划和村庄规划，强化规划的科学性和约束力；改善农民居住条件，搞好农村公共服务设施配套，推进山水林田路综合治理；继续支持农村环境集中连片整治，加快推进农村河塘综合整治，开展农村垃圾专项整治，加大农村污水处理和改厕力度，加快改善村庄卫生状况；加强农村周边工业“三废”排放和城市生活垃圾堆放监管治理；完善村级公益事业一事一议财政奖补机制，扩大农村公共服务运行维护机制试点范围，重点支持村内公益事业建设与管护；完善传统村落名录和开展传统民居调查，落实传统村落和民居保护规划；鼓励各地从实际出发开展美丽乡村创建示范；有序推进村庄整治，切实防止违背农民意愿大规模撤并村庄、大拆大建。

2015年10月，党的十八届五中全会首次把推进美丽中国建设纳入国民经济和社会五年发展规划，这是以创新、协调、绿色、开放、共享的新发展理念为引领，基于中国经济社会发展已经上升到新台阶所提出的新的发展目标。2016年中央一号文件提出开展美丽宜居乡村建设，鼓励各地因地制宜探索各具特色的美丽宜居乡村建设模式。《中华人民共和国国民经济和社会发展第十三个五年规划纲要》明确了加快建设美丽宜居乡村的措施：全面改善农村生产生活条件；科学规划村镇建设、农田保护、村落分布、生态涵养等空间布局；加强农村文化建设，深入开展“星级文明户”“五好文明家庭”等创建活动；开展生态文明示范村镇建设行动和农村人居环境综合整治行动，加大传统村落和民居、民族特色村镇保护力度，传承乡村文明，建设田园牧歌、秀山丽水、和谐幸福的美丽宜居乡村。2017年中央一号文件提出，加快修订村庄和集镇规划建设管理条例，大力推进县域乡村建设规划编制工作；推动建筑设计下乡，开展田园建筑示范。党的十九大首次把“美丽中国”作为建设社会主义现代化强国的重

---

① 《十八大以来重要文献选编》（上），中央文献出版社2014年版，第658页。

要目标之一，将建设生态文明提升为“千年大计”。2018年中央一号文件将让农村成为安居乐业的美丽家园，作为实施乡村振兴战略的指导思想之一。美丽乡村建设在全国范围全面展开，开启了中国美丽乡村建设新的进程。

二、金山银山

党的二十大指出，中国式现代化是人与自然和谐共生的现代化。这次大会强调，尊重自然、顺应自然、保护自然，是全面建设社会主义现代化国家的内在要求。必须牢固树立和践行绿水青山就是金山银山的理念，站在人与自然和谐共生的高度谋划发展。[①]绿水青山就是金山银山的理念是习近平对马克思主义发展观的原创性贡献。有的将绿水青山就是金山银山简称为“两山”理论。绿水青山就是金山银山的理念的提出，回答了如何处理生态环境与经济发展关系的重大问题。

发展经济还是保护生态，是长期没有厘清的难题。在工业化进程中，对生态环境和经济发展关系的处理，无论是发展中国家，还是发达国家，一般都是先污染后治理，即便是治理生态环境，生态环境保护与经济发展也难以有机统一起来。西方国家现代工业文明发展过程，也是资本追求高回报和实现财富快速增长的过程，其中对自然资源的攫取导致资源耗竭和环境污染等问题日益突出。20世纪30年代起，一些西方国家发生多起环境公害事件，造成巨大损失，震惊世界。20世纪发生在西方国家的“世界八大公害事件”对生态环境和公众生活造成巨大影响。其中，洛杉矶光化学烟雾事件，先后导致近千人死亡、75%以上市民患上红眼病。伦敦烟雾事件，1952年12月首次暴发的短短几天内，致死人数高达4000人，随后2个月内又有近8000人死于呼吸系统疾病，此后1956年、1957年、1962年又连续发生多达12次严重的烟雾事件。日本水俣病事件，因工厂把含有甲基汞的废水直接排放到水俣湾中，人食用受污染的

① 《人民日报》，2022年10月26日，第2、4版。

鱼和贝类后患上极为痛苦的汞中毒病，患者近千人，受威胁者多达2万人。美国作家蕾切尔·卡逊的《寂静的春天》一书对这些状况作了详细描述。[①]基于这样的发展进程，认为环境与经济不可兼得，这深深影响着世界现代化进程，也影响了中国。

在处理“绿水青山”与“金山银山”的关系上，最初是用“绿水青山”去换“金山银山”，以生态环境换取所谓发展。经济增长带来了各种环境和资源问题，之后，开始试图以“先污染后治理”或者“边污染边治理”进行亡羊补牢式发展，既要“金山银山”，又想保住“绿水青山”，但这种发展方式最终使“绿水青山”与“金山银山”落空。[②]改变这种状态，需要从理念上进行创新突破。

在以GDP论英雄的大背景下，2005年8月15日，时任中共浙江省委书记习近平在安吉县天荒坪镇余村考察时，首次提出“绿水青山就是金山银山”。在村里的会议室，村长汇报说，余村通过民主决策，关停了污染环境的矿山。现在开始搞生态旅游，打算让村民借景生财。习近平说：“一定不要再想着走老路，还这样迷恋着过去的那种发展模式。所以，刚才你们讲了，下决心停掉一些矿山，这个都是高明之举。绿水青山就是金山银山。我们过去讲既要绿水青山，又要金山银山，实际上绿水青山就是金山银山。”[③] 9天后，他在《浙江日报》的《之江新语》专栏发表《绿水青山也是金山银山》的评论中指出，“生态环境优势转化为生态农业、生态工业、生态旅游等生态经济的优势，那么绿水青山也就变成了金山银山”。

2013年9月7日，习近平在哈萨克斯坦纳扎尔巴耶夫大学演讲回答学生们关于环境保护的问题时强调：“我们既要绿水青山，也要金山银山。宁要绿水青山，不要金山银山，而且绿水青山就是金山银山。”[④] 2015年4月，绿水青山

---

① 《十八大以来重要文献选编》（下），中央文献出版社2018年版，第163页。

② 焦思颖：《践行“两山”理念 守护自然资源——写在“绿水青山就是金山银山”理念提出15周年之际》，《中国自然资源报》，2020年8月5日，第1版。

③ 《“两山”理论》，中国日报中文网，https://cn.chinadaily.com.cn/a/202004/03/WS5e868de2a3107bb6b57aa87b.html.

④ 《习近平关于社会主义生态文明建设论述摘编》，中央文献出版社2017年版，第20页。

就是金山银山的理念被写进《中共中央 国务院关于加快推进生态文明建设的意见》。党的十八届五中全会把绿色作为新发展理念的一大理念。“十三五”规划进一步提高绿色指标在“十三五”规划全部指标中的权重，把保障人民健康和改善环境质量作为更具约束性的硬指标。党的十九大报告把“坚持人与自然和谐共生”作为新时代中国特色社会主义思想和基本方略之一，指出建设生态文明是中华民族永续发展的千年大计，必须树立和践行绿水青山就是金山银山的理念，形成绿色发展方式和生活方式，坚定走生产发展、生活富裕、生态良好的文明发展道路。2018 年 5 月，习近平在全国生态环境保护大会上指出，绿水青山既是自然财富、生态财富，又是社会财富、经济财富。保护生态环境就是保护自然价值和增值自然资本，就是保护经济社会发展潜力和后劲，使绿水青山持续发挥生态效益和经济社会效益。[①] 2019 年 4 月，中共中央、国务院印发的《关于建立健全城乡融合发展体制机制和政策体系的意见》就探索生态产品价值实现机制作出规定：牢固树立绿水青山就是金山银山的理念，建立政府主导、企业和社会各界参与、市场化运作、可持续的城乡生态产品价值实现机制。开展生态产品价值核算，通过政府对公共生态产品采购、生产者对自然资源约束性有偿使用、消费者对生态环境附加值付费、供需双方在生态产品交易市场中的权益交易等方式，构建更多运用经济杠杆进行生态保护和环境治理的市场体系；完善自然资源资产产权制度，维护参与者权益；完善自然资源价格形成机制，建立自然资源政府公示价格体系，推进自然资源资产抵押融资，增强市场活力。2020 年 3 月 29 日至 4 月 1 日，习近平在浙江省调研时说，坚定走可持续发展之路，在保护好生态前提下，积极发展多种经营，把生态效益更好转化为经济效益、社会效益。[②] 党的十九届五中全会提出，建设人与自然和谐共生的现代化，开展大规模国土绿化行动。2020 年 12 月，习近平在中央农村工作会议上强调，要加强农村生态文明建设，保持战略定力，以钉钉子精神推进

① 《十九大以来重要文献选编》（上），中央文献出版社 2019 年版，第 450 页。

② 《统筹推进疫情防控和经济社会发展工作　奋力实现今年经济社会发展目标任务》，《人民日报》，2020 年 4 月 2 日，第 1 版。

农业面源污染防治，加强土壤污染、地下水超采、水土流失等治理和修复。[①] 2021 年 9 月 13 日，习近平在陕西省榆林市米脂县银州街道高西沟村考察调研时指出，把生态治理和发展特色产业有机结合起来，走出一条生态和经济协调发展、人与自然和谐共生之路。[②] 2022 年 3 月 5 日，习近平参加十三届全国人大五次会议内蒙古代表团审议时指出，坚定不移走以生态优先、绿色发展为导向的高质量发展新路子。[③]

生态美景成就旅游、康养业发展。长寿之乡广西巴马瑶族自治县吸引候鸟式安居康养。图为“候鸟人”、游客在百魔洞前翩翩起舞。2017 年 11 月作者摄

绿水青山就是金山银山的理念，明晰了经济发展和生态环境保护的关系，揭示了保护生态环境就是保护生产力、改善生态环境就是发展生产力的道理，把绿水青山与金山银山有机统一起来，扬两者内在的统一性而抑两者的对立性，使生态环境作为经济发展载体，走资源消耗最小化、环境损害最低化、社会经

① 习近平:《论“三农”工作》，中央文献出版社 2022 年版，第 13 页。
② 《人民日报》，2021 年 9 月 16 日，第 1 版。
③ 《人民日报》，2022 年 3 月 6 日，第 1 版。

济效益最大化的发展之路，走生产、生活、生态共赢的绿色发展之路，进而走出解决发展中存在的不平衡、不协调、不可持续等问题之路。这一理念及其价值指向，指明了实现经济发展和生态环境保护协同共生的新路径，既回答了经济发展与生态文明如何平衡的难题，又回答了如何满足人民对美好生活向往的问题，是对马克思主义发展观的丰富发展。

绿水青山就是金山银山，是重要的发展理念，也是推进现代化建设的重大原则。绿水青山就是金山银山的理念深入人心，深刻影响着农业农村的发展思路和发展方式。2017 年，习近平对河北塞罕坝林场建设者的感人事迹作出批示，号召要持之以恒推进生态文明建设，努力形成人与自然和谐发展新格局。绿水青山就是金山银山的理念得到贯彻，全国生态状况总体呈改善趋势，美丽乡村建设扎实推进。党的十八大以来，全国完成造林种草 11.73 亿亩，其中，造林 9.6 亿亩，森林覆盖率达到 23.04%（比第八次全国森林资源清查的 2009—2013 年提高 1.4 个百分点），森林蓄积量达到 175.6 亿立方米。[①] 森林面积和森林蓄积连续 30 年保持“双增长”。2004 年以来，荒漠化、沙化土地面积连续 3 个监测期实现“双缩减”。[②] 中国的绿色不断增加，从“沙进人退”到“绿进沙退”，提前实现了联合国 2030 年可持续发展议程中关于制止和扭转土地退化的目标。例如，到 2020 年 4 月 22 日，榆林市沙化土地治理率达 93.24%，意味着毛乌素沙漠即将退出陕西省版图，陕北地区实现了从“生命禁区”到“塞上绿洲”的转变。大棚蔬菜、大棚养殖、育苗业、沙漠旅游业在榆林市蓬勃兴起，生动诠释了绿水青山就是金山银山的理念。2019 年美国航天局卫星观测数据表明，全球从 2000 年到 2017 年新增的绿化面积中，约 1/4 来自中国，贡献比例居全球首位。

---

① 《中国森林资源不断增长 生态系统质量稳步提高》，中国新闻网，http://www.chinanews.com.cn/gn/2022/03-21/9707378.shtml.

② 孙金龙：《深入学习贯彻习近平生态文明思想 加快构建人与自然和谐共生的现代化》，《学习时报》，2022 年 1 月 28 日，第 1 版。

三、系统治理

党的二十大强调，坚持山水林田湖草沙一体化保护和系统治理。[①]坚持推进山水林田湖草沙一体化保护和系统治理，是党的十八大以来在山水林田湖草生命共同体的内在机理和规律的新认识下形成的，是对以往山、水、林、田、湖、草各自为政治理的摒弃，是治理体系的新构建。2013年11月9日，习近平在《关于〈中共中央关于全面深化改革若干重大问题的决定〉的说明》中提出，"我们要认识到，山水林田湖是一个生命共同体，人的命脉在田，田的命脉在水，水的命脉在山，山的命脉在土，土的命脉在树。用途管制和生态修复必须遵循自然规律，如果种树的只管种树、治水的只管治水、护田的单纯护田，很容易顾此失彼，最终造成生态的系统性破坏。由一个部门行使所有国土空间用途管制职责，对山水林田湖进行统一保护、统一修复是十分必要的"[②]。党的十九大提出统筹山水林田湖草系统治理。2020年8月30日，习近平在中共中央政治局会议上，提出统筹推进山水林田湖草沙综合治理、系统治理、源头治理。

实施山水林田湖生态保护和修复工程。中共中央、国务院印发的《生态文明体制改革总体方案》要求整合财政资金推进山水林田湖生态修复工程。党的十八届五中全会提出，实施山水林田湖生态保护和修复工程，筑牢生态安全屏障。2016年9月，财政部、国土资源部、环境保护部联合印发《关于推进山水林田湖生态保护修复工作的通知》，要求充分集成整合资金政策，对山上山下、地上地下、陆地海洋以及流域上下游进行整体保护、系统修复、综合治理，统筹实施矿山环境治理恢复、推进土地整治与污染修复、开展生物多样性保护、推动流域水环境保护治理、全方位系统综合治理修复5个方面的重点，加强对地方开展山水林田湖生态保护修复的指导，中央财政对典型重要山水林田湖生态保护修复工程给予奖补；鼓励各地积极拓宽资金渠道，按照系统综合治理的要求，提出本地整合资金的具体措施和办法，统筹环境污染治理、农村环境保护、矿山地质环境治理、土地复垦、水污染防治、生态修复等各类资金，切实

① 《人民日报》，2022年10月26日，第4版。

② 《十八大以来重要文献选编》(上)，中央文献出版社2014年版，第507页。

推进山水林田湖生态保护修复。

建立国家公园。2017 年 7 月，中央全面深化改革领导小组第三十七次会议审议通过《建立国家公园体制总体方案》。会议指出，建立国家公园体制，要坚持生态保护第一、国家代表性、全民公益性的国家公园理念，坚持山水林田湖草是一个生命共同体，对相关自然保护地进行功能重组，理顺管理体制，创新运营机制，健全法律保障，强化监督管理，构建以国家公园为代表的自然保护地体系。由此，在提法上将“山水林田湖”改为“山水林田湖草”。2019 年 1 月 23 日，中央全面深化改革委员会第六次会议审议通过《关于建立以国家公园为主体的自然保护地体系指导意见》。会议强调，要把具有国家代表性的重要自然生态系统纳入国家公园体系，实行严格保护，形成以国家公园为主体、自然保护区为基础、各类自然公园为补充的自然保护地管理体系。

实施重要生态系统保护和修复重大工程。2020 年 4 月 27 日，中央全面深化改革委员会第十三次会议审议通过《全国重要生态系统保护和修复重大工程总体规划（2021—2035 年）》。6 月，国家发展和改革委员会、自然资源部联合印发了这个规划。这是国家层面出台的第一个生态保护和修复领域综合性规划。《规划》将重大工程重点布局在青藏高原生态屏障区、黄河重点生态区（含黄土高原生态屏障）、长江重点生态区（含川滇生态屏障）、东北森林带、北方防沙带、南方丘陵山地带、海岸带等重点区域。

坚持推进山水林田湖草一体化保护和系统治理，推动农业农村绿色发展，以绿色发展引领乡村振兴。2018 年中央一号文件提出以绿色发展引领乡村振兴，其中第四部分“推进乡村绿色发展，打造人与自然和谐共生发展新格局”提出，乡村振兴，生态宜居是关键；良好生态环境是农村的最大优势和宝贵财富；必须尊重自然、顺应自然、保护自然，推动乡村自然资本加快增值，实现百姓富、生态美的统一。文件明确了统筹山水林田湖草系统治理的思路和措施，包括把山水林田湖草作为一个生命共同体，进行统一保护、统一修复；实施重要生态系统保护和修复工程；健全耕地草原森林河流湖泊休养生息制度，分类有序退出超载的边际产能；扩大耕地轮作休耕制度试点；科学划定江河湖海限捕、禁捕区域，健全水生生态保护修复制度；实行水资源消耗总量和强度双控行动；开展河湖水系连通和农村河塘清淤整治，全面推行河长制、湖长制；加大农业水价综合改革工作力度；开展国土绿化行动，推进荒漠化、石漠化、水土流失综合治理；强化湿地保护和恢复，继续开展退耕还湿；完善天然林保护制度，把所有天然林都纳入保护范围；扩大退耕还林还草、退牧还草，建立成果巩固长效机制；继续实施“三北”防护林体系建设等林业重点工程，实施森林质量精准提升工程；继续实施草原生态保护补助奖励政策；实施生物多样性保护重大工程，有效防范外来生物入侵。2019 年中央一号文件明确了加强农村污染治理和生态环境保护的措施。文件提出，加大农业面源污染治理力度，开展农业节肥节药行动，实现化肥农药使用量负增长；发展生态循环农业，推进畜禽粪污、秸秆、农膜等农业废弃物资源化利用，实现畜牧养殖大县粪污资源化利用整县治理全覆盖，下大力气治理白色污染；扩大轮作休耕制度试点；创建农业绿色发展先行区；实施乡村绿化美化行动，建设一批森林乡村，保护古树名木，开展湿地生态效益补偿和退耕还湿；全面保护天然林；加强“三北”地区退化防护林修复；扩大退耕还林还草，稳步实施退牧还草；实施新一轮草原生态保护补助奖励政策；落实河长制、湖长制，推进农村水环境治理，严格乡村河湖水域岸线等水生态空间管理。2022 年 1 月，农业农村部明确到 2025 年在全国建设 1000 家国家级生态农场和带动各省建设 10000 家地方生态农场的目标，并提出了加快推进生态农场建设措施，以促进农业绿色低碳转型。[①]

党的十八大以来，坚持山水林田湖草沙一体化保护和系统治理，实施重点区域生态保护修复项目300多个，开展国土绿化试点示范项目建设40个[②]；农业绿色发展取得长足进展，农业资源利用强度明显下降，从 2016 年起，农药化肥使用量实现零增长，2017 年化肥使用量实现负增长，畜禽粪污综合利用率、秸秆综合利用率和农膜回收率均达到 60% 以上，农田水利设施条件显著改善，农

---

① 《农业农村部办公厅关于印发〈推进生态农场建设的指导意见〉的通知》，农业农村部网，http://www.moa.gov.cn/govpublic/KJJYS/202202/t20220209_6388306.htm.

② 《中国森林资源不断增长 生态系统质量稳步提高》，中国新闻网，http://www.chinanews.com.cn/gn/2022/03-21/9707378.shtml.

业灌溉用水总量实现14年零增长，节水农业技术应用面积超过4亿亩，农业绿色发展站在了新的起点上。[①] 2017年率先实施全面禁捕的长江上游一级支流赤水河，特有鱼类种类数由禁渔前的32种上升至37种，资源量为禁捕前的1.95倍。[②]

四、三长负责

河长制的缘起。浙江省湖州市长兴县紧邻太湖，县内河湖交织。2003年以前，村镇之间治理时间不同步、责任主体不明确，使用几万台喷水织机生产污染河道湖泊。在2003年6月浙江省启动“千村示范、万村整治”工程后，长兴县率先给几条重点河流设立了河长，在全国率先实行河长制。[③] 2007年5月太湖蓝藻大面积暴发，水源恶化，市民被逼抢购纯净水。太湖水污染治理涉及流域性治理，必然牵涉到流域内各城市、各方面的协作。2007年8月23日，无锡市委办公室和无锡市人民政府办公室印发《无锡市河（湖、库、荡、氿）断面水质控制目标及考核办法（试行）》，明确将河流断面水质的检测结果“纳入各市（县）、区党政主要负责人政绩考核内容”，“各市（县）、区不按期报告或拒报、谎报水质检测结果的，按照有关规定追究责任”。自此，无锡市党政主要负责人分别担任了64条河流的河长，落实各项治污措施。2008年，江苏省政府决定在太湖流域借鉴和推广河长制。淮河流域、滇池流域的一些省市也纷纷设立河长，由这些地方的各级党政主要负责人分别承包一条河，担任河长，负责督办截污治污。

全面推行河长制。在总结一些地区实行河长制经验的基础上，2016年10月，中央全面深化改革领导小组第二十八次会议审议通过《关于全面推行河长

① 农业农村部党组：《在全面深化改革中推动乡村振兴》，《求是》2018年第20期。

② 《2021年农业农村十大亮点》，《农民日报》，2021年12月26日，第4版。

③ 《湖州长兴县：率先实施“河长制”》，中央电视台综合频道新闻联播，http://tv.cctv.com/2019/09/09/VIDEmgh9p3yzalmFRhWzB9Az190909.shtml?spm=C31267.PXDaChrrDGdt.EbD5Beq0unIQ.10.

制的意见》，决定在全国全面推行河长制。同年 12 月，中共中央办公厅、国务院办公厅印发了这一意见。《意见》指出，河湖管理保护是一项复杂的系统工程，涉及上下游、左右岸、不同行政区域和行业。全面推行河长制是落实绿色发展理念、推进生态文明建设的内在要求，是解决我国复杂水问题、维护河湖健康生命的有效举措，是完善水治理体系、保障国家水安全的制度创新。《意见》明确了河长制的组织形式：全面建立省、市、县、乡四级河长体系。各省（自治区、直辖市）设立总河长，由党委或政府主要负责同志担任；各省（自治区、直辖市）行政区域内主要河湖设立河长，由省级负责同志担任；各河湖所在市、县、乡均分级分段设立河长，由同级负责同志担任。县级及以上河长设置相应的河长制办公室，具体组成由各地根据实际确定。《意见》明确加强水资源保护、加强河湖水域岸线管理保护、加强水污染防治、加强水环境治理、加强水生态修复、加强执法监管 6 个方面主要任务。

2017 年的元旦，习近平在新年贺词中提出，“每条河流要有‘河长’”的号令。2017 年 6 月 27 日十二届全国人大常委会第二十八次会议通过修正后的《中华人民共和国水污染防治法》，将河长制写入其中。

2018 年 7 月 17 日，水利部举行全面建立河长制新闻发布会宣布，截至 2018 年 6 月底，全国 31 个省（区、市）全面建立河长制，这比 2016 年中共中央办公厅、国务院办公厅文件提出的要求提前了半年。河长制的组织体系、制度体系、责任体系初步形成。全国共明确省、市、县、乡四级河长 30 多万名，其中省级河长 402 人，59 名省级党政主要负责人担任总河长，各地还因地制宜设置村级河长（含巡河员、护河员）76 万多名。各地积极“开门治水”，推动河长制进企业、进校园、进社区，涌现出一批党员河长、企业河长、巾帼河长、河小青、河小禹等“民间河长”，有的地方还引导成立河湖保护志愿服务组织，形成河湖管理保护合力。河长制的实行，各地党政主要负责人主动将解决河湖污染“老大难”问题作为自己的责任田，各地针对乱围乱堵、乱占乱建、乱采乱挖、乱倒乱排等老百姓关心的河湖突出问题，积极开展专项整治行动，一些河湖基本消除黑臭脏现象，一些河湖水质明显提升，河畅、水清、岸绿的景象开始显现。[1]

在河长制实施取得积极成效和积累成功经验基础上，开始实施湖长制和林长制。

河长制在全国普遍实行。图为江西省上犹县实行“河长制 +”。
2020 年 9 月作者摄

2017 年 11 月，十九届中央全面深化改革领导小组第一次会议审议通过《关于在湖泊实施湖长制的指导意见》。之后，中共中央办公厅、国务院办公厅印发了这一意见。《意见》对建立健全湖长体系作出安排，即各省（自治区、直辖市）要将本行政区域内所有湖泊纳入全面推行湖长制工作范围，到 2018 年年底前在湖泊全面建立湖长制，建立健全以党政领导负责制为核心的责任体系，落实属地管理责任。全面建立省、市、县、乡四级湖长体系。各省（自治区、直辖市）行政区域内主要湖泊、跨省级行政区域且在本辖区地位和作用重

① 《59 名省级党政主要领导担任总河长》,《法制日报》，2018 年 7 月 20 日，第 6 版。

要的湖泊，由省级负责同志担任湖长；跨市地级行政区域的湖泊，原则上由省级负责同志担任湖长；跨县级行政区域的湖泊，原则上由市地级负责同志担任湖长。同时，湖泊所在市、县、乡要按照行政区域分级分区设立湖长，实行网格化管理，确保湖区所有水域都有明确的责任主体。《意见》明确界定了湖长职责，即湖泊最高层级的湖长是第一责任人，对湖泊的管理保护负总责，要统筹协调湖泊与入湖河流的管理保护工作，确定湖泊管理保护目标任务，组织制定“一湖一策”方案，明确各级湖长职责，协调解决湖泊管理保护中的重大问题，依法组织整治围垦湖泊、侵占水域、超标排污、违法养殖、非法采砂等突出问题。其他各级湖长对湖泊在本辖区内的管理保护负直接责任，按职责分工组织实施湖泊管理保护工作。《意见》明确全面落实严格湖泊水域空间管控、强化湖泊岸线管理保护、加强湖泊水资源保护和水污染防治、加大湖泊水环境综合整治力度、开展湖泊生态治理与修复、健全湖泊执法监管机制 6 个方面的主要任务。

2021 年 1 月，中共中央办公厅、国务院办公厅印发了《关于全面推行林长制的意见》。《意见》提出，按照山水林田湖草系统治理要求，在全国全面推行林长制，明确地方党政领导干部保护发展森林草原资源目标责任，构建党政同责、属地负责、部门协同、源头治理、全域覆盖的长效机制，加快推进生态文明和美丽中国建设。《意见》明确坚持党委领导、部门联动。加强党委领导，建立健全以党政领导负责制为核心的责任体系，明确各级林（草）长（以下统称林长）的森林草原资源保护发展职责，强化工作措施，统筹各方力量，形成一级抓一级、层层抓落实的工作格局。在组织体系上，《意见》提出，各省（自治区、直辖市）设立总林长，由省级党委或政府主要负责同志担任；设立副总林长，由省级负责同志担任，实行分区（片）负责。各省（自治区、直辖市）根据实际情况，可设立市、县、乡等各级林长。地方各级林业和草原主管部门承担林长制组织实施的具体工作。《意见》明确加强森林草原资源生态保护、加强森林草原资源生态修复、加强森林草原资源灾害防控、深化森林草原领域改革、加强森林草原资源监测监管、加强基层基础建设等 6 个方面的主要任务。

河长制、湖长制、林长制实施以来，各地积极探索各具特色的制度模式，如江苏全面推行“双河长制”，探索流域治理新思路；河南全面推行“河长+检察长”制，开启生态治河新模式；湖南长沙打通河湖“毛细血管”，推行小微水体生态治理模式；河北加强河长制信息管理平台建设，探索“互联网+河长制湖长制”管理新模式；内蒙古构建五级林（草）长制体系，统筹山水林田湖草沙系统治理；上海实行清单化管理，以“林长制”促进“林长治”等。随着河长制、湖长制、林长制的实施，中国生态环境持续改善。2021 年，全国地表水水质优良（Ⅰ～Ⅲ类）断面比例为 84.9%，同比上升 1.5 个百分点。全国最早探索河长制的长兴县，将喷水织机全部迁入工业园区，取而代之的，是一批生态旅游、休闲养生等绿色低碳项目在河边湖畔落户，河湖变得明澈秀美。

五、人居环境

新时代中国顺应广大农民过上美好生活的期待，把人居环境治理作为美丽乡村建设的重要内容。2016 年中央一号文件提出开展农村人居环境整治行动，并明确相应措施：继续推进农村环境综合整治，完善以奖促治政策，扩大连片整治范围；实施农村生活垃圾治理 5 年专项行动；采取城镇管网延伸、集中处理和分散处理等多种方式，加快农村生活污水治理和改厕；全面启动村庄绿化工程，开展生态乡村建设，推广绿色建材，建设节能农房；开展农村宜居水环境建设，实施农村清洁河道行动，建设生态清洁型小流域；发挥好村级公益事业一事一议财政奖补资金作用，支持改善村内公共设施和人居环境；普遍建立村庄保洁制度。坚持城乡环境治理并重，逐步把农村环境整治支出纳入地方财政预算，中央财政给予差异化奖补，政策性金融机构提供长期低息贷款，探索政府购买服务、专业公司一体化建设运营机制。2017 年中央一号文件明确了深入开展农村人居环境治理和美丽宜居乡村建设的措施：推进农村生活垃圾治理专项行动，促进垃圾分类和资源化利用，选择适宜模式开展农村生活污水治理，加大力度支持农村环境集中连片综合治理和改厕；开展城乡垃圾乱排乱放集中排查整治行动；实施农村新能源行动，推进光伏发电，逐步扩大农村电力、燃气和清洁型煤供给；开展农村地区枯井、河塘、饮用水、自建房、客运和校车等方面安全隐患排查治理工作；开展农村人居环境和美丽宜居乡村示范创建。

贵州省安顺市平坝区夏云镇小河湾村污水处理站。
2017 年 11 月作者摄

党的十九大后，中国进一步加大农村人居环境整治力度。2017 年 11 月 20 日，十九届中央全面深化改革领导小组第一次会议通过《农村人居环境整治三年行动方案》。2018 年 2 月，中共中央办公厅、国务院办公厅印发了这一方案，提出农村人居环境整治要以建设美丽宜居村庄为导向，以农村垃圾、污水治理和村容村貌提升为主攻方向，动员各方力量，整合各种资源，强化各项举措，加快补齐农村人居环境突出短板，为如期实现全面建成小康社会目标打下坚实基础。

2018 年 4 月，习近平强调，“浙江省 15 年间久久为功，扎实推进‘千村示范、万村整治’工程，造就了万千美丽乡村，取得了显著成效。我多次讲过，农村环境整治这个事，不管是发达地区还是欠发达地区都要搞，但标准可以有高有低。要结合实施农村人居环境整治三年行动计划和乡村振兴战略，进一步推广浙江好的经验做法，因地制宜、精准施策，不搞‘政绩工程’‘形象工程’，一件事情接着一件事情办，一年接着一年干，建设好生态宜居的美丽乡村，让广大农民在乡村振兴中有更多获得感、幸福感。”

2018 年 12 月，中央农村工作领导小组办公室、农业农村部等 18 个部门联合印发《农村人居环境整治村庄清洁行动方案》，重点发动农民群众开展清理农村生活垃圾、清理村内塘沟、清理畜禽养殖粪污等农业生产废弃物，改变影响农村人居环境的不良习惯（简称“三清一改”），着力解决村庄环境脏乱差问题。

2019 年中央一号文件提出加快补齐农村人居环境短板，要求深入学习推广浙江“千村示范、万村整治”工程经验，全面推开以农村垃圾污水治理、厕所革命和村容村貌提升为重点的农村人居环境整治，确保到 2020 年实现农村人居环境阶段性明显改善，村庄环境基本干净整洁有序，村民环境与健康意识普遍增强。

农村人居环境整治三年行动方案目标任务顺利完成。到 2020 年，全国农村开展生活垃圾收运处理的行政村比例超过 90%；2018 年以来累计改造农村户厕 4000 多万户，2020 年全国农村卫生厕所普及率超过 68%[①]；2020 年畜禽粪污综合利用率超过 59%。[②] 2021 年 2 月 18 日，中央农村工作领导小组办公室、农业农村部印发《关于通报表扬 2020 年全国村庄清洁行动先进县的通知》，对北京市延庆区等 106 个措施有力、成效突出、群众满意的村庄清洁行动先进县予以通报表扬。

2021 年中央一号文件提出实施农村人居环境提升五年行动，要求建设一批有机废弃物综合处理利用设施，有条件的地区推广城乡环卫一体化第三方治理，开展美丽宜居村庄和美丽庭院示范创建活动。2022 年中央一号文件就接续实施

① 《2021 年农业农村十大亮点》，《农民日报》，2021 年 12 月 26 日，第 4 版。

② 国家发展和改革委员会：《关于 2020 年国民经济和社会发展计划执行情况与 2021 年国民经济和社会发展计划草案的报告》，《人民日报》，2021 年 3 月 14 日，第 2 版。

农村人居环境整治提升五年行动作出进一步安排：从农民实际需求出发推进农村改厕，具备条件的地方可推广水冲卫生厕所，统筹做好供水保障和污水处理；不具备条件的可建设卫生旱厕。巩固户厕问题摸排整改成果。分区分类推进农村生活污水治理，优先治理人口集中村庄，不适宜集中处理的推进小型化生态化治理和污水资源化利用。加快推进农村黑臭水体治理。推进生活垃圾源头分类减量，加强村庄有机废弃物综合处置利用设施建设，推进就地利用处理。深入实施村庄清洁行动和绿化美化行动。

六、繁荣文化

党的二十大指出，要以社会主义核心价值观为引领，发展社会主义先进文化，弘扬革命文化，传承中华优秀传统文化，满足人民日益增长的精神文化需求，巩固全党全国各族人民团结奋斗的共同思想基础，不断提升国家文化软实力和中华文化影响力。[①]

农村不仅要自然生态环境美，也要人文生态环境美。党的十八大以来，中国大力推进乡风文明建设，传承和发展优秀传统乡村文化，繁荣乡村文化。

对于传承乡村文化的认识，经历了反复的过程。在“文化大革命”期间，一方面，中国将学习外国的做法视为崇洋媚外，加以批判；另一方面，对历史文化加以批判而消除之。改革开放初期，“洋气”又成为时髦，而民族文化被视为土气。历史文化村落大多有诗词歌咏、楹联题刻、文化典故等人文景观，是质朴自然而又如诗如画的园林。中国作为发展中国家，面对与现代化先发国家物质上的巨大差距推进赶超发展，在快速推进工业化、城镇化过程中，曾在一个时期内偏重物质财富增长，对历史文化遗产保护不力，城乡建设缺乏特色，承载着博大精深的文化积淀、丰富多彩的历史信息、意境深远的人文景观和各具特色民风民俗的历史文化村落消失，变成了工厂、楼房、闹市。一些城市景

① 《人民日报》，2022 年 10 月 26 日，第 4 版。

观结构与所处区域的自然地理特征不协调，部分城市贪大求洋、照搬照抄，脱离实际建设国际大都市，“建设性”破坏不断蔓延，城市的自然和文化个性被破坏。一些农村地区大拆大建，照搬城市小区模式建设新农村，简单用城市元素与风格取代传统民居和田园风光，导致乡土特色和民俗文化流失。[①]人们开始反思，农村不能成为荒芜凋敝留守的农村、记忆中的故园，应摒弃片面追求所谓的现代文明，改变对历史文化村落及其所承载的人文精神的保护和传承重视不够的做法，在美丽乡村建设中更加注重人类生存发展的人文环境和人文精神，在美丽乡村建设中注重把乡村文化的根留住。

进入新时代，中国回答了工业化、城镇化进程中如何保护和传承乡村文化的问题。时任浙江省委书记习近平强调，要正确处理保护历史文化与村庄建设的关系，对有价值的古村落、古民居和山水风光进行保护、整治和科学合理的开发利用。[②]“千村示范、万村整治”工程的实施，也开启了浙江保护利用历史文化村落与美丽乡村建设融合推进的先行先试。浙江省实施的“千村示范、万村整治”工程，明确把保护古建筑村落作为重要内容。2006 年浙江省人民政府出台的《关于进一步加强文化遗产保护的意见》提出，在新农村建设过程中，要切实加强对优秀乡土建筑和历史文化环境的保护，努力实现人文与生态环境的有机融合。2012 年 4 月，浙江省委、省政府印发《关于加强历史文化村落保护利用的若干意见》，把修复、保护、传承和永续利用历史文化村落文化遗存，作为“千村示范、万村整治”和美丽乡村建设重要内容。2013 年 12 月，习近平在全国城镇化工作会议上指出，让居民“望得见山、看得见水、记得住乡愁”[③]。习近平还在讲话中明确了城镇化的基本原则，其中第四条是：“传承文化，发展有历史记忆、地域特色、民族特点的美丽城镇，不能千城一面、万楼一貌。”[④]这是不同于以往片面追求物质财富增长的所谓现代文明，引领着美丽乡村建设朝着自然和人文风情融合，进而集聚和谐进步力量的方向前行。2013

① 《中共中央国务院印发〈国家新型城镇化规划（2014—2020 年）〉》，《国务院公报》2014 年第 9 号。
② 徐燕飞整理：《浙江保护历史文化古村落大事记》，《经济日报》，2016 年 6 月 16 日，第 12 版。
③ 《十八大以来重要文献选编》（上），中央文献出版社 2014 年版，第 603 页。
④ 《十八大以来重要文献选编》（上），中央文献出版社 2014 年版，第 592 页。

年 12 月 23 日，习近平在中央农村工作会议上指出，“农耕文化是我国农业的宝贵财富，是中华文化的重要组成部分，不仅不能丢，而且要不断发扬光大”①。2014 年 9 月 24 日，习近平在纪念孔子 2565 周年诞辰国际学术研讨会暨国际儒学联合会第五届会员大会上指出：“优秀传统文化是一个国家、一个民族传承和发展的根本，如果丢掉了，就割断了精神命脉。”②党的十八届五中全会通过的《中共中央关于制定国民经济和社会发展第十三个五年规划的建议》提出加大传统村落民居和历史文化名村名镇保护力度。保护利用历史文化村落，把农村建成生态文明和独具人文风情的诗一般的宜居佳境，既可以寄托乡愁，又可以更好地维系中华文明传承发展的生态。2016 年中央一号文件提出遵循乡村自身发展规律，体现农村特点，注重乡土味道，保留乡村风貌，努力建设农民幸福家园。

多彩贵州侗族大歌传承保护发展行动计划——侗族大歌传承保护发展示范村。
2017 年 9 月作者摄于贵州省从江县

设立中国农民丰收节。2017 年全国两会期间，有 45 名人大代表提出设立

① 《十八大以来重要文献选编》(上)，中央文献出版社 2014 年版，第 678 页。
② 《人民日报》，2014 年 9 月 25 日，第 2 版。

丰收节的有关建议。这个节日的设立有广泛的民意基础。农业农村部广泛邀请了农业、文化、传媒等相关领域专家学者以及基层农民代表座谈研讨，大家普遍认为设立中国农民丰收节十分必要，而且实施的基础和条件已经成熟。一是农事节庆有传统。中国古代就有庆五谷丰登、盼国泰民安的传统。通过举办民俗表演、技能比赛、品尝美食等活动，大家一起分享丰收的喜悦。目前有13个少数民族有庆祝丰收的节日，这为设立中国农民丰收节积累了经验。二是各地有探索。这些年，很多地方根据节庆特点和假日节点，举办了具有当地特色、主题鲜明、和农事有关的节庆活动，也形成了一批民俗活动、观花赏景、采摘体验、农业嘉年华等知名品牌，这也为设立中国农民丰收节探索了路子。三是市场有需求。2018年人均GDP已经接近9000美元，休闲观光大众化正成为常态，广大市民也有回归乡村，参与农事体验、品味农村情调的需求和田园梦想，这为设立中国农民丰收节提供了广阔市场空间。四是发展有基础。改革开放以来，特别是党的十八大以来，中国农业连年丰收，农民持续增收，农业农村现代化加快推进，绿色发展、农村改革、结构调整都取得了明显的成效。特别是脱贫攻坚和农民增收，可以说有巨大变化，农村社会保持长期稳定。这些都为举办中国农民丰收节奠定了坚实基础。2018年6月7日，国务院批复农业农村部，同意自2018年起，将每年农历秋分设立为中国农民丰收节，具体工作由农业农村部有关部门组织实施。这是第一个在国家层面专门为农民设立的节日。设立一个节日，由中央政治局常委会专门审议，这是不多见的，充分体现了以习近平同志为核心的党中央对“三农”工作的高度重视，对广大农民的深切关怀，是一件具有历史意义的大事，是一件蕴含人民情怀的好事。2018年8月10日，中国农民丰收节组织指导委员会第一次全体会议，强调要坚持农民主体办节日，充分发挥农民群众的智慧和力量，支持鼓励农民自发开展与生产生活生态相关的庆祝活动，实现农民的节日农民乐；坚持因地制宜办节日，突出地方特色，结合当地民俗文化、农时农事，把传统活动继承好、保留好、发扬好，做到天南地北、精彩纷呈、融合互动、相得益彰。2018年12月20日，中国农民丰收节入选2018年度十大新词语。2020年5月，中国农民丰收节组织指导委员会正式设立中国农民丰收节推广大使，袁隆平、申纪兰等 6 人受聘担任首批推广大使。2021 年 4 月 29 日，将每年农历秋分日为中国农民丰收节写入新通过的《中华人民共和国乡村振兴促进法》。自 2018 年起，已连年举办了 5 届中国农民丰收节。在每届中国农民丰收节到来之际，习近平都代表党中央，向全国亿万农民致以节日的问候和良好的祝愿[①]，并要求加快农业农村现代化，让乡亲们的日子越过越红火，让广大农民生活芝麻开花节节高。

2019 年 4 月，中共中央、国务院印发的《关于建立健全城乡融合发展体制机制和政策体系的意见》明确了建立乡村文化保护利用机制的思路和措施：立足乡村文明，吸取城市文明及外来文化优秀成果，推动乡村优秀传统文化创造性转化、创新性发展；推动优秀农耕文化遗产保护与合理适度利用；建立地方和民族特色文化资源挖掘利用机制，发展特色文化产业；创新传统工艺振兴模式，发展特色工艺产品和品牌；健全文物保护单位和传统村落整体保护利用机制；鼓励乡村建筑文化传承创新，强化村庄建筑风貌规划管控；培育挖掘乡土文化本土人才，引导企业积极参与，显化乡村文化价值。

为“文化传承”和“文化繁荣”提供法律保障。文化发展是乡村振兴的重要内容。《中华人民共和国乡村振兴促进法》用专章明确了促进乡村文化繁荣的措施。十三届全国人大常委会第十九次会议审议通过的向全社会征求意见稿中，第四章的章名为“文化传承”。2021 年 4 月通过的《中华人民共和国乡村振兴促进法》，根据征求意见，将第四章章名修改为“文化繁荣”。由“文化传承”改为“文化繁荣”，既明确了“文化繁荣”在乡村振兴中的地位，又明确了“传承和发展优秀传统文化”在“文化繁荣”中的地位。该章共 5 条，对如何促进乡村文化繁荣作出规定。第二十九条规定，各级人民政府应当组织开展新时代文明实践活动，加强农村精神文明建设，不断提高乡村社会文明程度。第三十二条规定，各级人民政府应当采取措施保护农业文化遗产和非物质文化遗产，挖掘优秀农业文化深厚内涵，弘扬红色文化，传承和发展优秀传统文化。县级以上地方人民政府应当加强对历史文化名镇名村、传统村落和乡村风貌、少数

① 习近平：《论“三农”工作》，中央文献出版社 2022 年版，第 272 页。

民族特色村寨的保护，开展保护状况监测和评估，采取措施防御和减轻火灾、洪水、地震等灾害。

在美丽乡村建设中，各地因地制宜地保护利用好历史文化村落。浙江省在“千村示范、万村整治”取得成效之后，2015年启动了历史文化村落保护利用的基础性工作——《千村故事》“五个一”行动计划，即：一是寻访“那村、那人、那故事”并整理编撰成书，以更好地讲好历史文化村落背后的故事及寓含的向善向上的价值；二是基于历史文化村落的调查研究，从中总结经济社会变迁规律，并提出保护利用规划和发展对策建议；三是摄制影像，以抢救定格乡土印象；四是推出历史文化村落文化展示馆，让人们可以从中回味记忆和寄托乡愁；五是培育和谐发展历史文化村落，作为美丽乡村建设的示范基地。《千村故事》“五个一”行动计划就是在保护利用历史文化村落物质文化遗存基础上，更好地对承载乡村文化的非物质文化遗产进行抢救性挖掘、整理、记忆和传承。浙江省在实施《千村故事》“五个一”行动计划中，重视发挥科研和教学力量，实行政、产、学、研结合，取得一批成果。完成了包括《生态人居卷》《礼仪道德卷》《劝学劝农卷》《清廉大义卷》《名人名流卷》《民风民俗卷》《手技手艺卷》《特产特品卷》在内的8卷本《乡村故事》丛书。在此基础上，还浓缩其精华，从中遴选260个故事，汇编于3卷本的《〈千村故事〉精选》，其中：卷一收入《生态人居卷》《礼仪道德卷》《劝学劝农卷》的90个故事，展现了浙江历史文化村落布局、人居环境、传统礼仪道德、耕读文化；卷二收录《清廉大义卷》《名人名流卷》的85个故事，颂扬了浙江历史文化村落的清廉官吏、大义先贤和名人名流；卷三收录《民风民俗卷》《手技手艺卷》《特产特品卷》的85个故事，记录了浙江历史文化村落的民俗风情、传统技艺、地域性产品。[①] 在全省1149个村中，有保护利用的村有454个，占39.5%。[②] 这些创新性实践探索，既促进了中华传统文化的传承，美丽乡村也有了深厚的文化底蕴。这也

---

① 浙江省农业和农村工作办公室等编：《千村故事（精选）》第1卷，中国社会科学出版社2016年版，前言第1—21页。

② 潘伟光：《浙江历史文化村落遗存与资源调查分析报告》，浙江省历史文化村落《千村故事》阶段成果发布暨专家咨询会议（2015年10月24日）交流材料。

给出了一些启示，即既要以绿色发展理念为引领，还要通过保护利用好历史文化村落，讲好中国乡村故事，传承好乡土文化，使其根植于深厚的历史文化底蕴，以特有的人文精神引领向善向上，成为美丽乡村建设的突破口和引擎。[①]

乡村文明建设。图为江西省上犹县新时代文明实践站。
2020年9月作者摄

推进乡风文明建设。习近平高度重视农村精神文明建设。2017年12月，习近平在江苏省徐州市考察时强调，农村精神文明建设很重要，物质变精神、精神变物质是辩证法的观点，实施乡村振兴战略要物质文明和精神文明一起抓，特别要注重提升农民精神风貌。[②]习近平在这月底召开的中央农村工作会议上指出，乡村振兴，既要塑形，也要铸魂，要形成文明乡风、良好家风、淳朴民风，焕发文明新气象。要弘扬和践行社会主义核心价值观，坚持教育引导、实践养成、制度保障三管齐下，以农民群众喜闻乐见的方式，深化中国特色社会主义和中国梦宣传教育，弘扬民族精神和时代精神，加强爱国主义、集体主义、社

① 参见郑有贵:《乡村之美在于有文化魂——兼评〈千村故事〉》,《农业考古》2017年第4期。
② 《习近平关于“三农”工作论述摘编》，中央文献出版社2019年版，第122页。

会主义教育。[①] 2022 年中央一号文件明确了创新农村精神文明建设有效平台载体的路径：依托新时代文明实践中心、县级融媒体中心等平台开展对象化分众化宣传教育，弘扬和践行社会主义核心价值观；在乡村创新开展“听党话、感党恩、跟党走”宣传教育活动；探索统筹推动城乡精神文明融合发展的具体方式，完善全国文明村镇测评体系；启动实施文化产业赋能乡村振兴计划；整合文化惠民活动资源，支持农民自发组织开展村歌、“村晚”、广场舞、趣味运动会等体现农耕农趣农味的文化体育活动。党的十八大以来，多地探索县域统筹、镇级指导、村级实施，按照人口规模和居住状况，整合综治、党建等网格资源，划分文明实践网格。

文明是美好，是温暖，更是力量。乌兰牧骑队员们在内蒙古大草原的演唱深受牧民喜爱。陕西省志丹县针对山大沟深、群众居住分散的状况，打造“文明大篷车”志愿服务品牌，推出 32 类 180 个志愿服务菜单，由百姓“点单”，志愿者“接单”，利用重要节日、农村集市，开展“流动式”上门服务。安徽省天长市新时代文明实践中心针对外出务工人员众多的情况，以空巢老人、留守儿童和残障人员等为重点服务对象，开展“服务温暖民心”主题志愿服务活动。全市有 3500 多名志愿者与困难家庭人员结成“一助一”或“多助一”对子，给老人买菜送药、给孩子办阅读课外班、教老人使用智能手机等精准周到的贴心帮扶，让困难群众感受到党的温暖。[②] 农村开展“星级文明户”“最美志愿者”等文明实践评选活动，人人争当先进，村风民风持续向好。身边榜样成为鲜活的正能量，是看得见的价值观。

---

① 《十九大以来重要文献选编》（上），中央文献出版社 2019 年版，第 150 页。

② 张贺、郑海鸥、刘阳、王珏：《文明之光闪耀新时代——来自新时代文明实践中心的报道》，《人民日报》，2022 年 2 月 28 日，第 1 版。

第十章

乡村善治

党的二十大提出，完善社会治理体系，健全共建共治共享的社会治理制度，提升社会治理效能，畅通和规范群众诉求表达、利益协商、权益保障通道，建设人人有责、人人尽责、人人享有的社会治理共同体。[①]

新时代中国乡村治理体系创新聚焦走乡村善治之路。乡村振兴，治理有效是基础。习近平在2017年底召开的中央农村工作会议上指出，必须创新乡村治理体系，走乡村善治之路。[②] 2019年3月8日，习近平在参加十三届全国人大二次会议河南代表团审议时强调，要夯实乡村治理这个根基。党的十八大以来，中国促进党组织领导的自治、法治、德治相结合的乡村治理体系不断完善，推进乡村治理体系和治理能力现代化，中国特色社会主义乡村善治之路越走越坚实，促进了充满活力、和谐有序的乡村社会的建设，更好地汇聚起人民合力脱贫攻坚和乡村振兴的力量。

一、体系构建

西方工业化国家在二三百年的工业化、城镇化进程中陆续出现的城乡社会问题，在中国则集中地出现。[③]随着改革开放的推进和整个国家经济社会的发展，中国城乡利益格局深刻调整、农村社会结构深刻变动、农民思想观念深刻变化。这些前所未有的变化，为农村经济社会发展带来巨大活力，同时也形成了一些突出矛盾和问题。以习近平同志为核心的党中央对这些问题予以高度重视。在2013年底召开的中央农村工作会议上，习近平非常客观地分析指出了农村社会管理面临的突出矛盾和问题：一是许多农村出现村庄空心化、农民老龄化现象。据推算，农村留守儿童超过6000万，留守妇女达4700多万，留守老年人约有5000万。维护好这些群众的合法权益是一件大事。二是农村利益主体、社会阶

① 《人民日报》，2022年10月26日，第4版。

② 《十九大以来重要文献选编》（上），中央文献出版社2019年版，第152页。

③ 《十八大以来重要文献选编》（上），中央文献出版社2014年版，第680页。

层日趋多元化，各类组织活动和诉求明显增多。三是农村教育、文化、医疗卫生、社会保障等社会事业发展滞后，基础设施不完善，人居环境不适应，还有近1亿人属于扶贫对象。四是农村治安状况不容乐观。一些地方违法犯罪活动仍然不少，黑恶势力活动时有发生，邪教和利用宗教进行非法活动的现象仍然较多。五是一些地方干群关系紧张，侵害农民合法权益的事件仍时有发生。一些地方基层民主管理制度不健全，农村基层党组织软弱涣散，公共管理和社会服务能力不强。[①]在2020年底召开的中央农村工作会议上，习近平进一步指出，目前，我国农村社会处于深刻变化和调整时期，出现了很多新情况、新问题，虽然错综复杂，但归结起来就是一个“散”字。[②]面对农村社会治理存在的突出矛盾和问题，迫切需要创新乡村治理体系。

在2017年底召开的中央农村工作会议上，习近平提出走乡村善治之路，也明确了“建立健全党委领导、政府负责、社会协同、公众参与、法治保障的现代乡村社会治理体制，健全自治、法治、德治相结合的乡村治理体系，让农村社会既充满活力又和谐有序”[③]的乡村治理创新的方向和目标。2018年中央一号文件提出要加快推进乡村治理体系和治理能力现代化，并在第六部分从加强农村基层党组织建设、深化村民自治实践、建设法治乡村、提升乡村德治水平、建设平安乡村5个方面对“加强农村基层基础工作，构建乡村治理新体系”作出部署。2018年9月21日，习近平主持十九届中央政治局第八次集体学习时指出，农村现代化包括乡村治理体系和治理能力的现代化。[④]习近平在2020年底召开的中央农村工作会议上，进一步明确了“加强和改进乡村治理”的方向。习近平指出，加强和改进乡村治理，要以保障和改善农村民生为优先方向，围绕让农民得到更好的组织引领、社会服务、民主参与，加快构建党组织领导的乡村治理体系。要用好现代信息技术，创新乡村治理方式，提高乡村善治

① 《十八大以来重要文献选编》（上），中央文献出版社2014年版，第680—681页。
② 习近平：《论“三农”工作》，中央文献出版社2022年版，第16—17页。
③ 《十九大以来重要文献选编》（上），中央文献出版社2019年版，第152页。
④ 《习近平关于“三农”工作论述摘编》，中央文献出版社2019年版，第45页。

水平。[①]

2019 年 3 月 19 日，中央全面深化改革委员会第七次会议审议通过《关于加强和改进乡村治理的指导意见》。中共中央办公厅、国务院办公厅于同年 6 月印发了这一意见。《意见》对推进乡村治理体系和治理能力现代化进行了部署，明确加强和改进乡村治理，要紧紧围绕统筹推进“五位一体”总体布局和协调推进“四个全面”战略布局，按照实施乡村振兴战略的总体要求，坚持和加强党对乡村治理的集中统一领导，坚持把夯实基层基础作为固本之策，坚持把治理体系和治理能力建设作为主攻方向，坚持把保障和改善农村民生、促进农村和谐稳定作为根本目的，建立健全党委领导、政府负责、社会协同、公众参与、法治保障、科技支撑的现代乡村社会治理体制，以自治增活力、以法治强保障、以德治扬正气，健全党组织领导的自治、法治、德治相结合的乡村治理体系，构建共建共治共享的社会治理格局，走中国特色社会主义乡村善治之路。《意见》明确的总体目标是：到 2020 年，现代乡村治理的制度框架和政策体系基本形成，农村基层党组织更好发挥战斗堡垒作用，以党组织为领导的农村基层组织建设明显加强，村民自治实践进一步深化，村级议事协商制度进一步健全，乡村治理体系进一步完善；到 2035 年，乡村公共服务、公共管理、公共安全保障水平显著提高，党组织领导的自治、法治、德治相结合的乡村治理体系更加完善，乡村社会治理有效、充满活力、和谐有序，乡村治理体系和治理能力基本实现现代化。《意见》明确的 17 个方面的主要任务是，完善村党组织领导乡村治理的体制机制，发挥党员在乡村治理中的先锋模范作用，规范村级组织工作事务，增强村民自治组织能力，丰富村民议事协商形式，全面实施村级事务阳光工程，积极培育和践行社会主义核心价值观，实施乡风文明培育行动，发挥道德模范引领作用，加强农村文化引领，推进法治乡村建设，加强平安乡村建设，健全乡村矛盾纠纷调处化解机制，加大基层小微权力腐败惩治力度，加强农村法律服务供给，支持多方主体参与乡村治理。

开展乡村治理试点示范创建工作。2019 年 6 月，中央农村工作领导小组

---

① 习近平：《坚持把解决好“三农”问题作为全党工作重中之重，举全党全社会之力推动乡村振兴》，《求是》2022 年第 7 期。

办公室、农业农村部、中央组织部、中央宣传部、民政部、司法部联合印发《关于开展乡村治理体系建设试点示范工作的通知》，就如何推进乡村治理体系建设试点，为形成可复制、可推广的经验做法作出安排。《通知》明确试点的基本原则是:（1）坚持党的领导。毫不动摇地坚持和加强党对乡村治理工作的领导，健全党管乡村治理的领导体制机制，发挥党组织在乡村治理中的领导作用，为乡村治理体系建设提供坚强有力的政治保障。（2）坚持农民主体。坚持民事民议、民事民办、民事民管，充分尊重农民、依靠农民、组织农民，切实发挥农民在乡村治理中的主体作用。坚持以人民为中心的发展思想，把保障和改善农村民生作为乡村治理的出发点和落脚点。（3）坚持“三治”结合。坚持自治为基、法治为本、德治为先，创新自治、法治、德治相结合的有效实现形式，推动自治、法治、德治联动融合、共同发力。（4）坚持多方协同。综合运用传统治理资源和现代治理手段，推动政府治理、社会调节、村民自治良性互动，鼓励引导社会和公众共建共治共享，形成维护乡村社会和谐稳定强大合力。（5）坚持突出重点。从实际出发，聚焦农民关心、社会关注的问题重点，从体制机制层面探索解决方案，形成具有普遍意义的经验做法。《通知》明确试点内容主要包括探索共建共治共享的治理体制，探索乡村治理与经济社会协调发展的机制，探索完善乡村治理的组织体系，探索党组织领导的自治、法治、德治相结合的路径，完善基层治理方式，完善村级权力监管机制，创新村民议事协商形式，创新现代乡村治理手段8个方面。2021年中央一号文件提出开展乡村治理试点示范创建工作。2022年中央一号文件把乡村治理与乡村发展、乡村建设一道列为2022年要扎实有序做好的三项重点工作，要求突出实效改进乡村治理，明确了加强农村基层组织建设、创新农村精神文明建设有效平台载体、切实维护农村社会平安稳定3个方面的措施。到2021年，全国乡村治理体系建设试点示范工作稳步推进，建立了115个试点县（市、区）；创建第二批全国乡村治理示范村镇，共100个乡镇，994个村[①]；发布第三批全国乡村治理典型案例，共38个，其中“运用清单制，创新

① 《2021年农业农村十大亮点》,《农民日报》，2021年12月26日，第4版。

治理方式”的10个，“强化组织领导，完善治理体制”的10个，“发挥‘三治’作用，健全治理体系”的10个，“保障民生服务，提升治理能力”的8个。

创新乡村治理体系，走乡村善治之路，在促进乡村振兴中发挥了积极作用。2020年起的新冠肺炎疫情防控，对乡村治理是一次大考，各地农村都经受住了考验。

二、党的领导

2022年3月5日，习近平在参加十三届全国人大五次会议内蒙古代表团审议时强调，坚持党的全面领导是坚持和发展中国特色社会主义的必由之路。[①]党的十八大以来，走中国特色社会主义乡村善治之路，首先是坚持和加强党对乡村治理的集中统一领导，并落实到建立健全现代乡村社会治理体制和乡村治理体系中。

坚持农村基层党组织领导地位不动摇。2013年中央一号文件第七部分对“完善乡村治理机制，切实加强以党组织为核心的农村基层组织建设”作出部署，明确要扩大农村党组织和党的工作覆盖面。在2013年底召开的中央农村工作会议上，习近平强调：“无论农村社会结构如何变化，无论各类经济社会组织如何发育成长，农村基层党组的领导地位不能动摇、战斗堡垒作用不能削弱。”“农村党支部在农村各项工作中居于领导核心地位。”[②]2017年12月，习近平在江苏省徐州市考察时指出，农村基层党组织是农村各个组织和各项工作的领导核心，要强化农村基层党组织职能，把农村基层党组织建设成为宣传党的主张、贯彻党的决定、领导基层治理、团结动员群众、推动改革发展的坚强战斗堡垒。[③]2018年4月，习近平在湖北考察时指出，乡村振兴不是坐享其成，等不来也送不来，要靠广大农民奋斗。村党支部要成为帮助农民致富、维护农

---

① 《习近平谈治国理政》第4卷，外文出版社2022年版，第34页。

② 《十八大以来重要文献选编》（上），中央文献出版社2014年版，第684页。

③ 《习近平关于“三农”工作论述摘编》，中央文献出版社2019年版，第189页。

村稳定、推进乡村振兴的坚强战斗堡垒。[1] 2018 年 10 月，中共中央印发的《中国共产党支部工作条例（试行）》规定，村党支部全面领导隶属本村的各类组织和各项工作，围绕实施乡村振兴战略开展工作，组织带领农民群众发展集体经济，走共同富裕道路，领导村级治理，建设和谐美丽乡村；贫困村党支部应当动员和带领群众，全力打赢脱贫攻坚战。把坚持农村基层党组织领导地位不动摇，写入了中共中央印发并于 2019 年 8 月 19 日起施行的《中国共产党农村工作条例》中。

完善村党组织领导乡村治理的体制机制。改革开放以来，中国农村发生了一系列重大变化，呈现出多元化特征，农民大量进城就业、创业，城镇居民和农民工下乡还乡创业创新，农民有农业劳动者、农民工、个体工商户、私营企业主、乡村企业管理者，农户有纯农户、兼业农户、专业大户等不同主体，农民合作社、涉农企业、家庭农场等新型组织多样化发展，还有一些非正式组织。面对如此复杂的城乡结构、农村社会阶层结构、社会组织结构，如何完善村党组织领导乡村治理的体制机制是新时代面临的重大课题。2019 年 6 月，中共中央办公厅、国务院办公厅印发的《关于加强和改进乡村治理的指导意见》就如何“完善村党组织领导乡村治理的体制机制”作出规定。《意见》指出，建立以基层党组织为领导、村民自治组织和村务监督组织为基础、集体经济组织和农民合作组织为纽带、其他经济社会组织为补充的村级组织体系；村党组织全面领导村民委员会及村务监督委员会、村集体经济组织、农民合作组织和其他经济社会组织；村党组织书记应当通过法定程序担任村民委员会主任和村级集体经济组织、合作经济组织负责人，村“两委”班子成员应当交叉任职；村务监督委员会主任一般由党员担任，可以由非村民委员会成员的村党组织班子成员兼任；村民委员会成员、村民代表中党员应当占一定比例；健全村级重要事项、重大问题由村党组织研究讨论机制，全面落实“四议两公开”；坚持抓乡促村，落实县乡党委抓农村基层党组织建设和乡村治理的主体责任；落实乡镇党委直接责任，乡镇党委书记和党委领导班子

① 《习近平关于“三农”工作论述摘编》，中央文献出版社 2019 年版，第 193 页。

成员等要包村联户，村“两委”成员要入户走访，及时发现并研究解决农村基层党组织建设、乡村治理和群众生产生活等问题。《中国共产党农村工作条例》规定，坚持农村基层党组织领导地位不动摇，乡镇党委和村党组织全面领导乡镇、村的各类组织和各项工作；村党组织书记应当通过法定程序担任村民委员会主任和村级集体经济组织、合作经济组织负责人，推行村“两委”班子成员交叉任职；加强村党组织对共青团、妇联等群团组织的领导，发挥它们的积极作用；健全村党组织领导下的议事决策机制、监督机制，建立健全村务监督委员会，村级重大事项决策实行“四议两公开”。这就把村党组织领导乡村治理的体制机制上升到党内法规规范。2022 年中央一号文件进一步强调，完善村级重要事项、重大问题经村党组织研究讨论机制，全面落实“四议两公开”制度。

三、提衣提领

提衣提领子，牵牛牵鼻子。办好农村的事，要靠好的带头人，靠一个好的基层党组织。党的十八大以来，以习近平同志为核心的党中央统筹伟大斗争、伟大工程、伟大事业、伟大梦想，把建设好农村基层党组织作为长远之计和固本之举。2013 年中央一号文件提出，强化农村基层党组织建设，切实发挥基层党组织战斗堡垒作用，夯实党在农村的执政基础。习近平在 2013 年底召开的中央农村工作会议上指出，“村看村、户看户、农民看支部”，“给钱给物，还要建个好支部”。要加强农村基层党组织建设，把党组织建设成为推动科学发展、带领农民致富、密切联系群众、维护农村稳定的坚强战斗堡垒。[①] 习近平在 2017 年底召开的中央农村工作会议上指出，要加强农村基层党组织带头人队伍和党员队伍建设，整顿软弱涣散农村基层党组织，解决弱化、虚化、边缘化问题，稳妥有序开展不合格党员处置工作，着力引导农村党员发挥先锋模范

① 《十八大以来重要文献选编》（上），中央文献出版社 2014 年版，第 684 页。

作用。全面向贫困村、软弱涣散村、集体经济薄弱村党组织派出第一书记，是实施乡村振兴战略和培养锻炼干部的重要举措，要建立长效工作机制，切实发挥作用。[①] 2018 年 9 月 21 日，习近平主持十九届中央政治局第八次集体学习时指出，把乡村党组织建设好，把领导班子建设强，弱的村要靠好的党支部带领打开局面，富的村要靠好的党支部带领再上一层楼。[②]《中国共产党农村工作条例》第十九条对“加强农村党的建设”作出规定：以提升组织力为重点，突出政治功能，把农村基层党组织建设成为宣传党的主张、贯彻党的决定、领导基层治理、团结动员群众、推动改革发展的坚强战斗堡垒，发挥党员先锋模范作用；各级党委特别是县级党委应当认真履行农村基层党建主体责任，坚持抓乡促村，选优配强村党组织书记，整顿软弱涣散村党组织，加强党内激励关怀帮扶，健全以财政投入为主的稳定的村级组织运转经费保障制度，持续加强基本队伍、基本活动、基本阵地、基本制度、基本保障建设。习近平在 2020 年底召开的中央农村工作会议上强调，要选优配强乡镇领导班子、村“两委”成员特别是村党组织书记。要突出抓基层、强基础、固基本的工作导向，推动各类资源向基层下沉，为基层干事创业创造更好条件。必须建设一支政治过硬、本领过硬、作风过硬的乡村振兴干部队伍。要选派一批优秀干部到乡村振兴一线岗位，把乡村振兴作为培养锻炼干部的广阔舞台，对在艰苦地区、关键岗位工作表现突出的干部要优先重用。[③] 2021 年中央一号文件指出，持续抓党建促乡村振兴。2022 年中央一号文件提出，强化县级党委抓乡促村职责，深化乡镇管理体制改革，健全乡镇党委统一指挥和统筹协调机制，加强乡镇、村集中换届后领导班子建设，全面开展农村基层干部乡村振兴主题培训；持续排查整顿软弱涣散村党组织；发挥驻村第一书记和工作队抓党建促乡村振兴作用。

党的十八大以来，全面加强农村基层党组织建设，在加强政治建设的同时，采取了以下切实措施。

---

① 《十九大以来重要文献选编》（上），中央文献出版社 2019 年版，第 152 页。

② 《习近平关于“三农”工作论述摘编》，中央文献出版社 2019 年版，第 194 页。

③ 习近平：《坚持把解决好“三农”问题作为全党工作重中之重，举全党全社会之力推动乡村振兴》，《求是》2022 年第 7 期。

推动村党组织带头人队伍整体优化提升。乡村振兴各项政策，最终要靠农村基层党组织来落实。2021 年中央一号文件提出，开展县乡村三级党组织书记乡村振兴轮训；加强党对乡村人才工作的领导，将乡村人才振兴纳入党委人才工作总体部署，健全适合乡村特点的人才培养机制，强化人才服务乡村激励约束；加快建设政治过硬、本领过硬、作风过硬的乡村振兴干部队伍，选派优秀干部到乡村振兴一线岗位，把乡村振兴作为培养锻炼干部的广阔舞台，对在艰苦地区、关键岗位工作表现突出的干部优先重用。2021 年 2 月中共中央办公厅、国务院办公厅印发《关于加快推进乡村人才振兴的意见》。《意见》提出，坚持把政治标准放在首位，选拔思想政治素质好、道德品行好、带富能力强、协调能力强，公道正派、廉洁自律，热心为群众服务的党员担任村党组织书记；注重从本村致富能手、外出务工经商返乡人员、本乡本土大学毕业生、退役军人中的党员里培养选拔村党组织书记；对本村暂时没有党组织书记合适人选的，可从上级机关、企事业单位优秀党员干部中选派，有条件的地方也可以探索跨村任职；全面落实村党组织书记县级党委组织部门备案管理制度和村“两委”成员资格联审机制，实行村“两委”成员近亲属回避，净化、优化村干部队伍；县级党委每年至少对村党组织书记培训 1 次，支持村干部和农民参加学历教育；以县级党校（行政学校）为主体，加强对村干部、驻村第一书记、基层团组织书记等乡村干部队伍的培训，采取线上线下相结合等模式，将党校（行政学院）、干部学院的教育资源延伸覆盖至村和社区；坚持和完善向重点乡村选派驻村第一书记和工作队制度。

发挥党员在乡村治理中的先锋模范作用。2019 年 6 月中共中央办公厅、国务院办公厅印发的《关于加强和改进乡村治理的指导意见》，明确了发挥党员在乡村治理中的先锋模范作用的措施，包括组织党员在议事决策中宣传党的主张，执行党组织决定；组织开展党员联系农户、党员户挂牌、承诺践诺、设岗定责、志愿服务等活动，推动党员在乡村治理中带头示范，带动群众全面参与；密切党员与群众的联系，了解群众思想状况，帮助群众解决实际困难，加强对贫困人口、低保对象、留守儿童和妇女、老年人、残疾人、特困人员等人群的关爱服务，引导农民群众自觉听党话、感党恩、跟党走。

关心关爱农村基层干部。习近平在2013年底召开的中央农村工作会议上指出，农村政策千条万条，最终都得靠基层干部来落实。我国有几百万农村基层干部，常年风里来雨里去，同农民直接打交道，是推动农村发展、维护社会稳定的基本力量。这支队伍总体是好的，是信得过、靠得住、有战斗力的。不能因为个别基层干部出现这样那样的问题，就以为这支队伍出现了多大问题。对广大农村基层干部，政治上要信任，工作上要依靠，生活上要关心。加大培养青年党员力度，提高基层党组织为群众服务意识，夯实党在农村的执政基础。完善农村基层干部选拔任用制度，打造一支高素质农村基层党组织带头人队伍，加大从优秀村干部中考录乡镇公务员和乡镇领导干部力度，为加强农村社会治理服务充实新生力量。① 2021年中央一号文件指出，加大在优秀农村青年中发展党员力度，加强对农村基层干部激励关怀，提高工资补助待遇，改善工作生活条件，切实帮助解决实际困难。2021年2月中共中央办公厅、国务院办公厅印发的《关于加快推进乡村人才振兴的意见》明确，健全从优秀村党组织书记、到村任职过的选调生、驻村第一书记、驻村工作队员中选拔乡镇领导干部常态化机制；加大从优秀村党组织书记中考录乡镇公务员、招聘乡镇事业编制人员力度。

建立稳定的村级组织运转和基本公共服务经费保障制度。习近平在2013年底召开的中央农村工作会议上指出，要建立稳定的村级组织运转和基本公共服务经费保障制度，提高农村基层干部报酬待遇和社会保障水平。② 2016年中共中央组织部、财政部印发《关于加强村级组织运转经费保障工作的通知》，明确经费保障范围包括村干部基本报酬、村级组织办公经费、农村公共服务运行维护支出和正常离任村干部生活补贴等；推动落实公共财政安排村干部基本报酬和村级组织办公经费两项合计每村每年标准不低于9万元。这是中国财政史上首次将村级运转经费纳入中央财政的保障范围。③ 2020年，财政部、中央组织部联合印发《关于建立正常增长机制、进一步加强村级组

① 《十八大以来重要文献选编》（上），中央文献出版社2014年版，第684—685页。

② 《十八大以来重要文献选编》（上），中央文献出版社2014年版，第685页。

③ 吴奇修：《奋力开创农村改革发展新局面》，《学习时报》，2019年4月29日，第1版。

织运转经费保障工作的通知》，将村干部基本报酬和村级组织办公经费两项合计保障标准提高为每村每年不低于 11 万元。将村级运转经费纳入中央财政的保障范围，确保了村级组织有人办事、有钱办事，农村基层组织的凝聚力和战斗力明显增强。

加强对农村基层干部队伍的监督管理。一些农村基层干部“微腐败”，严重损害了干部形象，严重影响党群、干群关系，拉低了群众对党和政府的信任指数。2022 年 3 月 5 日，习近平在参加十三届全国人大五次会议内蒙古代表团审议时强调，全面从严治党是党永葆生机活力、走好新的赶考之路的必由之路。① 习近平在 2013 年底召开的中央农村工作会议上指出，加强农村基层干部教育培训和监督管理力度，引导他们提高为民服务本领、强化廉洁履职意识。② 习近平在 2017 年底召开的中央农村工作会议上指出，要加强对农村基层干部队伍的监督管理，严肃查处侵犯农民利益的“微腐败”，给老百姓一个公道清明的乡村。要把农民群众关心的突出问题作为纪检监察工作的重点，继续紧盯惠农项目资金、集体资产管理、土地征收等领域的突出问题，持之以恒正风肃纪。针对扶贫领域腐败和作风问题，部署开展专项治理。严惩横行乡里、欺压百姓的黑恶势力及充当保护伞的党员干部，廓清农村基层政治生态。③ 2018 年中央一号文件明确，推行村级小微权力清单制度，加大基层小微权力腐败惩处力度。2019 年 6 月，中共中央办公厅、国务院办公厅印发的《关于加强和改进乡村治理的指导意见》就“加大基层小微权力腐败惩治力度”作出更加全面的规定：规范乡村小微权力运行，明确每项权力行使的法规依据、运行范围、执行主体、程序步骤；建立健全小微权力监督制度，形成群众监督、村务监督委员会监督、上级部门监督和会计核算监督、审计监督等全程实时、多方联网的监督体系；织密农村基层权力运行“廉政防护网”，大力开展农村基层微腐败整治，推进农村巡察工作，严肃查处侵害农民利益的腐败行为。2021 年中央一号文件指出，与换届同步选优配强村务监督委员会成员，基层纪检监察组织加强与村务监督

---

① 《习近平谈治国理政》第 4 卷，外文出版社 2022 年版，第 35 页。

② 《十八大以来重要文献选编》（上），中央文献出版社 2014 年版，第 685 页。

③ 《十九大以来重要文献选编》（上），中央文献出版社 2019 年版，第 152 页。

委员会的沟通协作、有效衔接。2022 年中央一号文件提出，深入开展市县巡察，强化基层监督，加强基层纪检监察组织与村务监督委员会的沟通协作、有效衔接，强化对村干部的监督。

在农村基层党建上，各地从实际出发进行了探索。例如，烟台市创建党建引领乡村振兴融合发展区，将其作为抓实抓好农村基层党建的重要抓手，把农村基层党建和促进乡村振兴较好地统一起来。从 2017 年开始，烟台市在促进党支部领办合作社发展集体经济的基础上，针对村多村小（100 人以下的村有 92 个，300 人以下的村有 727 个）公共服务难以集约、社会治理效能不足、集体经济难以发展的问题，按照“地域相邻、产业相近、人文相通、治理相融”的原则，以辐射 10 个村庄左右为半径区域，将分散的村庄统筹谋划、连片打造，创建党建引领乡村振兴融合发展区（简称党建融合发展区）。在党建融合发展区，首先进行组织融合，打破就农村抓农村、就党建抓党建的路径依赖，跳出以行政村为单位的党组织设置模式，建立起“大党建”格局。具体做法是，设

山东烟台市创建党建引领乡村振兴融合发展区。
2021 年 7 月作者摄

立党建融合发展区党委（党总支），由乡镇街道包片干部担任书记，经济强村、中心村、骨干企业党组织书记担任副书记，其余村党组织书记任委员，统领区域内农村、企业、社会组织等领域党的建设，构建起以党建融合发展区党委（党总支）为核心，辖区村（企）党支部为支撑、特色党支部为拓展的组织体系。比如，福山区回里镇成立狮子山党建融合发展区，建立起“1+8+X”组织体系，“1”就是新成立的融合发展区党总支，“8”就是融合发展区下辖的胡家夼、谭家庄等 8 个村党支部，“X”就是在党总支下设的综治联防、环境卫生、爱心公益等特色党支部。各党支部突破村庄行政界限，既独立运行，又接受融合发展区党总支的统一领导，形成了各自牵头又互为支撑的工作局面，促进了区域村庄抱团一体化提升发展。截止 2021 年 7 月作者调研，全市建成党建融合发展区 311 个，覆盖 2587 个村庄。烟台市发挥党建融合发展区党委（党总支）作用，促进党支部领办合作社的联合发展，通过建立区域内村庄经济利益共同体，把各党支部领办合作社的资源力量统筹起来，促进全产业链一体化发展，探索走村庄抱团发展、共同富裕之路，既增加了区域村庄集体收入，又强化了融合发展区的凝聚力和发展能力。烟台市通过组织融合，带动了服务融合、治理融合、产业融合，农村基层党建、公共服务、集体经济、社会治理呈现出相互促进的发展态势。

四、“三治”结合

在长期乡村治理实践基础上，党的十九大提出健全自治、法治、德治相结合的乡村治理体系。习近平在 2017 年底召开的中央农村工作会议上指出，健全自治、法治、德治相结合的乡村治理体系，是实现乡村善治的有效途径。[①] 2018年中央一号文件第六部分“加强农村基层基础工作，构建乡村治理新体系”对坚持自治、法治、德治相结合作出部署。中央农村工作领导小组办公室、农

① 《十九大以来重要文献选编》（上），中央文献出版社 2019 年版，第 152 页。

业农村部、中央组织部、中央宣传部、民政部、司法部于 2019 年 6 月印发的《关于开展乡村治理体系建设试点示范工作的通知》，对如何探索党组织领导的自治、法治、德治相结合的路径作出安排：坚持在党组织领导下以自治增活力、以法治强保障、以德治扬正气，深化村民自治实践，创新乡村法治宣传和法治实践，多形式推动社会主义核心价值观落细、落小、落实；探索自治、法治、德治有机结合的治理载体，创新综合运用村规民约、法律政策、道德舆论的治理方式，拓展自治、法治、德治相结合的治理领域，探索建立“三治”结合的乡村治理评价体系，不断丰富完善自治、法治、德治相结合的有效实现形式。2022 年中央一号文件强调，健全党组织领导的自治、法治、德治相结合的乡村治理体系，推行网格化管理、数字化赋能、精细化服务。

坚持自治为基，以自治增活力。2013 年中央一号文件提出，进一步健全村党组织领导的充满活力的村民自治机制，继续推广“四议两公开”等工作法；充分发挥村务监督委员会作用，逐步建立责权明晰、衔接配套、运转有效的村级民主监督机制；不断完善村务公开民主管理，以县(市、区)为单位统一公开目录和时间，丰富公开内容，规范公开程序，实现村务公开由事后公开向事前、事中延伸；有序发展民事调解、文化娱乐、红白喜事理事会等社区性社会组织，发挥农民自我管理、自我服务、自我教育、自我监督的作用。2016 年中央一号文件提出，在有实际需要的地方开展以村民小组或自然村为基本单元的村民自治试点。习近平在 2017 年底召开的中央农村工作会议上指出，要以党的领导统揽全局，创新村民自治的有效实现形式，推动社会治理和服务重心向基层下移。要丰富基层民主协商的实现形式，发挥村民监督的作用，让农民自己“说事、议事、主事”，做到村里的事村民商量着办。[①] 2018 年中央一号文件明确了深化村民自治实践的思路和措施。文件提出，坚持自治为基，加强农村群众性自治组织建设，健全和创新村党组织领导的充满活力的村民自治机制；推动村党组织书记通过选举担任村委会主任；发挥自治章程、村规民约的积极作用；全面建立健全村务监督委员会，推行村级事务阳光工程；依托村民会议、村民

① 《十九大以来重要文献选编》(上)，中央文献出版社 2019 年版，第 152—153 页。

代表会议、村民议事会、村民理事会、村民监事会等，形成民事民议、民事民办、民事民管的多层次基层协商格局；推动乡村治理重心下移，尽可能把资源、服务、管理下放到基层；继续开展以村民小组或自然村为基本单元的村民自治试点工作。中央农村工作领导小组办公室、农业农村部、中央组织部、中央宣传部、民政部、司法部于2019年6月印发的《关于开展乡村治理体系建设试点示范工作的通知》，明确了理顺县乡政府与村级组织关系的思路和措施：理顺县乡政府与村级组织关系，支持村级组织依法履行职责；强化村级组织服务功能，按照有利于村级组织建设、有利于服务群众的原则，将适合村级组织代办或承接的工作事项交由村级组织，并保障必要的工作条件；规范村级组织代办或承接的政府工作事项，探索建立村级工作事项清单制度，解决村级组织承担的行政事务多、各种检查评比事项多问题，切实减轻村级组织负担，促进乡村管理规范化；推动资源、管理、服务下沉，完善农村基础设施建设和公共服务投入机制，健全村级组织运转经费保障机制，提升基层治理能力和自主性；推进“放管服”改革和“最多跑一次”改革向基层延伸，提高群众办事便捷程度。2021年中央一号文件指出，推进村委会规范化建设和村务公开“阳光工程”。2022年中央一号文件提出，开展村级议事协商创新实验；推广村级组织依法自治事项、依法协助政府工作事项等清单制，规范村级组织机构牌子和证明事项，推行村级基础信息统计“一张表”制度，减轻村级组织负担。

坚持法治为本，以法治强保障。在中国共产党领导下，中国探索走出了一条符合中国国情、体现新时代特征的中国特色社会主义法治乡村之路。中共中央办公厅、国务院办公厅于2015年5月印发《关于深入推进农村社区建设试点工作的指导意见》，对推进农村社区法治建设作出安排。《意见》指出，加强农村社区司法行政工作室等法治机构建设，指导农村社区开展各项法治工作，探索整合农村社区层面法治力量，加强农村社区法律援助工作，推动法治工作网络、机制和人员向农村社区延伸，推进覆盖农村居民的公共法律服务体系建设；完善人民调解、行政调解、司法调解联动工作体系，建立调处化解农村矛盾纠纷综合机制，及时了解掌握和回应不同利益主体的关切和诉求，有效预防和就地化解矛盾纠纷；建立健全农村社区公共安全体系，创新农村立体化社会治安防控体系，加强和创新农村社区平安建设，建立覆盖农村全部实有人口的动态管理机制，做好社区禁毒和特殊人群帮教工作；加强农村社区警务、警务辅助力量和群防群治队伍建设，对符合任职年限条件的农村警务室民警落实职级待遇；加强农村社区普法宣传教育，提高基层党员、干部的法治思维和依法办事能力，引导农村居民依法反映诉求、解决矛盾纠纷；指导完善村民自治章程和村规民约，支持农村居民自我约束和自我管理，提高农村社区治理法治化水平。2016 年中央一号文件提出加强农村法律服务和法律援助。习近平在 2017 年底召开的中央农村工作会议上指出，法治是乡村治理的前提和保障，要把政府各项涉农工作纳入法治化轨道，加强农村法治宣传教育，完善农村法治服务，引导干部群众尊法、学法、守法、用法，依法表达诉求、解决纠纷、维护权益。[①] 2018 年中央一号文件明确了建设法治乡村的思路和措施。文件提出，坚持法治为本，树立依法治理理念，强化法律在维护农民权益、规范市场运行、农业支持保护、生态环境治理、化解农村社会矛盾等方面的权威地位；增强基层干部法治观念、法治为民意识，将政府涉农各项工作纳入法治化轨道；深入推进综合行政执法改革向基层延伸，创新监管方式，推动执法队伍整合、执法力量下沉，提高执法能力和水平；建立健全乡村调解、县市仲裁、司法保障的农村土地承包经营纠纷调处机制；加大农村普法力度，提高农民法治素养，引导广大农民增强尊法、学法、守法、用法意识；健全农村公共法律服务体系，加强对农民的法律援助和司法救助。2018 年 9 月 21 日，习近平主持十九届中央政治局第八次集体学习时指出，我国农耕文明源远流长、博大精深，是中华优秀传统文化的根。我国很多村庄有几百年甚至上千年的历史，至今仍保持完整。很多风俗习惯、村规民约等具有深厚的优秀传统文化基因，至今仍然发挥着重要作用。要在实行自治和法治的同时，注重发挥好德治的作用，推动礼仪之邦、优秀传统文化和法治社会建设相辅相成。要继续进行这方面的探索和创新，并不断总结推广。[②] 中共中央办公厅、国务院办公厅印发的《关于加强和改进乡村治理的指导意见》明确了进一步推进法治乡村建设的措施：规范农村基层行

---

① 《十九大以来重要文献选编》(上)，中央文献出版社 2019 年版，第 153 页。

② 习近平：《把乡村振兴战略作为新时代“三农”工作总抓手》，《求是》，2019 年第 11 期。

政执法程序，加强乡镇行政执法人员业务培训，严格按照法定职责和权限执法，将政府涉农事项纳入法治化轨道；大力开展“民主法治示范村”创建，深入开展“法律进乡村”活动，实施农村“法律明白人”培养工程，培育一批以村干部、人民调解员为重点的“法治带头人”；深入开展农村法治宣传教育。2020年3月，中央全面依法治国委员会印发《关于加强法治乡村建设的意见》，强调走出一条符合中国国情、体现新时代特征的中国特色社会主义法治乡村之路，为全面依法治国奠定坚实基础，推动法治文化与民俗文化、乡土文化融合发展。司法部、民政部指导各地扎实开展民主法治示范村（社区）创建活动，农村基层民主法治建设不断深入，基层社会治理法治化水平不断提高。2021年中央一号文件提出开展乡村治理试点示范创建工作。文件提出，创建民主法治示范村，培育农村学法、用法示范户。加强乡村人民调解组织队伍建设，推动就地化解矛盾纠纷。深入推进平安乡村建设。建立健全农村地区扫黑除恶常态化机制。加强县乡村应急管理和消防安全体系建设，做好对自然灾害、公共卫生、安全隐患等重大事件的风险评估、监测预警、应急处置。2021年7月，农业农村部、司法部在印发《培育农村学法用法示范户实施方案》的通知中指出，坚持面向农民、深入农村，广泛开展农村学法、用法教育，扎实推进农村学法、用法示范户培育工作。

坚持德治为先，以德治扬正气。国无德不兴，人无德不立。乡村社会与城市社会显著不同的是，居民大多“生于斯、死于斯”，熟人社会特征明显。党的十八大以来，中国从这一社会特征出发，对发挥道德规范在乡村治理中的作用进行了创新性探索。习近平在2017年底召开的中央农村工作会议上指出，要加强乡村道德建设，深入挖掘熟人社会蕴含的道德规范，结合时代要求进行创新，强化道德教化作用，引导农民爱党爱国、向上向善、孝老爱亲、重义守信、勤俭持家。[①] 2018年中央一号文件明确了提升乡村德治水平的思路和措施。文件提出，建立道德激励约束机制，引导农民自我管理、自我教育、自我服务、自我提高，实现家庭和睦、邻里和谐、干群融洽；广泛开展好媳妇、好儿女、好

① 《十九大以来重要文献选编》（上），中央文献出版社2019年版，第153页。

公婆等评选表彰活动，开展寻找最美乡村教师、医生、村官、家庭等活动；深入宣传道德模范、身边好人的典型事迹，弘扬真善美，传播正能量。中共中央办公厅、国务院办公厅印发的《关于加强和改进乡村治理的指导意见》明确了“发挥道德模范引领作用”的措施，包括深入实施公民道德建设工程，加强社会公德、职业道德、家庭美德和个人品德教育；大力开展文明村镇、农村文明家庭、星级文明户、五好家庭等创建活动，广泛开展农村道德模范、最美邻里、身边好人、新时代好少年、寻找最美家庭等选树活动，开展乡风评议，弘扬道德新风。2022 年中央一号文件提出，推广积分制等治理方式，有效发挥村规民约、家庭家教家风作用。

五、服务聚心

党的十八大以来，以习近平同志为核心的党中央高度重视提升农村公共服务水平，把创新农村基层社会治理和提升农村公共服务水平结合起来，以服务聚集民心。

推进农村社区建设。农村社区是农村社会服务管理的基本单元。随着中国特色新型工业化、信息化、城镇化、农业现代化进程加快，中国农村基层社会治理面临许多新情况新问题：农村人口结构加剧变化，部分地区非户籍居民大幅增加，非户籍居民的社会融入问题凸显，部分地区存在村庄空心化现象，农村“三留守”群体持续扩大；农村利益主体日趋多元，农村居民服务需求更加多样，农村社会事业发展明显滞后，社会管理和公共服务能力难以适应；村民自治机制和法律制度仍需进一步完善等。在各地区各有关部门组织开展农村社区建设试点工作基础上，中共中央办公厅、国务院办公厅于 2015 年 5 月印发《关于深入推进农村社区建设试点工作的指导意见》。《意见》提出，农村社区建设要在党和政府的领导下，在行政村范围内，依靠全体居民，整合各类资源，强化社区自治和服务功能，促进农村社区经济、政治、文化、社会、生态全面协调可持续发展，不断提升农村居民生活质量和文明素养，努力构建新型乡村治理体制机制。《意见》明确了提升农村社区公共服务供给水平的措施：健全农村社区服务设施和服务体系，整合利用村级组织活动场所、文化室、卫生室、计划生育服务室、农民体育健身工程等现有场地、设施和资源，推进农村基层综合性公共服务设施建设，提升农村基层公共服务信息化水平，逐步构建县（市、区）、乡（镇）、村三级联动互补的基本公共服务网络；积极推动基本公共服务项目向农村社区延伸，探索建立公共服务事项全程委托代理机制，促进城乡基本公共服务均等化；加强农村社区教育，鼓励各级各类学校教育资源向周边农村居民开放，用好县级职教中心、乡（镇）成人文化技术学校和农村社区教育教学点；改善农村社区医疗卫生条件，加大对乡（镇）、村卫生和计划生育服务机构设施改造、设备更新、人员培训等方面的支持力度；做好农村社区扶贫、社会救助、社会福利和优抚安置服务，推进农村社区养老、助残服务，组织引导农村居民积极参加城乡居民养老保险，全面实施城乡居民大病保险制度和“救急难”工作试点。《意见》还要求推动农村社区公益性服务、市场化服务创新发展。农村社区建设的加强，促进了户籍居民和非户籍居民和谐相处，促进了政府行政管理、公共服务与农村居民自我管理、自我服务更好地衔接互动，增强了农村社区自治和服务功能，为农民幸福安康、农业可持续发展、

村级组织活动场所。图为山东省聊城市冠县孔里庄村村民唱戏。
2018 年 4 月作者摄

农村和谐稳定奠定坚实基础。农村社区建设也成为推进新型城镇化的配套工程，是夯实党的执政基础、巩固基层政权的重要举措。

加强村级综合服务设施建设。截至 2015 年底，全国农村社区综合服务设施覆盖率为 12.3%，比城市社区综合服务设施覆盖率 82% 低了 69.7 个百分点。[①] 2016 年中央一号文件提出，推进县乡村三级综治中心建设。根据民政部等于 2016 年 10 月印发的《城乡社区服务体系建设规划（2016—2020 年）》，北京、天津、河北等 25 个省（自治区、直辖市）和新疆生产建设兵团分别出台地方规划，推进村级综合服务体系建设，着力填补村级综合服务设施空白。到 2020 年，全国农村社区综合服务设施覆盖率提高到 65.7%，比 2015 年提高 53.4 个百分点。2021 年 12 月，国务院办公厅印发《"十四五"城乡社区服务体系建设规划》，就健全党建引领机制作出规定：压实乡镇（街道）党（工）委责任，建立健全街道党工委牵头、驻区单位党组织负责人参加的社区党建工作联席会议制度，加强党对城乡社区服务体系建设的全面领导；全面健全村（社区）党组织引领，基层群众性自治组织主导，村（社区）居民为主体，群团组织、社区社会组织、社会工作者和驻区单位共同参与、协同开展社区服务的体制机制；全面落实党领导下的城乡社区协商制度，围绕群众关心的服务事项广泛开展议事协商；全面加强党建引领社区服务体系建设，扎实做好服务群众、教育群众、凝聚人心工作，组织引领群众听党话、跟党走；全面落实在职党员到社区报到为群众服务制度机制，推动党政机关、企事业单位到村（社区）开展服务；推动有物业服务的社区建立健全党建引领下的社区居民委员会、业主委员会、物业服务企业协调运行机制，强化社区党组织领导能力、居民委员会指导能力、物业服务企业服务能力；健全党建引领社区社会组织工作机制，乡镇（街道）党（工）委和村（社区）党组织加强对社区社会组织参与社区服务的领导。《规划》明确农村社区综合服务设施覆盖率由 2020 年的 65.7% 提高到 2025 年的 80%。

提升为农服务能力。2018 年中央一号文件提出，创新基层管理体制机制，

---

① 民政部等：《关于印发〈城乡社区服务体系建设规划（2016—2020 年）〉的通知》，民政部门户网站，http://www.mca.gov.cn/article/wh/whbq/cxsqfw/202003/20200300026153.shtml.

整合优化公共服务和行政审批职责，打造“一门式办理”“一站式服务”的综合服务平台；在村庄普遍建立网上服务站点，逐步形成完善的乡村便民服务体系；大力培育服务性、公益性、互助性农村社会组织，积极发展农村社会工作和志愿服务。中共中央办公厅、国务院办公厅印发的《关于加强和改进乡村治理的指导意见》，就提升乡镇和村为农服务能力作出进一步安排。《意见》指出，充分发挥乡镇服务农村和农民的作用，加强乡镇政府公共服务职能，加大乡镇基本公共服务投入，使乡镇成为为农服务的龙头；推进“放管服”改革和“最多跑一次”改革向基层延伸，整合乡镇和县级部门派驻乡镇机构承担的职能相近、职责交叉工作事项，建立集综合治理、市场监管、综合执法、公共服务等于一体的统一平台；构建县乡联动、功能集成、反应灵敏、扁平高效的综合指挥体系，着力增强乡镇统筹协调能力，发挥好乡镇服务、带动乡村作用；大力推进农村社区综合服务设施建设，引导管理服务向农村基层延伸，为农民提供“一门式办理”“一站式服务”，构建线上线下相结合的乡村便民服务体系；将农村

陕西省丹凤县马炉村党群服务中心。
2020 年 10 月作者摄

民生和社会治理领域中属于政府职责范围且适合通过市场化方式提供的服务事项，纳入政府购买服务指导性目录；推动各级投放的公共服务资源以乡镇、村党组织为主渠道落实。国务院于2021年11月印发的《“十四五”推进农业农村现代化规划》提出，深化农村网格化管理服务，推进农村基层管理服务精细化。

各地主动适应乡村振兴新要求，顺应农民群众过上更加美好生活的新期待，增强做好农村社区建设工作的责任感和紧迫感，加强村级综合服务设施建设和提升为农服务能力，探索在村庄建立网上服务站点，致力于实现网上办、马上办、全程帮办、少跑快办，受到农民广泛欢迎。

六、平安乡村

党的二十大提出，建设更高水平的平安中国。[①] 党的十八大以来，中国高度重视平安乡村建设。习近平在2017年底召开的中央农村工作会议上指出，要深入推进平安乡村建设，加快完善农村治安防控体系，依法严厉打击危害农村稳定、破坏农业生产和侵害农民利益的违法犯罪活动。特别是对农村黑恶势力，要集中整治、重拳出击。农村枯井、河塘、桥梁、自建房、客运和校车等安全事故时有发生，要全面开展排查治理，提升老百姓安全感。[②] 习近平在2020年底召开的中央农村工作会议上指出，要巩固农村扫黑除恶专项斗争成果，形成持续打击的高压态势。要深入推进平安乡村建设，严厉打击把持基层政权、操纵破坏基层换届选举、侵吞集体资产等违法犯罪活动，依法制止利用宗教、邪教干预农村公共事务。[③]

平安乡村建设扎实推进。2013年中央一号文件提出，深化平安乡村建设，

① 《人民日报》，2022年10月26日，第4版。

② 《十九大以来重要文献选编》(上)，中央文献出版社2019年版，第153页。

③ 习近平:《坚持把解决好“三农”问题作为全党工作重中之重，举全党全社会之力推动乡村振兴》,《求是》2022年第7期。

完善立体化社会治安防控体系。2018年中央一号文件就建设平安乡村作出部署。文件提出，健全落实社会治安综合治理领导责任制，大力推进农村社会治安防控体系建设，推动社会治安防控力量下沉；深入开展扫黑除恶专项斗争，严厉打击农村黑恶势力、宗族恶势力，严厉打击黄赌毒盗拐骗等违法犯罪；依法加大对农村非法宗教活动和境外渗透活动打击力度，依法制止利用宗教干预农村公共事务，继续整治农村乱建庙宇、滥塑宗教造像；完善县乡村三级综治中心功能和运行机制；健全农村公共安全体系，持续开展农村安全隐患治理；加强农村警务、消防、安全生产工作，坚决遏制重特大安全事故；探索以网格化管理为抓手、以现代信息技术为支撑，实现基层服务和管理精细化精准化；推进农村"雪亮工程"建设。中共中央办公厅、国务院办公厅印发的《关于加强和改进乡村治理的指导意见》，明确从8个方面加强平安乡村建设：推进农村社会治安防控体系建设，落实平安乡村建设领导责任制，加强基础性制度、设施、平台建设；加强农村警务工作，大力推行"一村一辅警"机制，扎实开展智慧农村警务室建设；加强对社区矫正对象、刑满释放人员等特殊人群的服务管理；深入推进扫黑除恶专项斗争，健全防范打击长效机制；加强农民群众拒毒防毒宣传教育，依法打击整治毒品违法犯罪活动；依法加大对农村非法宗教活动、邪教活动打击力度，制止利用宗教、邪教干预农村公共事务，大力整治农村乱建宗教活动场所、滥塑宗教造像；推进农村地区技防系统建设，加强公共安全视频监控建设联网应用工作；健全农村公共安全体系，强化农村安全生产、防灾减灾救灾、食品、药品、交通、消防等安全管理责任。

健全乡村矛盾纠纷调处化解机制。中共中央办公厅、国务院办公厅印发的《关于加强和改进乡村治理的指导意见》，对健全乡村矛盾纠纷调处化解机制提出明确要求。《意见》提出，坚持发展新时代"枫桥经验"，做到"小事不出村、大事不出乡"；健全人民调解员队伍，加强人民调解工作；完善调解、仲裁、行政裁决、行政复议、诉讼等有机衔接、相互协调的多元化纠纷解决机制；发挥信息化支撑作用，探索建立"互联网 + 网格管理"服务管理模式，提升乡村治理智能化、精细化、专业化水平；强化乡村信息资源互联互通，完善信息收集、处置、反馈工作机制和联动机制；广泛开展平安教育和社会心理健康服务、婚姻家庭指导服务；推动法院跨域立案系统、检察服务平台、公安综合窗口、人民调解组织延伸至基层，提高响应群众诉求和为民服务能力水平。国务院印发的《“十四五”推进农业农村现代化规划》提出，加强群防群治力量建设，巩固充实乡村人民调解组织队伍，创新完善乡村矛盾纠纷多元化、一站式解决机制。

推进更高水平的平安法治乡村建设。国务院印发的《“十四五”推进农业农村现代化规划》提出，充分依托已有设施，提升农村社会治安防控体系信息化智能化水平。2022 年中央一号文件提出推进更高水平的平安法治乡村建设的要求，并明确了具体措施：创建一批“枫桥式公安派出所”“枫桥式人民法庭”；常态化开展扫黑除恶斗争，持续打击“村霸”；防范黑恶势力、家族宗族势力等对农村基层政权的侵蚀和影响；依法严厉打击农村黄赌毒和侵害农村妇女儿童人身权利的违法犯罪行为；加强农村法治宣传教育；加强基层社会心理服务和危机干预，构建一站式多元化矛盾纠纷化解机制；加强农村宗教工作力量；统筹推进应急管理与乡村治理资源整合，加快推进农村应急广播主动发布终端建设，指导做好人员紧急转移避险工作；开展农村交通、消防、安全生产、自然灾害、食品药品安全等领域风险隐患排查和专项治理，依法严厉打击农村制售假冒伪劣农资、非法集资、电信诈骗等违法犯罪行为；加强农业综合行政执法能力建设；落实基层医疗卫生机构疾病预防控制责任；健全农村新冠肺炎疫情常态化防控工作体系，严格落实联防联控、群防群控措施。

新时代对“枫桥经验”的丰富和发展。“枫桥经验”历久弥新。20 世纪 60 年代初，浙江诸暨枫桥通过发动和依靠群众，就地化解矛盾，坚持矛盾不上交，实现了“捕人少，治安好”。1963 年 11 月，毛泽东批示，“要各地仿效，经过试点，推广去做”。长期以来，“枫桥经验”成为全国政法战线一个脍炙人口的典型。2003 年 11 月，时任浙江省委书记习近平在浙江纪念毛泽东同志批示“枫桥经验”40 周年大会上提出，要充分珍惜“枫桥经验”，大力推广“枫桥经验”，不断创新“枫桥经验”，切实维护社会稳定。习近平在 2013 年底召开的中央农村工作会议上强调，要学习和推广“枫桥经验”，做到“小事不出村，大事不出镇，矛盾不上交”。[①] 中共中央办公厅、国务院办公厅印发的《关于加强和改进乡村治理的指导意见》和国务院印发的《“十四五”推进农业农村现代化规划》都强调坚持和发展新时代“枫桥经验”。党的二十大强调，在社会基层坚持和发展新时代“枫桥经验”，完善正确处理新形势下人民内部矛盾机制，加强和改进人民信访工作，畅通和规范群众诉求表达、利益协调、权益保障通道，完善网格化管理、精细化服务、信息化支撑的基层治理平台，健全城乡社区治理体系，及时把矛盾纠纷化解在基层、化解在萌芽状态。[②] 新时代坚持和发展“枫桥经验”，由创造初期的化解矛盾纠纷、维护治安稳定，向党建统领、人民主体、“三治”融合、四防并举、共建共享方向不断丰富发展，促进了乡村治理现代化，增强了人民群众获得感、幸福感、安全感，使乡村善治之路走得更加坚实。

① 《十八大以来重要文献选编》(上)，中央文献出版社 2014 年版，第 684 页。

② 《人民日报》，2022 年 10 月 26 日，第 4 版。

第十一章

共同富裕

党的二十大指出，中国式现代化是全体人民共同富裕的现代化。这次大会把实现全体人民共同富裕明确为中国式现代化的本质要求，强调要扎实推进共同富裕。[①]

新时代中国更加强化“三农”改革发展以共同富裕为价值取向。习近平在2017年底召开的中央农村工作会议上指出，必须巩固和完善农村基本经营制度，走共同富裕之路[②]；到2050年把我国建设成为富强民主文明和谐美丽的社会主义现代化强国，必须让亿万农民在共同富裕的道路上赶上来。[③] 2021年8月，习近平在中央财经委员会第十次会议上指出，促进农民农村共同富裕。促进共同富裕，最艰巨、最繁重的任务仍然在农村。农村共同富裕工作要抓紧，但不宜像脱贫攻坚那样提出统一的量化指标。要巩固拓展脱贫攻坚成果，对易返贫致贫人口要加强监测、及早干预，对脱贫县要扶上马送一程，确保不发生规模性返贫和新的致贫。要全面推进乡村振兴，加快农业产业化，盘活农村资产，增加农民财产性收入，使更多农村居民勤劳致富。要加强农村基础设施和公共服务体系建设，改善农村人居环境。[④]中国共产党从为农民谋幸福的初心出发，以共享发展理念为引领，把做大“蛋糕”和分好“蛋糕”有机统一起来，在构建工农互促、城乡互补、协调发展、共同繁荣的新型工农城乡关系促进城乡差距缩小的同时，大力促进农村集体经济发展和完善多种利益联结机制，各地也因地制宜探索促进共同富裕的多种有效实现路径，共同富裕取得新进展。

一、共富目标

中国共产党使用“共同富裕”一词，最早出现在解决“三农”问题的文献

① 《人民日报》，2022年10月26日，第2—4版。

② 《十九大以来重要文献选编》（上），中央文献出版社2019年版，第144页。

③ 习近平：《论“三农”工作》，中央文献出版社2022年版，第238页。

④ 习近平：《扎实推动共同富裕》，《求是》2021年第20期。

中。在提出“共同富裕”概念前，曾使用过“大家富裕”概念。《人民日报》于1953年11月16日发表题为《领导农民走大家富裕的道路》的社论，使用的是“大家富裕”，题中把大家富裕与道路选择联系在一起，将大家富裕视为道路的目标。社论反对走资本主义道路，主张走社会主义道路，因为只有这条道路才能使全体农民富裕起来，才能使农民利益同国家利益、工业化利益、工农联盟利益相一致。[①] 中共中央于1953年12月16日通过的《关于发展农业生产合作社的决议》，在阐述中国共产党在农村中工作的最根本任务时，第一次在党的文献中使用“共同富裕”概念，这是从逐步实现对农业、手工业和资本主义工商业的社会主义改造联系在一起的社会改造和发展目标。在农业生产合作化实现后，1957年党的八届三中全会通过的《一九五六年至一九六七年全国农业发展纲要（修正草案）》丰富了这一道路的表述，即：“发展农业可以有两条道路。一条是资本主义道路：让农民的命运掌握在地主、富农和投机商人的手里，极少数人发财而大多数人贫困和不断破产。一条是社会主义道路：让农民在工人阶级的领导下掌握自己的命运，共同富裕和共同繁荣。这两条道路的斗争在我国过渡时期中将长期地存在，但是，由于农业合作化的基本完成，我国绝大多数农民已经摆脱了前一条道路，走上后一条道路。今后的任务是要尽力巩固合作化制度，同时继续反对农村中的资本主义自发势力。”[②]

共同富裕，是自古以来中国人民的一个基本理想，是马克思主义的一个基本目标。孔子说：“不患寡而患不均，不患贫而患不安。”孟子说：“老吾老以及人之老，幼吾幼以及人之幼。”《礼记·礼运》具体而生动地描绘了“小康”社会和“大同”社会的状态。按照马克思、恩格斯的构想，共产主义社会将彻底消除阶级之间、城乡之间、脑力劳动和体力劳动之间的对立和差别，实行各尽所能、按需分配，真正实现社会共享、实现每个人自由而全面的发展。[③]

全体人民共同富裕是中国式现代化的目标，是人类文明新形态的重要组成部分，是与资本主义创造的文明形态的显著区别。中国共产党走共同富裕道路，

---

① 《人民日报》，1953年11月16日，第1版。

② 《人民日报》，1957年10月26日，第1版。

③ 《十八大以来重要文献选编》（下），中央文献出版社2018年版，第169页。

就是与走资本主义道路还是走社会主义道路的选择联系在一起的，就是要避免资本主义现代化进程中的两极分化现象。在资本主义现代化进程中，物质财富增长并没有扼制两极分化扩大化现象，反而有所加剧。1910 年，法国最富的 1% 和 10% 人群拥有社会财富的 60% 和 90%。历经两次世界大战，财富不平等逐渐缩小，并在 20 世纪 70 年代维持在相对低的水平，但 20 世纪 80 年代以来，欧美财富不平等再次呈现扩大的趋势。[①] 联合国开发计划署的《1993 年人文发展报告》显示，两极分化扩大，占世界人口 20% 的最富裕人的收入与占世界人口 20% 的最贫穷人的收入比，由 1960 年的 30 倍增加到 1990 年的 90 倍。世界经济论坛创始人施瓦布在《第四次工业革命——行动路线图：打造创新型社会》一书中写道，全球最富有的 1% 人口拥有的财富超过其余 99% 人口财富的总和，收入分配不平等、发展空间不平衡令人担忧。[②]

中国共产党不断朝着全体人民共同富裕的目标前进。1955 年 10 月，毛泽东在资本主义工商业社会主义改造问题座谈会上指出：“现在我们实行这么一种制度，这么一种计划，是可以一年一年走向更富更强的，一年一年可以看到更富更强些。而这个富，是共同的富，这个强，是共同的强，大家都有份。”[③] 改革开放历史新时期，邓小平同志多次强调共同富裕。1990 年 12 月，他在同几位中央负责同志谈话时指出：“共同致富，我们从改革一开始就讲，将来总有一天要成为中心课题。社会主义不是少数人富起来、大多数人穷，不是那个样子。社会主义最大的优越性就是共同富裕，这是体现社会主义本质的一个东西。”[④] 1995 年 9 月，江泽民在党的十四届五中全会闭幕时强调：“实现共同富裕是社会主义的根本原则和本质特征，绝不能动摇。”[⑤] 2005 年 2 月，胡锦涛要求“使全体人民共享改革发展的成果，使全体人民朝着共同富裕的方向稳步

① 易行健等：《财富不平等问题研究新进展》，《经济学动态》2021 年第 12 期。

② ［美］克劳斯·施瓦布、［澳］尼古拉斯·戴维斯：《第四次工业革命——行动路线图：打造创新型社会》，中信出版社 2018 年版。

③ 《毛泽东文集》第 6 卷，人民出版社 1999 年版，第 495 页。

④ 《邓小平文选》第 3 卷，人民出版社 1993 年版，第 364 页。

⑤ 《十四大以来重要文献选编》（中），人民出版社 1997 年版，第 1466 页。

前进”。[①]

中国共产党明确提出共同富裕是社会主义的本质要求。1992 年邓小平南方谈话指出：“社会主义的本质，是解放生产力，发展生产力，消灭剥削，消除两极分化，最终达到共同富裕。”[②] 习近平指出：“消除贫困、改善民生、逐步实现共同富裕，是社会主义的本质要求，是我们党的重要使命。”[③] 2021 年 8 月，习近平在中央财经委员会第十次会议上指出：“共同富裕是社会主义的本质要求，是中国式现代化的重要特征。我们说的共同富裕是全体人民共同富裕，是人民群众物质生活和精神生活都富裕，不是少数人的富裕，也不是整齐划一的平均主义。”[④]

中国共产党鲜明地把全体人民共同富裕明确为现代化目标。党的十八大以来，以习近平同志为核心的党中央担当起促进全体人民共同富裕的历史重任，将促进全体人民共同富裕明确为必须一以贯之的政策取向和经济社会发展目标。2012 年 11 月 15 日，党的十八届一中全会闭幕后，习近平同采访十八大的中外记者见面时指出：“我们的责任，就是要团结带领全党全国各族人民，继续解放思想，坚持改革开放，不断解放和发展社会生产力，努力解决群众的生产生活困难，坚定不移走共同富裕的道路。”[⑤] 2015 年 8 月 21 日，习近平在中共中央召开的党外人士座谈会上指出：“广大人民群众共享改革发展成果，是社会主义的本质要求，是我们党坚持全心全意为人民服务根本宗旨的重要体现。我们追求的发展是造福人民的发展，我们追求的富裕是全体人民共同富裕。改革发展搞得成功不成功，最终的判断标准是人民是不是共同享受到了改革发展成果。”[⑥]《中华人民共和国国民经济和社会发展第十三个五年规划纲要》不仅对经济社会发展作出全面规划，还以专章的篇幅对“缩小收入差距”作出规划，提出从规

---

① 胡锦涛：《在省部级主要领导干部提高构建社会主义和谐社会能力专题研讨班上的讲话》，人民出版社 2005 年版，第 21 页。

② 《邓小平文选》第 3 卷，人民出版社 1993 年版，第 373 页。

③ 习近平：《在河北省阜平县考察扶贫开发工作时的讲话》，《求是》2021 年第 4 期。

④ 习近平：《扎实推动共同富裕》，《求是》2021 年第 20 期。

⑤ 《十八大以来重要文献选编》（上），中央文献出版社 2014 年版，第 70 页。

⑥ 《人民日报》，2015 年 10 月 31 日，第 1 版。

范初次分配、加大再分配调节力度、调整优化国民收入分配格局等方面促进收入差距缩小的政策思路。党的十九大提出，中国特色社会主义新时代是逐步实现全体人民共同富裕的时代。从2020年到2035年全体人民共同富裕迈出坚实步伐，到21世纪中叶全体人民共同富裕基本实现。[①]这把逐步实现全体人民共同富裕明确为中国特色社会主义新时代的重大目标、重大特征。2018年3月20日，习近平在十三届全国人大一次会议上强调，我们要以更大的力度、更实的措施保障和改善民生，加强和创新社会治理，坚决打赢脱贫攻坚战，促进社会公平正义，在幼有所育、学有所教、劳有所得、病有所医、老有所养、住有所居、弱有所扶上不断取得新进展，让实现全体人民共同富裕在广大人民现实生活中更加充分地展示出来。[②]

党的十九届五中全会明确中国现代化是全体人民共同富裕的现代化，对扎实推动共同富裕作出重大战略部署。这次全会将“全体人民共同富裕取得更为明显的实质性进展”列为到2035年基本实现社会主义现代化的远景目标，在通过的《中共中央关于制定国民经济和社会发展第十四个五年规划和2035年远景目标的建议》中改善人民生活品质部分突出强调了“扎实推动共同富裕”，提出了一些重要要求和重大举措。2021年1月11日，习近平在省部级主要领导干部学习贯彻党的十九届五中全会精神专题研讨班上强调：“实现共同富裕不仅是经济问题，而且是关系党的执政基础的重大政治问题。我们决不能允许贫富差距越来越大、穷者愈穷富者愈富，决不能在富的人和穷的人之间出现一道不可逾越的鸿沟。当然，实现共同富裕，要统筹考虑需要和可能，按照经济社会发展规律循序渐进。同时，这项工作也不能等，要自觉主动解决地区差距、城乡差距、收入差距等问题，推动社会全面进步和人的全面发展，促进社会公平正义，让发展成果更多更公平惠及全体人民，不断增强人民群众获得感、幸福感、安全感，让人民群众真真切切感受到共同富裕不仅仅是一个口号，而是看得见、

---

① 习近平：《决胜全面建成小康社会　夺取新时代中国特色社会主义伟大胜利》，《人民日报》，2017年10月28日。

② 《十九大以来重要文献选编》（上），中央文献出版社2019年版，第391页。

摸得着、真实可感的事实。”[①] 2021年11月，国务院印发的《“十四五”推进农业农村现代化规划》将促进农民农村共同富裕作为推进中国特色农业农村现代化必须坚持的10个战略导向之一，并明确要巩固拓展脱贫攻坚成果，全面推进乡村振兴，使更多农村居民勤劳致富，进城农民工稳定就业增收，全体人民共同富裕迈出坚实步伐。[②] 2021年12月8日，习近平在中央经济工作会议上指出共同富裕是中国特色社会主义的本质要求，并从把“蛋糕”做大做好和把“蛋糕”切好分好、推动高质量发展中强化就业优先导向、发挥分配的功能和作用、完善公共服务政策制度体系等方面明确了实现共同富裕战略目标的实践途径。[③]

建设共同富裕示范区。促进全体人民共同富裕是一项长期艰巨的任务，需要选取部分地区先行先试、作出示范。2021年5月20日，中共中央、国务院印发《关于支持浙江高质量发展建设共同富裕示范区的意见》，明确以解决地区差距、城乡差距、收入差距问题为主攻方向，更加注重向农村、基层、相对欠发达地区倾斜，向困难群众倾斜，支持浙江创造性贯彻“八八战略”，在高质量发展中扎实推动共同富裕，着力在完善收入分配制度、统筹城乡区域发展、发展社会主义先进文化、促进人与自然和谐共生、创新社会治理等方面先行示范，构建推动共同富裕的体制机制，着力激发人民群众积极性、主动性、创造性，促进社会公平，增进民生福祉，不断增强人民群众的获得感、幸福感、安全感和认同感，为实现共同富裕提供浙江示范。《意见》明确到2025年和2035年的发展目标。

党的十八大以来，中国在促进经济社会发展的同时，也使中国在促进全体人民共同富裕上取得了明显进展。2012—2021年，中国农村贫困人口全部脱贫，城乡居民可支配收入比值缩小，形成世界上人口最多的中等收入群体，中等收入群体的占比由1/4左右上升到了1/3左右，居民收入基尼系数由0.474降低为0.466。[④] 中国创造全体人民共同富裕的现代化，与两极分化的资本主义现

---

① 习近平：《把握新发展阶段，贯彻新发展理念，构建新发展格局》，《求是》2021年第9期。

② 《国务院印发“十四五”推进农业农村现代化规划》，《人民日报》，2022年2月12日，第1版。

③ 习近平：《正确认识和把握我国发展重大理论和实践问题》，《求是》2022年第10期。

④ 《经济发展大提高　生态环境大改善（中国这十年·系列主题新闻发布）》，《人民日报》，2022年5月13日，第4版。

代化形成鲜明对比，是既能实现经济快速发展奇迹，又能实现社会长期稳定奇迹的重要原因。

由于长期形成的城乡发展和收入分配差距较大，促进全体人民共同富裕是一个长期的历史过程，需要更加积极有为的努力，创造条件，完善制度，脚踏实地，久久为功，稳步朝着共同富裕的目标迈进。

二、共享发展

中国共产党围绕共同富裕的目标，从中国实际出发，以历史的耐心，对实现路径进行了长期艰辛探索。在新民主主义革命时期，中国共产党把实现农民几千年对拥有一份自己土地的夙愿与农村政权建设、根据地建设统一起来，让农民翻身得解放，为共同富裕创造了根本社会条件。在社会主义革命和建设时期，经过农业社会主义改造，把引导农民组织起来与建立土地公有制统一起来，走农业集体化道路，既克服了小农经济生产经营困难，又使农民步入共同富裕之路。这期间，鉴于服务国家工业化战略需要对农业实行“取”的政策，在高度集中计划经济体制下实行农村政社合一、农产品统派购制度等，在很大程度上导致农业增产不增收。加之受认识局限影响，对农业实行单一集体经营，分配中存在平均主义现象。这些因素严重影响了农民的积极性。在改革开放和社会主义现代化建设新时期，实行放权，搞活经济，发展农业企业和乡镇企业，发挥能人和乡镇企业的带动作用，让一部分人先富起来，以先富带后富。这一时期，一方面农民收入大幅提高，但低于增收幅度更大的城镇居民，城乡收入差距明显拉大。城乡居民可支配收入比值，由 1984 年的 1.84 扩大到 2007 年的历史最高 3.14。另一方面公共财政长期没有覆盖农村，导致城乡基础设施和社会事业差距拉大。

党的十八大以来，在促进共同富裕方面，形成了包括共享在内的新发展理念，实现了理念创新。习近平在党的十八届五中全会上提出要以新的发展理念引领发展，并阐明创新、协调、绿色、开放、共享发展理念的内涵和相互关系。

党的十九大把坚持新发展理念作为新时代坚持和发展中国特色社会主义的基本方略之一。党的十九届五中全会强调，要把新发展理念贯穿发展全过程和各领域。坚持新发展理念，是关系中国发展全局的一场深刻变革。2022 年 3 月，习近平在参加十三届全国人大五次会议内蒙古代表团审议时指出，贯彻新发展理念是新时代我国发展壮大的必由之路。[①]新发展理念是一个系统的理论体系，回答了关于发展的目的、动力、方式、路径等一系列理论和实践问题，阐明了中国共产党关于发展的政治立场、价值导向、发展模式、发展道路等重大政治问题。贯彻新发展理念明确了中国现代化建设的指导原则。新发展理念传承党的发展理论，坚持以人民为中心的发展思想，深刻揭示了实现更高质量、更有效率、更加公平、更可持续、更加安全发展的必由之路，深化了中国共产党对中国特色社会主义经济发展规律的认识，是习近平经济思想的主要内容，推进了中国特色社会主义政治经济学创新发展。

党的十八届五中全会提出的共享发展理念，其内涵主要有 4 个方面。一是共享是全民共享。这是就共享的覆盖面而言的。共享发展是人人享有、各得其所，不是少数人共享、一部分人共享。二是共享是全面共享。这是就共享的内容而言的。共享发展就要共享国家经济、政治、文化、社会、生态各方面建设成果，全面保障人民在各方面的合法权益。三是共享是共建共享。这是就共享的实现途径而言的。共建才能共享，共建的过程也是共享的过程。要充分发扬民主，广泛汇聚民智，最大激发民力，形成人人参与、人人尽力、人人都有成就感的生动局面。四是共享是渐进共享。这是就共享发展的推进进程而言的。一口吃不成胖子，共享发展必将有一个从低级到高级、从不均衡到均衡的过程，即使达到很高的水平也会有差别。我们要立足国情、立足经济社会发展水平来思考设计共享政策，既不裹足不前、铢施两较、该花的钱也不花，也不好高骛远、寅吃卯粮、口惠而实不至。这 4 个方面是相互贯通的，要整体理解和把握。[②]

共享发展理念是尊重经济社会规律的理念创新。中国特色社会主义鲜明地

① 《习近平谈治国理政》第 4 卷，外文出版社 2022 年版，第 34 页。
② 《十八大以来重要文献选编》（下），中央文献出版社 2018 年版，第 170 页。

标立了共同富裕的目标方向，这并非“乌托邦”，而是尊重经济社会发展规律的目标境界。发展与共享，两者不是孤立的，而是相互促进，发展使共享有了基础，共享才能实现发展。一方面，发展成果由人民共享，可以促进生产与消费的均衡，避免资本主义国家周期性地发生因少数人占有财富而扩大产能、多数人购买力低而消费跟不上所导致的供大于求，由此导致的经济波动乃至经济危机。中国能够实现经济的持续稳定发展，克服 1997 年亚洲金融危机、2008 年国际金融危机的大冲击，共享发展成果而保障生产与消费的基本均衡是重要原因。另一方面，发展成果由人民共享，不仅体现公平，也使付出与回报一致，使全体人民在共享发展中有更多获得感，形成有效激励机制，使经济的发展建立在社会和谐进步和人人参与、人人尽力的基础之上，从而使经济的发展更加坚实和具有可持续性。党的十八届五中全会提出发展为了人民、发展依靠人民、发展成果由人民共享，是对十八届三中全会提出的“让发展成果更多更公平惠及全体人民”的理论升华，更好地体现了社会主义本质的要求。把共享与创新、协调、绿色、开放一道列为关系中国发展全局的一场深刻变革的新理念，是在经济社会上升到上中等收入国家的新台阶，为避免拉美国家等因收入差距较大而受困于中等收入陷阱现象的发生，从社会主义本质要求和践行以人民为中心的发展思想出发，顺应经济社会发展规律的又一次理念创新。

践行共享理念使通往共同富裕之路更加清晰和坚实。马克思主义一开始是从生产资料所有制层面来探索共同富裕的实现路径的，社会主义国家由此普遍建立起生产资料公有制，中国在 20 世纪 50 年代消灭私有制建立起单一公有制。改革开放以来，基于中国还处于社会主义初级阶段的国情，从解放和发展生产力出发，在改革中保进公有制为主体、多种所有制经济共同发展，逐步建立健全社会主义市场经济体制。与这一改革相对应，对实现共同富裕的路线图进行了完善，由齐头并进调整为一部分人和一部分地区先富、先富带后富。在中国成功地突破弱势窘境而由低收入国家攀升到上中等收入国家和全面建成小康社会决胜阶段，创新性提出共享发展理念，不仅把共享发展成果的政策主张由分配环节贯穿到发展的整个过程，还由政策取向上升到引领发展思路和政策改进的理念的新高度，引领着发展路径、政策、制度的完善，为乡村振兴提供强大动力，使共同富裕之路越走越宽广。

随着包括共享发展在内的新发展理念的提出和践行，探索形成了社会主义市场经济下促进全体人民共同富裕的有效路径和政策体系。中国把做大“蛋糕”与分好“蛋糕”有机统一起来，既发挥市场促进资源更有效配置作用，又避免马太效应、资本无序扩张等导致两极分化，促进发展成果由人民共享，走共同富裕的道路，这是社会主义市场经济与资本主义市场经济的区别所在。在促进发展方面，坚持以经济建设为中心，统筹推进“五位一体”总体布局，促进经济、政治、文化、社会、生态全面协调发展。在坚持和完善基本经济制度方面，党的十九届四中全会对中国特色社会主义基本经济制度进行的新概括，将“公有制为主体、多种所有制经济共同发展的基本经济制度”，丰富发展为“公有制为主体、多种所有制经济共同发展，按劳分配为主体、多种分配方式并存，社会主义市场经济体制等社会主义基本经济制度”，这是对中国特色社会主义政治经济学的丰富发展，为促进共同富裕提供了更完善的制度保障。在完善再分配制度方面，调整收入分配格局，完善以税收、社会保障、转移支付等为主要手段的再分配调节机制，在做好一二次分配的同时做好三次分配，维护社会公平正义，解决好收入差距问题，使发展成果更多更公平地惠及全体人民。在实践中，致力于做好促进共同富裕顶层设计落实到“最后一公里”落地的工作。这些都使促进全体人民共同富裕的实现路径日益拓展。

党的十八大以来，中国共产党在促进全体人民共同富裕进程中，特别注重解决城乡发展不平衡的问题、贫困人口脱贫问题，并采取了重大措施：把脱贫攻坚作为重中之重，使现行标准下农村贫困人口全部脱贫；把增加农民收入作为“三农”工作的中心任务，优先发展农业农村，实施乡村振兴战略；坚持和完善农村基本经营制度，完善股权结构，让农民有其股，探索土地承包经营权入股的有效实现、促进农村集体经济组织股份合作制改造、促进农民合作社与成员建立股权联结，在促进互助合作和利益共享机制等形成上作出制度安排，以夯实共享发展的基础[①]。

① 参见郑有贵：《夯实共享发展的基础》，《红旗文稿》2016 年第 5 期。

三、利益联结

共享发展成果的一个有效实现路径，就是构建起农民能够充分分享发展成果的农村一二三产业融合发展的利益联结机制，并将其制度化。习近平在2017年底召开的中央农村工作会议上指出，农村一二三产业融合不是简单的一产“接二连三”，关键是完善利益联结机制，不能富了老板、丢了老乡，要通过就业带动、保底分红、股份合作等多种形式，让农民合理分享全产业链增值收益。①2020年6月9日，习近平在宁夏回族自治区贺兰县稻渔空间乡村生态观光园考察时指出，发展现代特色农业和文化旅游业，必须贯彻以人民为中心的发展思想，突出农民主体地位，把保障农民利益放在第一位。要探索建立更加有效、更加长效的利益联结机制，确保乡亲们持续获益。②

在共享发展理念下，自2013年起的中央一号文件等，明确了建立健全农民分享产业链增值收益机制的政策取向和实现路径，并逐步完善产业链利益联结机制。2013年中央一号文件提出，推动龙头企业与农户建立紧密型利益联结机制，采取保底收购、股份分红、利润返还等方式，让农户更多分享加工销售收益。2014年中央一号文件提出，鼓励发展混合所有制农业产业化龙头企业，推动集群发展，密切与农户、农民合作社的利益联结关系。2015年中央一号文件提出，引导农民以土地经营权入股合作社和龙头企业。2016年中央一号文件明确了多方面完善农业产业链与农民的利益联结机制的措施：促进农业产加销紧密衔接，农村一二三产业深度融合，推进农业产业链整合和价值链提升，让农民共享产业融合发展的增值收益，培育农民增收新模式；支持供销合作社创办领办农民合作社，引领农民参与农村产业融合发展、分享产业链收益；创新发展订单农业，支持农业产业化龙头企业建设稳定的原料生产基地、为农户提供贷款担保和资助订单农户参加农业保险；鼓励发展股份合作，引导农户自愿以土地经营权等入股龙头企业和农民合作社，采取“保底收益＋按股分红”等方

① 《十九大以来重要文献选编》（上），中央文献出版社2019年版，第148页。

② 高云才、吴齐强、郁静娴、王浩、祝大伟、刘峰、毕京津：《这五年，粮食安全更稳固》，《人民日报》，2020年10月12日，第1版。

式，让农户分享加工销售环节收益，建立健全风险防范机制；加强农民合作社示范社建设，支持合作社发展农产品加工流通和直供直销；通过政府与社会资本合作、贴息、设立基金等方式，带动社会资本投向农村新产业、新业态；实施农村产业融合发展试点示范工程；财政支农资金使用要与建立农民分享产业链利益机制相联系；巩固和完善“合同帮农”机制，为农民和涉农企业提供法律咨询、合同示范文本、纠纷调处等服务。2018 年中央一号文件提出，构建农村一二三产业融合发展体系。大力开发农业多种功能，延长产业链、提升价值链、完善利益链，通过保底分红、股份合作、利润返还等多种形式，让农民合理分享全产业链增值收益。2018 年中共中央、国务院印发的《乡村振兴战略规划（2018—2022 年）》提出，加快推广“订单收购 + 分红”“土地流转 + 优先雇用 + 社会保障”“农民入股 + 保底收益 + 按股分红”等多种利益联结方式，让农户分享加工、销售环节收益。2019 年中央一号文件提出，健全农村一二三产业融合发展利益联结机制，让农民更多分享产业增值收益。2020 年中央一号文件提出，支持各地立足资源优势打造各具特色的农业全产业链，建立健全农民分享产业链增值收益机制，形成有竞争力的产业集群，推动农村一二三产业融合发展。重点培育家庭农场、农民合作社等新型农业经营主体，培育农业产业化联合体，通过订单农业、入股分红、托管服务等方式，将小农户融入农业产业链。2021 年中央一号文件提出，依托乡村特色优势资源，打造农业全产业链，把产业链主体留在县城，让农民更多分享产业链增值收益。

党的十八大以来，中国在促进农村一二三产业融合发展进程中，因地制宜地探索多种形式利益分享机制，促进了农民的富裕富足，促进了共同富裕，也促进了“三农”内生发展能力的增强。

四、集体致富

共同富裕的实现路径有多条，但集体致富促进农村全面发展和乡村全面振兴之路不可或缺。农村集体经济是集体成员利用集体所有的资源要素，通过合作与联合实现共同发展的一种经济形态，是社会主义公有制经济的重要形式。习近平在 2017 年底召开的中央农村工作会议上指出，壮大农村集体经济，是引领农民实现共同富裕的重要途径。①

党的十八大以来，以习近平同志为核心的党中央从战略上高度重视发展农村集体经济，致力于促进集体致富。2013 年中央一号文件提出，因地制宜探索集体经济多种有效实现形式，不断壮大集体经济实力。中共中央、国务院于 2016 年 12 月印发的《关于稳步推进农村集体产权制度改革的意见》明确提出，“发挥农村集体经济组织功能作用。农村集体经济组织是集体资产管理的主体，是特殊的经济组织，可以称为经济合作社，也可以称为股份经济合作社。发挥好农村集体经济组织在管理集体资产、开发集体资源、发展集体经济、服务集体成员等方面的功能作用。”2017 年中央一号文件提出，抓紧研究制定农村集体经济组织相关法律，赋予农村集体经济组织法人资格。2017 年 3 月，十二届全国人大五次会议通过民法总则，将农村集体经济组织列为一类特别法人，明确农村集体经济组织依法取得法人资格。2020 年中央一号文件提出，探索拓宽农村集体经济发展路径，强化集体资产管理。2021 年 11 月国务院印发的《“十四五”推进农业农村现代化规划》将集体收益作为“十四五”推进农业农村现代化主要指标之一，明确“十四五”时期，集体收益 5 万元以上的村占比提高 5.6 个百分点，即提高到 60%；明确要深化农村集体产权制度改革，完善产权权能，将经营性资产量化到集体经济组织成员，有效盘活集体资产资源，发展壮大新型农村集体经济；开展集体经营性资产股份自愿有偿退出试点。概括起来，党的十八大以来的 10 年间，中国在促进农村集体经济发展上，采取了以下几方面措施。

坚持农村土地集体所有不动摇，为共同富裕提供制度保障。20 世纪 50 年代初，中国在社会主义改造中建立起的农村土地集体所有制，是中国共产党领导农民革命取得的伟大的制度财富。马克思主义认为，私有制是贫困的根源，走向共同富裕要以公有制为基础。马克思基于对资本主义生产方式中“工人生

① 《十九大以来重要文献选编》（上），中央文献出版社 2019 年版，第 145 页。

产的财富越多，他的产品的力量和数量越大，他就越贫穷”[①]的经济事实的分析，指出无产阶级贫困源于资本主义制度，要通过消灭资本主义制度消除贫困。恩格斯指出：“工人阶级处境悲惨的原因不应当到这些小的弊病中去寻找，而应当到资本主义制度本身中去寻找。”[②]中国共产党坚持农村土地集体所有不动摇，并从中国实际出发不断完善农村土地集体所有制，探索形成基于农村基本经营制度、坚持共享发展的农业农村组织化促进共同富裕和现代化之路。习近平在2013年底召开的中央农村工作会议上指出，坚持农村土地农民集体所有。这是坚持农村基本经营制度的“魂”。农村土地集体所有是农村最大的制度。农村基本经营制度是农村土地集体所有制的实现形式，农村土地集体所有权是土地承包经营权的基础和本位。坚持农村基本经营制度，就要坚持农村土地集体所有。[③]2016年12月，中共中央、国务院印发的《关于稳步推进农村集体产权制度改革的意见》，从“为探索农村集体所有制有效实现形式，创新农村集体经济运行机制，保护农民集体资产权益，调动农民发展现代农业和建设社会主义新农村的积极性”出发，提出稳步推进农村集体产权制度改革。文件还明确了推进农村集体产权制度改革的原则，其中第二条原则是，“坚守法律政策底线。坚持农民集体所有不动摇，不能把集体经济改弱了、改小了、改垮了，防止集体资产流失；坚持农民权利不受损，不能把农民的财产权利改虚了、改少了、改没了，防止内部少数人控制和外部资本侵占”。文件还就维护农村集体经济组织合法权利作出明确规定，主要措施包括：严格保护集体资产所有权，防止被虚置；农村承包土地经营权流转不得改变土地集体所有性质，不得违反耕地保护制度；在农村土地征收、集体经营性建设用地入市和宅基地制度改革试点中，探索正确处理国家、集体、农民三者利益分配关系的有效办法；对于经营性资产，要体现集体的维护、管理、运营权利；对于非经营性资产，不宜折股量化到户，要根据其不同投资来源和有关规定统一运行管护。长期实践已经表明，中国实行农村土地农民集体所有、家庭承包经营制度，从根本上保证

---

① 《马克思恩格斯选集》第1卷，人民出版社1995年版，第40页。

② 《马克思恩格斯文集》第1卷，人民出版社2009年版，第368页。

③ 《十八大以来重要文献选编》（上），中央文献出版社2014年版，第668页。

广大农民平等享有基本生产资料，为实现共同富裕奠定了坚实基础。

加强农村基层党组织对集体经济的领导。中共中央、国务院于2016年12月印发的《关于稳步推进农村集体产权制度改革的意见》，将“坚持党的领导”明确为推进农村集体产权制度改革的5条基本原则之一，要求坚持农村基层党组织的领导核心地位不动摇，围绕巩固党在农村的执政基础来谋划和实施农村集体产权制度改革，确保集体经济组织依法依规运行，逐步实现共同富裕。在基层党组织领导下，探索明晰农村集体经济组织与村民委员会的职能关系，有效承担集体经济经营管理事务和村民自治事务。有需要且条件许可的地方，可以实行村民委员会事务和集体经济事务分离。妥善处理好村党组织、村民委员会和农村集体经济组织的关系。2018年中央一号文件进一步提出，坚持农村集体产权制度改革正确方向，发挥村党组织对集体经济组织的领导核心作用，防止内部少数人控制和外部资本侵占集体资产。2018年，中共中央组织部、财政部、农业农村部联合印发的《关于坚持和加强农村基层党组织领导扶持壮大村级集体经济的通知》，提出健全村党组织领导、村集体经济法人治理、经营运行、收益分配和监督管理等机制，通过扶持行政村发展壮大集体经济，示范带动各地进一步加大政策支持、资金扶持和统筹推进力度，增强村级组织自我保障和服务群众能力，提升农村基层党组织的组织力。这一通知还明确了逐步消除集体经济薄弱村的时间表，并提出了相应措施。

各地农村基层党组织从实际出发，加强对集体经济的领导，探索促进集体经济发展的实现路径。贵州省安顺市平坝区乐平镇塘约村党支部领办“合股联营、村社一体”合作社的做法，被全国不少地方学习借鉴。塘约村是一个贫困村，2014年村集体收入只有上级拨款3万元和间伐木材收入1万元，很多人不堪贫穷，纷纷外出务工，土地撂荒率在30%以上，是名副其实的“空心村”。本来就贫困的塘约村，2014年6月3日又遭遇百年未见的大洪水洗劫，田毁了，路也毁了。村党支部面对被水灾破坏的村子，探索实现灾后重建和新发展的路径，领导创办“合股联营、村社一体”合作社，在对土地、林地、宅基地、农村房屋、小型水利、集体财产等七权同确后，全村村民自愿将承包地流转到合作社，合作社、村集体、村民按照3∶3∶4的比例进行收益分成，走上了重新抱

塘约村。2017 年作者摄

团发展的集体发展道路，走上了一条农民切身利益都能够得到保障的共同富裕道路。经过短短 3 年的发展，到 2016 年，该村集体收入从不足 4 万元增加至 180 万元，农民人均纯收入由 2013 年不足 4000 元提高到 2016 年的 10030 元，实现了从国家级二类贫困村到小康村的华丽转身。[①] 2016 年，报告文学家王宏甲深入调研，根据所看所访，撰写的《塘约道路》[②] 出版后，引起了广泛关注和强烈反响。2017 年 4 月，中共贵州省第十二次党代会号召全省学习推广安顺市塘约村领办“村社一体”合作社的经验，让更多贫困户参与、让更多农民增收、让更多村集体经济增长。很多外省有关部门也组织到塘约村观摩，回去后从当地实际出发，探索党支部领办合作社。2017 年起，山东省烟台市组织部门从塘约村实践中得到启发，开始探索推行村党支部领办合作社 [③]。烟台市是一个经济相对发达的城市，但农村集体经济多年薄弱的问题仍然比较突出。在探索村党支部领办合作社之初的 2017 年，全市村集体收入 5 万元以下的村庄 2100 个，占 32.6%。有些村得过且过，习惯“等靠要”；有的村即使有集体经济，但大多

① 李宇：《平坝区塘约村："七权同确"跑出小康"加速度"》，http://www.china.com.cn/news/2017-03/05/content_40414477.htm.

② 参见王宏甲：《塘约道路》，人民出版社 2017 年版。

③ 参见江宇：《烟台纪事：党支部领办合作社之路》，人民出版社 2021 年版。

是靠资源吃饭，简单发包租赁，增收渠道单一，发展后劲不足。[①] 村党支部领办合作社，把党支部的政治优势、组织优势同合作社的经济优势以及群众的能动性有机结合起来，通过股份合作等多种形式，构建村集体与农民群众新的经济联结纽带，重新把分散的农民组织起来，重新把碎片化的资源要素整合起来，抱团发展、规模经营，蹚出了一条共同富裕路径。到 2021 年 7 月作者调研时，全市共有 3245 个村党支部领办了合作社，带动村集体增收 3.9 亿元、带动群众增收 5 亿元，全国各地有 1.8 万人次到烟台观摩。

对促进集体经济发展实施支持政策。2016 年中央一号文件提出，制定促进农村集体产权制度改革的税收优惠政策，开展扶持村级集体经济发展试点。中共中央、国务院于 2016 年 12 月印发的《关于稳步推进农村集体产权制度改革的意见》明确要对发展壮大集体经济加大政策支持力度。文件提出，清理废除各种阻碍农村集体经济发展的不合理规定，营造有利于推进农村集体产权制度改革的政策环境。农村集体经济组织承担大量农村社会公共服务支出，不同于一般经济组织，其成员按资产量化份额从集体获得的收益，也不同于一般投资所得，要研究制定支持农村集体产权制度改革的税收政策。进一步完善财政引导、多元化投入共同扶持集体经济发展机制。对政府拨款、减免税费等形成的资产归农村集体经济组织所有，可以量化为集体成员持有的股份。逐步增加政府对农村的公共服务支出，减少农村集体经济组织的相应负担。完善金融机构对农村集体经济组织的融资、担保等政策，健全风险防范分担机制。统筹安排农村集体经济组织发展所需用地。2022 年中央一号文件提出，巩固提升农村集体产权制度改革成果，探索建立农村集体资产监督管理服务体系，探索新型农村集体经济发展路径。稳妥有序推进农村集体经营性建设用地入市。推动开展集体经营性建设用地使用权抵押融资。[②] 党的十八大以来，有关部门积极落实中央关于发展壮大集体经济的支持政策。在财政支持上，财政部 2015 年出台了《关于印发〈扶持村级集体经济发展试点的指导意见〉的通知》，2016 年，中央财政安排资金 33 亿元，通过以奖代补形式，支持全国 13 个试点省份开展扶持

---

① 参见李志怡：《党支部领办合作社：乡村振兴的烟台路径》，《小康》2021 年 8 月下旬刊。

② 《人民日报》，2022 年 2 月 23 日，第 1 版。

村级集体经济发展试点，以增强村集体自我发展、自我服务、自我管理能力和水平；2017年，将试点省份扩大至23个，并安排50亿元继续支持各地开展试点[①]；2018年，试点范围扩大至28个省份和4个计划单列市。中央组织部、财政部、农业农村部于2018年印发的《关于坚持和加强农村基层党组织领导扶持壮大村级集体经济的通知》，明确到2022年，在全国范围内扶持10万个左右的村发展壮大集体经济。截至2020年8月，共安排扶持资金289亿元支持发展农村集体经济试点。[②]在税收支持上，财政部、国家税务总局于2017年6月印发的《关于支持农村集体产权制度改革有关税收政策的通知》明确规定：对进行股份合作制改革后的农村集体经济组织承受原集体经济组织的土地、房屋权属，免征契税；对农村集体经济组织以及代行集体经济组织职能的村民委员会、村民小组进行清产核资收回集体资产而承受土地、房屋权属，免征契税；对因农村集体经济组织以及代行集体经济组织职能的村民委员会、村民小组进行清产核资收回集体资产而签订的产权转移书据，免征印花税；对农村集体土地所有权、宅基地和集体建设用地使用权及地上房屋确权登记，不征收契税。2019年中央一号文件提出，研究完善适合农村集体经济组织特点的税收优惠政策。在金融支持上，人民银行、银保监会、证监会、财政部、农业农村部于2019年1月联合印发《金融服务乡村振兴的指导意见》，要求做好农村产权制度改革金融服务，发展壮大农村集体经济。

各地从实际出发，对发展壮大农村集体经济实施政策支持。例如，2020年10月，中共海南省委办公厅、海南省人民政府办公厅印发通知，明确了大力发展农村市场主体、壮大农村集体经济的18条措施：在实施更加开放的人才政策上，鼓励驻村第一书记和乡村振兴工作队员、扶贫工作队员自愿长期扎根基层，允许主要从事科技创新或科技创新成果转化工作的高校、科研院所等事业单位专业技术人员离岗下乡领办、创办、兴办农村集体经济项目，可以知识产

---

① 《关于政协十二届全国委员会第五次会议第0283号（农业水利类041号）提案答复摘要》，农业农村部网，http://www.moa.gov.cn/govpublic/NCJJTZ/201709/t20170928_5831164.htm.

② 《超七成村完成农村集体产权制度改革》，《人民日报》，2020年8月23日，第2版。《43.8万个村完成集体产权制度改革》，《经济日报》，2020年8月22日，第5版。

权、资金等要素入股、参股，获取股份收益，支持符合条件的退休人员参与农村集体经济发展，支持大学生下乡创新创业，支持能人下乡发展农村集体经济；在盘活农村资源要素方面，支持社会资本与农村集体经济组织深度合作，创新做好村庄规划编制，用活用好集体经营性建设用地入市政策，盘活农村闲置宅基地和闲置农房，盘活乡村闲置公益设施，建立城乡统一的农村产权交易平台；在创新财税金融政策方面，加大财政资金支持力度，允许村集体承建农村中小型项目，鼓励行政村将财政补助资金转化为村级集体股份，创新金融服务模式，实施优惠的税收政策；在全面加强组织领导方面，建立领导工作机制，切实做好宣传引导。其中，第 12 条“加大财政资金支持力度”规定，从 2020 年到 2022 年，省财政统筹安排补助资金，按照每个行政村不低于 50 万元的标准，每年扶持 500 个行政村，补助资金不得用于基础设施建设，主要用于发展村级集体经济项目，可作为村级集体经济与企业合作发展的股本金，获取股份收益。第 17 条“建立领导工作机制”规定，市县农村集体产权制度改革领导小组应将工作重点调整到集体经济发展上来，定期研究农村集体经济发展相关问题；将农村集体经济发展列为“一把手”工程，纳入市县乡镇党委书记乡村振兴实绩考核的重要内容，作为发现干部、识别干部、使用干部的重要参考；选优配强村“两委”领导班子，及时调整发展集体经济不力的村党组织负责人；做好驻村第一书记和乡村振兴工作队的派驻管理工作，加强省、市县、乡镇各级农经队伍建设，强化对村集体经济发展的指导和服务。[①]

实施贫困地区集体经济薄弱村发展提升计划。中国对贫困地区集体经济的支持，采取了更有力的措施。2018 年 6 月，中共中央、国务院印发的《关于打赢脱贫攻坚战三年行动的指导意见》指出，积极推动贫困地区农村资源变资产、资金变股金、农民变股东改革，制定实施贫困地区集体经济薄弱村发展提升计划，通过盘活集体资源、入股或参股、量化资产收益等渠道增加集体经济收入。2019 年 6 月，农业农村部在总结各地经验的基础上，制定出台《关于进一步做好贫困地区集体经济薄弱村发展提升工作的通知》，提出贫困地区集体经济薄

① 《关于大力发展农村市场主体壮大农村集体经济的十八条措施》，《海南日报》，2020 年 10 月 16 日，第 5 版。

弱村发展提升计划，鼓励各地以发展产业、盘活资源等为抓手，探索贫困地区薄弱村集体经济发展提升的有效路径。《通知》还提出，非贫困地区可参照本通知，对本地区集体经济薄弱村发展提升进行指导和扶持。

鼓励多种形式发展集体经济。中共中央、国务院于2016年12月印发的《关于稳步推进农村集体产权制度改革的意见》明确指出，从实际出发探索发展集体经济有效途径。支持农村集体经济组织为农户和各类农业经营主体提供产前产中产后农业生产性服务。鼓励整合利用集体积累资金、政府帮扶资金等，通过入股或者参股农业产业化龙头企业、村与村合作、村企联手共建、扶贫开发等多种形式发展集体经济。在实践中，一些农村集体经济组织整合利用集体积累资金、政府帮扶资金等，通过入股或参股农业产业化龙头企业、村与村合作、村企联手共建、扶贫开发等形式发展集体经济；利用未承包到户的集体“四荒”地、果园、养殖水面等资源，集中开发或通过公开招投标等方式发展现代农业项目；采取租赁、入股等形式，将农户承包林地吸纳进村集体股份合作林场，大力发展用材林、经济林、林下经济、森林旅游康养等产业；利用生态环境和人文历史等资源发展休闲农业和乡村旅游；在符合规划前提下，探索利用闲置的各类房产设施、集体建设用地等，以自主开发、合资合作等方式发展相应产业；在城镇规划区、经济开发区等优势区位，跨区域抱团建设仓储设施、商铺门面、标准厂房等“飞地”项目，实现集体经济可持续发展。

对农村集体经济组织予以登记赋码。长期以来，农村集体经济组织没有在有关部门登记，即便少数集体经济组织登记了，也存在登记不规范、登记内容五花八门等情况，导致农村集体经济组织经营不畅。中共中央、国务院于2016年12月印发的《关于稳步推进农村集体产权制度改革的意见》明确，现阶段可由县级以上地方政府主管部门负责向农村集体经济组织发放组织登记证书，农村集体经济组织可据此向有关部门办理银行开户等相关手续，以便开展经营管理活动。2018年5月，为充分发挥农村集体经济组织的功能作用，确保其正常开展经营管理活动，农业农村部、中国人民银行、国家市场监督管理总局印发《关于开展农村集体经济组织登记赋码工作的通知》，提出做好农村集体经济组织登记赋码、银行开户等业务。2018年11月全国农村集体产权制度改革试点推进会上，首批10个农村集体经济组织获农业农村部颁发的登记证书。对全国各级农村集体经济组织着手进行规范登记，并赋全国统一社会信用代码，农村集体经济组织有了统一的“身份证”，有利于开设银行账户、从事经营管理活动。2020年4月《国务院关于农村集体产权制度改革情况的报告》显示，全国有超过27万个集体经济组织领到登记证书。①

党的十八大以来，各地因地制宜探索集体经济有效实现形式，农村集体经济组织创新与发展，资产规模、集体经营性收入发生重大变化，实力增强。2015年底至2020年底，全国村级集体经济组织由58.9万个减少到约54万个（这是由于受合并行政村后村的数量减少影响）；有集体经营性年收入但没有达到10万元的村级集体组织由18.7万个增加到24万个，增加了28.3%，占比由31.7%提高到44.4%；集体经营性年收入在10万元以上的村级集体组织由8.2万个增加到17.9万个，增长117.8%，占比由13.9%提高到33.1%。根据农业农村部统计，到2020年底，全国农村集体经济村、组和乡（镇）三级组织的资产总额为7.7万亿元，负债3.1万亿元，净资产超过4.6万亿元。全国农村的集体经济组织自实行产权制度改革以来，分红金额累计已达到4085亿元。其中，集体成员分红3352亿元，占82.1%；集体分红614亿元，占15.3%；还有不到3%的分红分给外来投入的资本。② 其中，2019年成员从集体经济中获得分红累计超过3800亿元，是2016年的3.6倍。③ 浙江省从2017年开始在全省实施消除集体经济薄弱村三年行动计划，到2019年底全面消除集体经济年收入低于10万元、经营性收入低于5万元的薄弱村。

农村集体经济在促进农村脱贫致富和乡村振兴中发挥着不可或缺的作用。对农村集体经济在巩固拓展脱贫攻坚成果同乡村振兴有效衔接中作用的认识，在学术界和实践工作中较普遍存在狭义化现象，突出表现是仅片面地看到集体经济收入较少，因而认为集体经济的作用不大。在这样的认识误区下，不少地

---

① 韩长赋：《国务院关于农村集体产权制度改革情况的报告》，中国人大网，http://www.npc.gov.cn/npc/c30834/202005/434c7d313d4a47a1b3e9edfbacc8dc45.shtml.

② 陈锡文：《发挥农村集体经济组织在共同富裕中的作用》，《乡村振兴》2022年第2期。

③ 《超七成村完成农村集体产权制度改革》，《人民日报》，2020年8月23日，第2版。《43.8万个村完成集体产权制度改革》，《经济日报》，2020年8月22日，第5版。

方发展壮大集体经济仅停留在一般性号召，满足于被动完成脱贫攻坚中规定的集体经济收入指标任务，满足于“搭乘”所引进龙头企业之“船”，跟随发展，不注重解决集体经济发展中遇到的困难，忽视对拓展集体经济发展路径的探索与创新。

农村集体经济在巩固拓展脱贫攻坚成果同乡村振兴有效衔接中的作用，不仅体现在集体经济收入和脱贫户从中获得的集体分红，更重要的是通过农村集体经济组织这一载体，促进脱贫乡村和农户自主发展能力的提升，促进乡村经济社会全面协调发展。其中，较为突出的作用表现在更好地联结龙头企业与农村产业发展和农民增收、统筹村域经济社会发展、保障国家财政支持资金所有形成资产不流失及有效促进共同富裕等方面。

第一，促进龙头企业与农户有效联结，实现产业发展和农民增收。帮扶脱贫地区产业发展走的是普惠性支持路径。无论是过去的贫困地区，还是现在的脱贫地区，由于普遍地处老少边穷地区，交通不便，产业技术水平不高，经营能力弱，开发新产业始终是其发展的一个难点。即便是有志参与脱贫地区产业开发的企业，在产业开发中也遇到诸多困境。其中一个难题是，如何与农户有效合作，以实现既满足企业进行产业开发中土地使用等的需求，又能让农民严格按新技术及其规程生产出高质量产品，同时能避免合作不稳定等经营风险。一些贫困地区在农村集体难以独立带动贫困户发展产业的情况下，将多方面的支持资金整合投资到村集体，村集体一方面将其入股龙头企业，另一方面发展股份合作经济，将其作为股份量化到农户。

通过农村集体经济组织这个纽带，把龙头企业与农户有效联结起来，形成龙头企业、集体、农民相互促进和共享发展成果的机制。首先，有利于解决龙头企业开发产业项目的资金问题。脱贫地区所引进的龙头企业不仅要研发适应当地自然条件的新技术，还面临产业开发资金短缺的问题。农村集体经济组织利用多方面支持资金入股龙头企业可有效解决上述问题。其次，发挥农村集体经济组织与农民关系紧密，并能有效动员的优势，促进龙头企业在建设生产基地上与农户有效对接，既解决了小农户在生产技术、销售等方面遇到的问题，又减少了龙头企业与农户合作的不稳定风险，从而有利于实现可持续发展和持续增收。同时，通过集体与龙头企业、集体与农户的股权连接，有利于完善共享发展成果的利益联结机制，使相互间合作更加紧密，也有利于增强合作的稳定性。最后，这样的合作过程是集体经济的股份合作制改造过程、集体资产保值增值过程、集体经济治理机制完善过程、集体经济发展壮大过程，既有利于农村集体经济组织统筹和积累机制的完善，又有利于其作用的更好发挥。简言之，农村集体经济组织在联结龙头企业与农户上起着枢纽作用，能有效减少产业链联接成本，有利于实现产业兴、农民富，企业发展、集体发展的统一。

第二，促进村域资源统筹配置，进而实现资源更充分利用和整体价值提升。脱贫村发挥集体统筹和积累作用，既有制度基础，又有政策机遇。制度基础是农村土地为集体所有，并实行统分结合的双层经营。政策机遇是有国家财政支持、对口地区和单位支持、社会支持等资金。从脱贫攻坚实践看，党支部领导发展集体经济的村，都能以脱贫致富为目标，统筹利用国家财政、对口支援、社会扶贫等多方面支持资金，统筹村域内产业发展规划及其资源配置，通过集体经济的带动作用，统筹山水林田湖草沙系统治理并打造生态共同体，实行短、中、长见效产业结合，促进一二三产业融合发展。集体统筹资源开发利用，改变一家一户各自发展的格局，可以避免单一市场主体各自为政下资源开发利用不到位、浪费，环境破坏，以及偏重短期增收而不重视长远发展等问题，有利于实现资源的更充分利用和整体价值提升，进而使发展空间有所拓展。例如，四川省凉山彝族自治州雷波县的甲谷村就是通过统筹资源开发利用，实施退耕还林，在产业发展上长短结合、种养结合，培植生态发展底色，让绿水青山变成金山银山。以此为基础，该村在较短时间内实现了由贫困村向乡村振兴示范村的转变。

第三，促进乡村经济社会全面协调发展。乡村振兴不仅是产业兴旺和经济发展，还要实现经济、政治、文化、社会、生态全面发展。农村集体经济组织有其他经济组织所不具有的功能，在党支部领导下，不仅可促进经济发展，还可促进社会发展，促进经济社会协调发展。[①]在脱贫攻坚中，不少党支部基于集体统筹和积累机制，把实施扶贫项目与发展集体经济协调起来，并以此为基础，

① 参见郑有贵：《构建内生发展能力强的农村社区集体行动理论——基于发达村与空心村社区集体积累和统筹机制的探讨》，《马克思主义研究》2017 年第 12 期。

扎实开展农村基础设施建设，实施环境整治，发展农村教育、医疗，培养本村本土人才，进而促进经济与社会协调发展，改善了农民生产生活条件，提升了农民人文素质，使农村形成崇尚新风、充满活力、和谐有序的新风尚，凝聚起人心。基于集体经济的发展，党支部领导促进农村经济社会全面协调发展，这是中国乡村治理的特色和优势，是中国创造世所罕见的经济快速发展奇迹和社会长期稳定奇迹不可或缺的支撑因素之一。

促进农村集体经济由“搭船”发展转向“造船”发展是未来的目标。脱贫地区农村集体经济组织缺乏发展大规模商品经济的历史基础和经营能力，自主发展能力弱，带动农户发展能力弱，促进共同致富和乡村振兴的功能发挥不充分。脱贫地区在脱贫攻坚期间，在农村集体经济组织及农户一般难以用多方支持资金独立开发产业的情况下，必然选择将其入股到所引进的龙头企业。这种类似“搭船”发展的做法，促进了产业发展，也促进了脱贫。但是，无论是农民还是集体，在这种跟随发展方式中，自主发展能力还很不充分。在实现脱贫后，站在新的发展起点，全面推进乡村振兴，应通过国家制定实施农村集体经济组织相关法律和实施相应支持政策，并对已有政策进行优化，促进农村集体经济在“搭船”发展过程中，实现自我积累和发展能力的提升，以此为基础，逐步向自己“造船”发展过渡。①

走集体致富之路，还需要对历史进行深刻反思，重新审视。长期参与中央“三农”文件起草的陈锡文在清华大学中国农村研究院主办的清华“三农”论坛（2022）上表示，近年来，农村集体成员不仅可以从集体经济发展中获得分红，集体的经营性收入还广泛用于村庄基础设施建设、公益事业发展与公共服务投入，提升了成员的福利。集体组织领办或参与的农村新产业、新业态，也给村民提供了就业机会，还能为村民提供多样化的生产性社会化服务。从这个角度来看，中国农村的集体经济组织不仅能够有效遏制农村两极分化，还可以为农民实现共同富裕作出新贡献。当然，农村集体经济发展值得忧虑的问题也很多。比如，最大的问题就是发展极不平衡。关于集体经济，除了好的变化，需要忧

---

① 郑有贵:《脱贫地区创新发展路径研究——以 5 年过渡期支持政策为重点》,《人民论坛·学术前沿》,2021 年 7 月。

虑的也很多。东部地区集体经济组织资产总额占全国的比重约为65.5%，且东部地区集体经济组织的资产性质更优化，经营性资产占比超过五成。相比之下，中部和西部地区集体经济组织的经营性资产比重分别仅为26.5%和23.9%，其余均为公益性资产，无法为集体拓宽收入来源，而要持续投入资金予以支持。此外，农村集体经济的管理体制和运行机制改革也还有许多文章要做。回顾以往的农村政策研究与制定过程，坦率地讲，农村集体经济组织问题并未得到应有的重视，这是由过去时代改革主题所决定的，今后我们是不是应更多关注，如何让农村集体经济组织在实现共同富裕方面发挥更大、更积极的作用，这个问题至关重要，值得大家思考。[①]这种对集体经济改革发展历程和现实进行实事求是的重新审视[②]，令人敬佩，对于正确认识把握农村集体经济改革发展历程和科学总结历史经验，进而科学把握发展规律，进一步走好集体致富之路，是有深刻启迪的。

五、同步小康

中国在全面建成小康社会和促进共同富裕进程中，把补齐全面建成小康社会中“三农”短板作为重大课题。习近平指出，“小康不小康，关键看老乡”。[③]这是对经济社会发展规律的科学把握和生动论述，展示了中国共产党着力破解全面建成小康社会“三农”短板难题的决心和信心，明确了坚持以人民为中心促进全体人民共同富裕取向的全面建成小康社会的目标体系和政策体系，厘清了“全国一盘棋”下决胜全面建成小康社会要抓的重点、要补的短板、要强的

① 陈锡文：《发挥农村集体经济组织在共同富裕中的作用》，《乡村振兴》2022年第2期。

② 第一财经记者邵海鹏对陈锡文在这次论坛上的演讲的报道说：陈锡文表示，自己曾经参与过一段时间的农村政策制定和研究，现在回过头去想，从我们所处的那个年代以及当时的实际情况来看，很多支持农村发展的政策对集体经济组织的关注是不够的。某种程度上，用在支持新型农业经营主体上的精力要比用在农村集体经济组织上的多。这可能是由过去时代所决定的，也可能是眼光不够长远、胸怀不够远大。见《陈锡文：如不能制止社会急速地发生贫富分化，那么实现共同富裕就是一句空话》，https://www.163.com/dy/article/GTD4IRPP0519D9DS.html.

③ 《十八大以来重要文献选编》（下），中央文献出版社2018年版，第29页。

弱项的工作布局。2013 年 7 月，习近平在湖北考察改革发展工作时强调，全面建成小康社会，难点在农村。[①] 2013 年 11 月，习近平在湖南考察时指出，全面建成小康社会，难点在农村特别是贫困地区[②]。2013 年 12 月，习近平在中央农村工作会议上指出，一定要看到，农村还是全面建成小康社会的短板。[③] 2015 年 10 月，习近平在党的十八届五中全会上作关于《中共中央关于制定国民经济和社会发展第十三个五年规划的建议》的说明时指出："十三五"规划作为全面建成小康社会的收官规划，必须紧紧扭住全面建成小康社会存在的短板，在补齐短板上多用力。比如，农村贫困人口脱贫，就是一个突出短板。我们不能一边宣布全面建成了小康社会，另一边还有几千万人口的生活水平处在扶贫标准线以下，这既影响人民群众对全面建成小康社会的满意度，也影响国际社会对我国全面建成小康社会的认可度。[④] 2016 年 4 月，习近平在农村改革座谈会上指出，改变农村是全面建成小康社会短板状况，根本途径是加快农村发展。[⑤] 习近平在 2017 年底召开的中央农村工作会议上提出，到 2020 年全面建成小康社会，最突出的短板在"三农"，必须打赢脱贫攻坚战、加快农业农村发展，让广大农民同全国人民一道迈入全面小康社会。到 2035 年基本实现社会主义现代化，大头重头在"三农"，必须向农村全面发展进步聚焦发力，推动农业农村农民与国家同步基本实现现代化。我们要加快补齐"三农"短板，夯实"三农"基础，确保"三农"在全面建成小康社会、全面建设社会主义现代化国家征程中不掉队。[⑥] 2018 年 7 月，习近平强调，要坚持乡村全面振兴，抓重点、补短板、强弱项，实现乡村产业振兴、人才振兴、文化振兴、生态振兴、组织振兴，推动农业全面升级、农村全面进步、农民全面发展。[⑦] 2020 年中央一号文件强调，脱贫攻坚质量怎么样、小康成色如何，很大程度上要看"三农"工作成效。

① 《人民日报》，2013 年 7 月 24 日，第 1 版。
② 《人民日报》，2013 年 11 月 6 日，第 1 版。
③ 《习近平关于"三农"工作论述摘编》，中央文献出版社 2019 年版，第 3 页。
④ 《十八大以来重要文献选编》（中），中央文献出版社 2016 年版，第 775 页。
⑤ 《习近平关于"三农"工作论述摘编》，中央文献出版社 2019 年版，第 5 页。
⑥ 《习近平关于"三农"工作论述摘编》，中央文献出版社 2019 年版，第 11 页。
⑦ 《人民日报》，2018 年 7 月 6 日，第 1 版。

脱贫攻坚最后堡垒必须攻克，全面小康"三农"领域突出短板必须补上。

党的十八大以来，中国牢固树立"小康不小康，关键看老乡"的发展观，发挥中国共产党领导的政治优势和社会主义的制度优势，全国一盘棋，着力破解数量庞大的乡村人口同步迈向全面小康社会难题，创造了数量庞大的乡村人口同步迈进全面小康社会奇迹。[①]农村经济建设、政治建设、文化建设、社会建设、生态文明建设全面协调推进。文化、医疗、卫生、体育事业全面持续发展，农村合作医疗制度逐步完善，农村社会保障水平日益提高。全国农村普遍实行九年义务教育制度，致力于建立覆盖从学前到研究生教育的全学段学生资助政策体系。随着农村各项社会事业的全面发展，农民综合素质和农村人力资本快速提升，与农业农村现代化发展和生产经营方式演进等共同作用，促进了农民发展空间的拓展。一方面，随着农作劳动强度减轻和把大量劳动力从农业中转移出来，农民在工业化、城镇化进程中向非农产业转移。另一方面，新型职业农民队伍壮大，又促进农民在农村一二三产业融合发展中发挥更积极的作用，进而促进农民发展空间的进一步拓展。数量庞大的乡村人口综合素质的提升并同步迈进全面小康社会，成为农业农村乃至整个国家经济社会发展的基础。

全面建成小康社会目标如期实现，数量庞大的农民一个不少地同步实现全面小康，使中华民族伟大复兴向前迈出了新的一大步，是中华民族伟大复兴征程上的又一座重要里程碑。

六、富裕富足

党的十八大以来，中国在促进共同富裕进程中，把增加农民收入作为"三农"工作的中心任务，将农民富作为乡村全面振兴的重要内容，采取多种措施促进农民富裕富足。

农民必须富，把增加农民收入作为"三农"工作的中心任务。习近平在

① 参见郑有贵:《攻坚克难补短板：农村同步迈向全面小康社会之路》，安徽人民出版社 2021 年版。

2013 年底召开的中央农村工作会议上强调，“中国要富，农民必须富。”[①] 2016 年 4 月，习近平在农村改革座谈会上指出，增加农民收入是“三农”工作的中心任务。农民小康不小康，关键看收入。检验农村工作实效的一个重要尺度，就是看农民的钱袋子鼓起来没有。要构建促进农民持续较快增收的长效政策机制，通过发展农村经济、组织农民外出务工经商、增加农民财产性收入等多种途径增加农民收入，不断缩小城乡居民收入差距，让广大农民尽快富裕起来。[②] 2016 年 12 月，习近平指出，农民的钱袋子鼓起来了没有，是检验农业供给侧结构性改革成效的重要尺度，要广辟农民增收致富门路，防止农民增收势头出现逆转。[③] 2018 年 6 月，习近平在山东考察时指出，农业农村工作，说一千、道一万，增加农民收入是关键。要加快构建促进农民持续较快增收的长效政策机制，让广大农民都尽快富裕起来。[④]

在促进农民增收上，避免农民被平均化，促进农民都增收。农民收入问题，既有城乡居民收入差距问题，又有农村中的低收入问题。在发展不平衡情况下，如果农民在城乡之间被平均化，那就是几亿农民被平均化；如果农民仅在农村范围被平均化，那也有一些贫困人口。2013 年 11 月，习近平在山东农科院召开座谈会时指出，与农民群众对美好生活的期待相比，农民增收致富奔小康还是一项极为艰巨的任务。突出表现为城乡收入差距仍然大。区域之间、农民内部之间的收入差距也很明显，平均数掩盖了大多数。[⑤] 2014 年 12 月，习近平在中央经济工作会议上指出：到 2020 年全面建成小康社会还有六年时间，从目前看，我国经济总量不断扩大，中产阶层比重稳步增加，到时候可以完成主要经济指标，但要全面完成扶贫脱困任务很不容易。扶贫工作事关全局，全党必须高度重视。做不好，不但贫困群众不满意，人们也会怀疑全面建成小康社会的真实性。[⑥] 为促进农民都能增收，各地更加扎实地实施精准扶贫，以保障每一户、

① 《十八大以来重要文献选编》（上），中央文献出版社 2014 年版，第 658 页。
② 习近平：《论坚持全面深化改革》，中央文献出版社 2018 年版，第 262 页。
③ 习近平：《论坚持全面深化改革》，中央文献出版社 2018 年版，第 305 页。
④ 《习近平关于“三农”工作论述摘编》，中央文献出版社 2019 年版，第 151 页。
⑤ 习近平：《论“三农”工作》，中央文献出版社 2022 年版，第 43 页。
⑥ 《习近平关于全面建成小康社会论述摘编》，中央文献出版社 2016 年版，第 5 页。

每一人都能实现增收，为进入全面小康社会奠定基础。

把农民富作为乡村全面振兴的重要目标。在2017年底召开的中央农村工作会议上，习近平明确指出，农民富不富，决定着亿万农民的获得感和幸福感，决定着我国全面小康社会的成色和社会主义现代化的质量。[①] 2018年中央一号文件将农民富明确为到2050年乡村全面振兴战略目标的重要内容。

促进农民富裕富足。在即将全面建成小康社会、开启全面建设社会主义现代化国家新征程之际，习近平在2020年底召开的中央农村工作会议上指出，举全党全社会之力推动乡村振兴，促进农业高质高效、乡村宜居宜业、农民富裕富足。[②]

江西省上犹县推行就业扶贫“6+1”模式，打造了集就业、创业、培训“三位一体”的乡村工业就业扶贫车间、就业扶贫农业基地、劳动就业组织、新型农村就业合作社、就业扶贫专岗和小微企业创业园6个就业创业平台，建立了1套扶勤不扶懒的奖补工作机制，激励农民增收。图为扶贫车间。
2020年9月作者摄

① 《习近平关于“三农”工作论述摘编》，中央文献出版社2019年版，第11页。

② 习近平：《坚持把解决好“三农”问题作为全党工作重中之重，举全党全社会之力推动乡村振兴》，《求是》2022年第7期。

党的十八大以来，中国在增加农民收入上，除本书已提到的质量兴农增效、构建利益联结机制更充分分享发展成果、集体致富等增收路径外，还强调和实施了以下政策取向和措施。

保持农村居民收入增速快于城镇居民。2018 年中央一号文件指出，拓宽农民增收渠道，鼓励农民勤劳守法致富，增加农村低收入者收入，扩大农村中等收入群体，保持农村居民收入增速快于城镇居民。2021 年中央一号文件进一步强调农民收入增长继续快于城镇居民。

坚持农民主体地位。[①] 2018 年中央一号文件把坚持农民主体地位作为实施乡村振兴战略的原则之一。文件强调，充分尊重农民意愿，切实发挥农民在乡村振兴中的主体作用，调动亿万农民的积极性、主动性、创造性，把维护农民群众根本利益、促进农民共同富裕作为出发点和落脚点，促进农民持续增收，不断提升农民的获得感、幸福感、安全感。习近平在 2020 年底召开的中央农村工作会议上指出，发展乡村产业要让农民有活干、有钱赚。很多地方在农业产业升级过程中，往往规模越来越大、用工越来越少、农户参与程度越来越低，这是市场自发作用的结果。但是，我们要把握好度，不能忘了农民这一头，要完善利益联结机制，通过“资源变资产、资金变股金、农民变股东”，尽可能让农民参与进来。要形成企业和农户产业链上优势互补、分工合作的格局，农户能干的尽量让农户干，企业干自己擅长的事，让农民更多分享产业增值收益。[②]

赋予农民更多财产权利。2014 年中央一号文件提出要赋予农民更多财产权利，2015 年中央一号文件提出要增加农民财产性收入。2015 年 8 月，国务院印发《关于开展农村承包土地的经营权和农民住房财产权抵押贷款试点的指导意见》，明确提出要赋予土地承包经营权抵押融资功能，并建立健全抵押物处置机制和配套措施，这就进一步落实了土地承包经营权的用益物权。在农村集体资产确权到户和股份合作制改革中，赋予农民对集体资产更多权能。在脱贫攻

① 《十九大以来重要文献选编》（上），中央文献出版社 2019 年版，第 160 页。

② 习近平：《坚持把解决好“三农”问题作为全党工作重中之重，举全党全社会之力推动乡村振兴》，《求是》2022 年第 7 期。

坚中，将部分用于扶持集体经济发展的资金以股份的形式量化到贫困户。在土地增值收益分配上，让农民更多分享。习近平在 2017 年底召开的中央农村工作会议上指出：要解决土地增值收益长期“取之于农、用之于城”的问题，破解“农村的地自己用不上、用不好”的困局。[①] 例如，井冈山市神山村在脱贫过程中，以土地、资金入股，有股份分红收入，有茶园种植、抚育、采摘、加工等务工收入，形成“户户有股份，人人有工资”的收入结构。党的二十大提出，深化农村土地制度改革，赋予农民更加充分的财产权益。[②]

扶持小农户拓展增收空间。习近平在 2017 年底召开的中央农村工作会议上指出：要注重发挥新型农业经营主体带动作用，培育各类专业化市场化服务组织，提升小农生产经营组织化程度，改善小农户生产设施条件，提升小农户抗风险能力，扶持小农户拓展增收空间。[③]

发展特色乡村产业，以全产业链拓展产业增值增效空间，创造更多就业增收机会。习近平在 2017 年底召开的中央农村工作会议上指出：随着时代发展，乡村价值要重新审示。田园变公园，农房变客房，劳作变体验，乡村优美环境、绿水青山、良好生态成为稀缺资源，乡村的经济价值、生态价值、社会价值、文化价值日益凸显。适应城乡需求新变化，休闲农业乡村旅游蓬勃兴起，农村一二三产业融合发展模式不断创新，为农村创新创业开辟了新天地，为农民就业增收打开了新空间。[④] 习近平在 2020 年底召开的中央农村工作会议上指出，要适应城乡居民消费需求，顺应产业发展规律，立足当地特色资源，拓展乡村多种功能，向广度深度进军，推动乡村产业发展壮大。现在，发展乡村产业，不像过去就是种几亩地、养几头猪，有条件的要通过全产业链拓展产业增值增效空间，创造更多就业增收机会。要积极发展农产品加工业，优化产业布局，推动农村由卖原字号向卖制成品转变，把增值收益更多留在县域。[⑤]党的二

---

① 《十九大以来重要文献选编》（上），中央文献出版社 2019 年版，第 142 页。

② 《人民日报》，2022 年 10 月 26 日，第 3 版。

③ 《十九大以来重要文献选编》（上），中央文献出版社 2019 年版，第 145 页。

④ 《十九大以来重要文献选编》（上），中央文献出版社 2019 年版，第 148 页。

⑤ 习近平：《坚持把解决好“三农”问题作为全党工作重中之重，举全党全社会之力推动乡村振兴》，《求是》2022 年第 7 期。

十大提出，发展乡村特色产业，拓宽农民增收致富渠道。[①]

防止农民利益受侵犯。习近平在2017年底召开的中央农村工作会议上指出，工商资本是推动乡村振兴的重要力量。工商资本下乡，乡村有需求，资本有动力，发挥作用有空间，方向是对的。一方面要优化环境，稳定政策预期，引导好、服务好、保护好工商资本下乡的积极性。另一方面，要设立必要的“防火墙”，防止跑马圈地、把农民挤出去，防止打擦边球、玩障眼法、钻政策和管理的空子，防止侵害农村集体产权、侵犯农民利益。[②]

党的十八大以来，中国朝着共同富裕的目标不懈努力，促进农民富裕富足取得显著进展。全国农村居民人均可支配收入大幅增加，由2012年的8389元增加为2021年的18931元，在2019年就提前一年实现比2010年翻一番的目标。2013—2021年，全国农村居民人均可支配收入年均实际增长率为7.3%，比全国城镇居民人均可支配收入年均实际增长率5.7%高1.6个百分点，城乡居民可支配收入比值也随之由2012年的2.88∶1，下降至2021年的2.5∶1（见图11–1）。2013—2020年，全国贫困地区农村居民人均可支配收入年均增长了11.6%，增

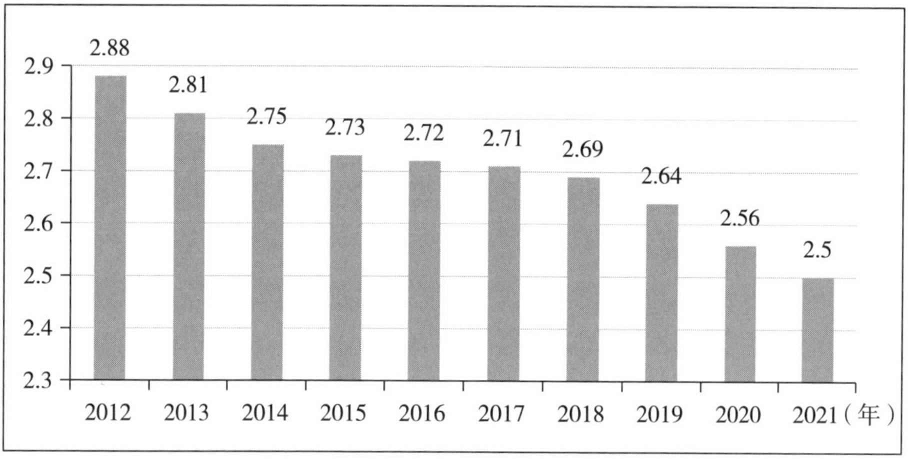

图11-1　城乡居民人均可支配收入比值（农村居民为1）

① 《人民日报》，2022年10月26日，第3版。

② 《十九大以来重要文献选编》（上），中央文献出版社2019年版，第143页。

速比全国农村居民高 2.3 个百分点。2021 年，脱贫县农村居民人均可支配收入为 14051 元，比上年实际增长 10.8%，比全国农村居民人均可支配收入实际增长 9.7% 高 1.1 个百分点，比全国城镇居民可支配收入实际增长 7.1% 高 3.7 个百分点。农村居民人均消费支出由 2012 年的 6667 元增加为 2021 年的 15916 元，年平均增长率比城镇居民高 1 个百分点。全国农村居民家庭恩格尔系数由 2012 年的 35.9% 改善为 2021 年的 32.7%。全面建成小康社会取得伟大历史性成就，特别是决战脱贫攻坚取得全面胜利，困扰中华民族千百年的绝对贫困问题得到历史性解决，为新发展阶段推动共同富裕奠定了坚实基础。[①] 这些都表明，走共同富裕之路是促进乡村振兴的必由之路，也是行得通的。

① 《中共中央 国务院关于支持浙江高质量发展建设共同富裕示范区的意见》，《人民日报》，2021 年 6 月 11 日，第 1 版。